Entscheidungsrecht bei gemeinsamer elterlicher Sorge getrennt lebender Ehegatten in Deutschland und Australien

Europäische Hochschulschriften
Publications Universitaires Européennes
European University Studies

Reihe II
Rechtswissenschaft

Série II Series II
Droit
Law

Bd./Vol. 3697

PETER LANG
Frankfurt am Main · Berlin · Bern · Bruxelles · New York · Oxford · Wien

Alioska Marinopoulos

Entscheidungsrecht bei gemeinsamer elterlicher Sorge getrennt lebender Ehegatten in Deutschland und Australien

PETER LANG
Europäischer Verlag der Wissenschaften

Bibliografische Information Der Deutschen Bibliothek
Die Deutsche Bibliothek verzeichnet diese Publikation in der Deutschen Nationalbibliografie; detaillierte bibliografische Daten sind im Internet über <http://dnb.ddb.de> abrufbar.

Zugl.: Frankfurt (Main), Univ., Diss., 2002

D 30
ISSN 0531-7312
ISBN 3-631-50779-8

www.peterlang.de

Meinen Eltern

Vorwort

Die nachfolgende Arbeit lag dem Fachbereich Rechtswissenschaft der Johann Wolfgang Goethe – Universität, Frankfurt am Main, im Sommersemester 2002 als Dissertation vor. Schrifttum und Rechtsprechung sind bis zum 20. November 2002 berücksichtigt.

Herrn *Professor Dr. Ludwig Salgo* verdanke ich nicht nur die Anregung zu dem Thema und die Betreuung der Arbeit. Er hat es vielmehr auch verstanden in zahlreichen Diskussionen wertvolle Gesichtspunkte für diese Arbeit aufzuzeigen und einen „Blick für das Wesentliche“ zu vermitteln. Auch hat er mein Vorhaben bezüglich eines Forschungsaufenthaltes an The University of Sydney/ Australia von Anfang an unterstützt. Dieses war für die Erstellung des rechtsvergleichenden Teils der Arbeit von großer Bedeutung. Besonderem Dank gilt Ihm auch für die zügige Erstellung des Erstgutachtens und Einleitung des Prüfungsverfahrens.

Danken möchte ich auch Herrn *Professor Dr. Dr. h.c. Spiros Simitis* für die ebenso zügige Erstellung des Zweitgutachtens und Frau *Professor Dr. Gisela Zenz* für die Übernahme des Vorsitzes innerhalb des Prüfungsverfahrens.

Meine Schwester Frau *Thalia Marinopoulos* und meine langjährige (Studien)-freundin Frau *Zoe Pavlidou* haben für ausreichend Ablenkung während der Erstellung des Manuskriptes gesorgt und so die Arbeit in Gang gehalten.

Ohne die immerwährende selbstlose Unterstützung meiner Eltern, *Ageliki* und *Panagiotis Marinopoulos*, wäre die Arbeit so jedoch nicht entstanden. Ihnen gebührt daher besonderer Dank.

Frankfurt am Main, im März 2003 *Alioska Marinopoulos*

INHALTSVERZEICHNIS

ABKÜRZUNGSVERZEICHNIS

a.A.	anderer Ansicht
Abs.	Absatz
AC	Law Reports: Appeal Cases
AcP	Archiv für civilistische Praxis
a.F.	alte Fassung
AG	Amtsgericht
AJFL	Australian Journal of Family Law
AllER	All England Law Reports
ALJ	Australian Law Journal
ALJR	Australian Law Journal Report
Art.	Artikel
BAnz.	Bundesanzeiger
BayObLG	Bayerisches Oberlandesgericht
BGB	Bürgerliches Gesetzbuch
BGBl.	Bundesgesetzblatt
BGH	Bundesgerichtshof
BGHZ	Entscheidungen des Bundesgerichtshofs in Zivilsachen, Amtliche Sammlung
BR	Brisbane
BRD	Bundesrepublik Deutschland
BT	Bundestag
BVerfG	Bundesverfassungsgericht
BVerfGE	Entscheidungen des Bundesverfassungsgerichts, Amtliche Sammlung
bzw.	beziehungsweise
ChD	Law Reports: Chancery Decisions
cl	column
CLR	Commonwealth Law Reports
CJ	Chief Justice
Cth	Commonwealth of Australia
DAVorm	Der Amtsvormund
DAJEB e.V.	Deutsche Arbeitsgemeinschaft für Jugend- und Eheberatung
DDR	Deutsche Demokratische Republik
DFGT	Deutscher Familiengerichtstag
ders.	derselbe
dies.	dieselbe/ dieselben
DJT	Deutscher Juristentag

DNotZ	Deutsche Notar - Zeitschrift
E	Entwurf
EGBGB	Einführungsgesetz zum Bürgerlichen Gesetzbuch
EheRG	Eherechtsgesetz
ER	English Reports
ESÜ	Übereinkommen über die Anerkennung und Vollstreckung von Entscheidungen über das Sorgerecht für Kinder und die Wiederherstellung des Sorgerechtsverhältnisses
et al.	et alia
e.V.	eingetragener Verein
EZFamRaktuell	Entscheidungssammlung zum Familienrecht
f./ ff.	folgende/ fortfolgende
FLC	Australian Family Law Cases
FLR	Federal Law Reports
FamCA	Australian Family Court
FamLR	Family Law Report
FamRefK	Familienrechtsreformkommentar
FamRZ	Zeitschrift für das gesamte Familienrecht
FGB	Familiengesetzbuch
FGG	Familiengerichtsgesetz
FLA	Family Law Act
FLRA	Family Law Reform Act
FPR	Familie, Partnerschaft, Recht
FS	Festschrift
FuR	Familie und Recht
GBl.	Gesetzblätter
GG	Grundgesetz
GVG	Gerichtsverfassungsgesetz
i.d.F.	in der Fassung
IPrax	Praxis des internationalen Privat – und Verfahrensrechts
J	Justice
JA	Juristische Arbeitsblätter
KG	Kammergericht
KindPrax	Kindschaftsrechtliche Praxis
KindRG	Kindschaftsrechtsgesetz
KJHG	Kinder – und Jugenhilfegesetz
KSÜ	Übereinkommen über die Zuständigkeit, das anzuwendende Recht, die Anerkennung, Vollstreckung und Zusammenarbeit auf dem Gebiet der elterlichen Verantwortung und der Maßnahmen zum Schutz von Kindern
LG	Landgericht

lit.	litem
m. Anm.	mit Anmerkung
Münch-Komm	Münchener Kommentar
MSA	Haager Übereinkommen über die Zuständigkeit der Behörden und das anzuwendende Recht auf dem Gebiet des Schutzes von Minderjährigen
m.w.N.	mit weiteren Nachweisen
MDR	Monatszeitschrift des deutschen Rechts
NamÄndG	Namensänderungsgesetz
NDV	Nachrichtendienst des Deutschen Vereins für öffentliche und private Fürsorge
NJ	Neue Justiz
NJW	Neue Juristische Wochenzeitschrift
Nr./ No	Nummer
NSW	New South Wales
OLG	Oberlandesgericht
para/ paras	paragraph/ paragraphen
PDS	Partei Deutscher Sozialisten
QB	Law Reports: Queen´s Bench Division
RabelsZ	Zeitschrift für ausländisches und internationales Privatrecht
Rdnr.	Randnummer
RDJB	Recht der Jugend und des Bildungswesens
Re	Revision
RegE	Regierungsentwurf
RGBl.	Reichsgesetzblatt
RKEG	Gesetz über die religiöse Kindererziehung
RpflG	Rechtspflegergesetz
SGB	Sozialgesetzbuch
SorgeRG	Sorgerechtsgesetz
SPD	Sozialdemokratische Partei Deutschland
StAZ	Das Standesamt
StGB	Strafgesetzbuch
SY	Sydney
UN	United Nations
UNKRK	United Nations – Kinderrechtskonvention
US	United States
USA	United States of America
v	versus
v.	von
Vgl./ vgl.	Vergleiche
VLR	Victorian Law Report

Vorbem.	Vorbemerkung
z.B.	zum Beispiel
ZfJ	Zentralblatt für Jugendrecht
ZPO	Zivilprozeßordnung
ZRP	Zeitschrift für Rechtspolitik

Teil A
Entscheidungsrecht bei gemeinsamer elterlicher Sorge getrennt lebender Ehegatten in Deutschland, gemäß § 1687 BGB

I. Einleitung

Wenn eine Ehe geschieden, eine Partnerschaft beendet wird, sind es insbesondere die Kinder, die unter den Folgen der Trennung oder Scheidung ihrer Eltern zu leiden haben. Ihre bisherige Lebenswelt, in der sie aufgewachsen sind, droht zu zerbrechen.[1] Nicht selten verlieren sie einen Elternteil, den sie geliebt haben und - regelmäßig - noch immer lieben.[2] Aber auch die Eltern erleben ihre Trennung oder Scheidung voneinander häufig als nur schwer zu bewältigende, hochemotional aufgeladene, psychisch und ökonomisch belastende Krisensituation, die sie selbst nur vereinzelt positiv steuern können. Die Gefahr, daß in einer solchen erhöhten Konfliktsituation ebenfalls ein erbitterter „Kampf ums Kind" entsteht und sich zu Lasten des betroffenen Kindes auswirkt, ist groß: es kann Streit darüber entfachen, bei wem das Kind leben, wie Zuweisung sorgerechtlicher Verantwortung – alleinverantwortlich oder gemeinsam – erfolgen soll, aber auch wie die Gestaltung des Umgangsrechtes des nicht sorgeberechtigten Elternteils auszusehen hat. Gelingt es dabei den Eltern nicht, sich auf ein verständnisvolles Zusammenwirken zu einigen, um dem Kind *beide* Eltern als Bezugspersonen zu erhalten, so ist das Wohl des Kindes häufig stark beeinträchtigt.
Dieses verständnisvolle Zusammenwirken erfordert von nicht nur vorübergehend getrennt lebenden Eltern, daß diese grundsätzlich alle die elterliche Sorge betreffenden Angelegenheiten, die ihnen während des Zusammenlebens schon auferlegt waren, in eigener Verantwortung und gegenseitigem Einvernehmen zum Wohle des Kindes auch weiterhin ausüben.[3] Schon in §§ 1627, 1629 Abs. 1 Satz 2 BGB[4] ist ein derartiges einvernehmliches Handlungserfordernis der Eltern formuliert: Nach § 1627 Satz 1 müssen Eltern den Versuch unternehmen, sich bei Meinungsverschiedenheiten zu einigen. Nach § 1629 Abs. 1 Satz 2 erfolgt die Vertretung des Kindes grundsätzlich durch beide Eltern gemeinschaftlich. Wie Eltern aber genau diese ihnen auferlegte Verantwortung im gegenseitigen Einvernehmen zum Wohle des Kindes auch weiterhin ausüben sollen, wird durch § 1687 bestimmt. In Verbindung mit den elterlichen Pflichten bedeutet dies, daß sorgeberechtigte Eltern, insbesondere bezüglich Angelegenheiten von

---

1 *Schwab*, Familienrecht, Rdnr. 661.
2 *Wallerstein/ Blakeslee*, Gewinner und Verlierer, 33 ff., 332 ff.
3 *Mühlens*, Kindschaftsrecht - Kommentar, § 1687, 244.
4 Soweit nicht anders bemerkt, handelt es sich um Paragraphen des Bürgerlichen Gesetzbuches.

erheblicher Bedeutung einvernehmlich handeln müssen, also stets zusammenwirken, aber auch, daß sie sich grundsätzlich über alle das Kind betreffenden Angelegenheiten des täglichen Lebens verständigen müssen.[5] Das Hauptproblem bei Ausübung einer gemeinsamen Sorge liegt jedoch darin, daß Eltern, die nicht nur vorübergehend getrennt leben, kaum Neigung, Zeit und Gelegenheit zu dem für die Ausübung der gemeinsamen Sorge erforderlichen persönlichen Kontakt finden und deshalb in der Mehrzahl der Fälle auch das notwendige Einvernehmen untereinander nicht zustande bringen, so daß bald der eine Elternteil in der Suche nach mehr Gemeinsamkeit, bald der andere Elternteil durch die davon ausgehenden Störungen frustriert wird.[6] Der Zwang zur ständigen Kommunikation führt dann nicht selten dazu, daß es durch Streitigkeiten über vergleichsweise unwichtige Fragen zu Konflikten kommt, die das Funktionieren der gemeinsamen Sorge insgesamt gefährden können.[7] Bei diesem verbitterten „Kampf ums Kind" besteht aber auch gerade die Gefahr, daß dieses instrumentalisiert wird, also von seinen Eltern ge- oder mißbraucht wird, um die Stärke ihrer jeweiligen eigenen Position ausdrücken zu können.[8] Der Gesetzgeber verfolgte deshalb mit seinem Konzept das Ziel, einen Streit um das Kind bei Scheitern der Paarbeziehung möglichst zu vermeiden und dem Kind beide Eltern als Sorgeberechtigte zu erhalten.[9] Bei Fortbestehen der gemeinsamen Sorge soll bei den Kindern am wenigsten das Gefühl aufkommen, einen Elternteil zu verlieren. Die Folgen der Scheidung wären dann, vorausgesetzt es besteht ein niedriges Konfliktpotential zwischen den Eltern, für Kinder erträglich gestaltet.[10] Um dieses erreichen zu können, sollten die Rechte der Kinder verbessert und das Kindeswohl auf bestmögliche Art und Weise gefördert werden. Gleichzeitig sollten aber auch die Rechtspositionen der Eltern gestärkt und vor unnötigen staatlichen Eingriffen geschützt werden.[11]

Diesem Regelungsproblem versuchte der Gesetzgeber in § 1687 dadurch gerecht zu werden, indem er eine Aufteilung der Entscheidungskompetenzen der Eltern vornahm, um dem Kind mit dem rechtlichen Band der gemeinsamen Sorge beide Elternteile zu erhalten:[12] Nach § 1687 Abs. 1 Satz 2 hat der Elternteil, bei dem sich das Kind mit Einwilligung des anderen Elternteils oder aufgrund gerichtlicher Entscheidung gewöhnlich aufhält, die Befugnis zur alleinigen Entscheidung in Angelegenheiten des täglichen Lebens. Hingegen ist bei Entscheidungen, deren Regelung für das Kind von erheblicher Bedeutung ist, nach

---

5 BT - Drucksache 13/ 4899, 58.

6 *Palandt/ Diederichsen*, § 1687, Rdnr. 2.

7 BT - Drucksache 13/ 4899, 58.

8 *Jopt*, FamRZ 1987, 875 (880).

9 *Schwab*, Familienrecht, Rdnr. 663.

10 BT - Drucksache 13/ 4899, 63.

11 BT - Drucksache 13/ 4899, 29.

12 *Knittel*, DAVorm 1997, 650 (655).

§ 1687 Abs. 1 Satz 1 das gegenseitige Einvernehmen der Eltern erforderlich. Das „gemeinsame Sorgerecht" nach Trennung der Eltern ist in der Konzeption des Kindschaftsrechtsreformgesetzes also eigentlich ein gespaltenes Sorgerecht.[13] In diesem Zusammenhang ist aber zwischen den Eltern ein erneuter Streit darüber möglich, ob es sich bei einer Angelegenheit um eine solche des „täglichen Lebens" oder um eine von „erheblicher Bedeutung" handelt. Die Mehrheit im Rechtsausschuß des Bundestages war jedoch der Ansicht, insbesondere mit der Definition von Angelegenheiten des täglichen Lebens zu „größtmöglichen Klarstellung" beigetragen zu haben.[14] Diese Einschätzung konnte jedoch bislang durch das juristische Schrifttum nicht bestätigt werden.[15] Die Bestimmung praxistauglicher Abgrenzungskriterien wird vielmehr als äußerst schwierig angesehen, was mit der Multidimensionalität, Interdependenz und Ganzheitlichkeit elterlicher Sorge begründet wird. Recht ist zwischen Eltern nicht spürbar. Treffen Eltern eine Entscheidung, so ist ihnen meist nicht bewußt, ob sie gerade eine grundlegende oder alltägliche Angelegenheit im Leben ihres Kindes geregelt haben. Dies mag in einer bestehenden Sorgegemeinschaft weniger relevant sein, was sich jedoch durch eine Elterntrennung einschneidend ändern kann.[16] In einer solchen Situation ist es für Eltern besonders wichtig, sicher zu wissen, wie sie wirksam in Bezug auf ihr Kind Handlungen vornehmen können. Nicht selten benötigen sie daher Unterstützung bei der Bewältigung dieser Situation. Eine solche Unterstützung geschieht zunächst durch das Schaffen von Rechtssicherheit, um überflüssige und eskalierende Auseinandersetzungen zu vermeiden.[17]

Ob aber den Eltern in ihrer Trennungssituation durch das dem § 1687 zugrundeliegende Konzept tatsächlich auch eine hinreichende Unterstützung zur Ausübung ihrer gemeinsamen Sorge angeboten werden kann, wird sich im Verlauf der Erarbeitung zeigen. Mithin wird Gegenstand dieses Teils der Arbeit sein, Möglichkeiten für die schwierige Abgrenzung der einzelnen Angelegenheiten in § 1687 Abs. 1 zueinander aufzuzeigen.

---

13 *Schwab*, FamRZ 1998, 457 (468).

14 BT - Drucksache 13/ 8511, 67.

15 *Schwab*, FamRZ 1998, 457 (468); ders., FS GAUL, 717 (726); ders., DNotZ 1998, 437 (441); *Staudinger/ Coester*, § 1671, Rdnr. 255; *Deinert*, DAVorm 1998, 337 (347); *Münder*, Familien- und Jugendhilferecht, Band 1, 171.

16 *Staudinger/ Salgo*, § 1687, Rdnr. 25.

17 Bundeskonferenz für Erziehungsberatung e.V., ZfJ 1996, 509.

II. Chancen und Risiken der gemeinsamen elterlichen Sorge

Durch die Einführung des § 1687 im Rahmen der Kindschaftsrechtsrefom dürfte sich zwar die Diskussion[18] über das Für und Wider einer gemeinsamen Sorge nach Trennung und Scheidung vorerst weitestgehend erledigt haben[19], jedoch wäre es trotzdem interessant zu überprüfen, ob sich das Konzept des Kindschaftsrechtsreformgesetzes um eine gemeinsame Sorgeberechtigung nach Trennung oder Scheidung der Eltern für das Kind tatsächlich bewährt. Angesichts der Fülle wissenschaftlicher Publikationen über die soziale und psychische Verträglichkeit der gemeinsamen Sorge nach Trennung und Scheidung soll nur ein Überblick gegeben werden:

In der bisher geführten Diskussion wurde von einer beachtlichen Anzahl von Stimmen das gemeinsame Sorgerecht als das geeignete Mittel propagiert, Kindern bei der Bewältigung der sich für sie aus der Scheidung ihrer Eltern ergebenden Folgen zu helfen. Ausgangspunkt der Überlegungen zum gemeinsamen Sorgerecht bildete dabei der Gedanke, daß die Eltern auch nach einer Scheidung Eltern bleiben.[20] Sie lassen sich zwar voneinander scheiden, jedoch nicht vom Kind.[21] Als eine wichtige Voraussetzung für ein Funktionieren der gemeinsamen elterlichen Sorge nach Trennung oder Scheidung der Eltern wurde daher gefordert, daß Eltern lernen, ihre bisherige Partnerrolle streng von der zukünftigen Elternrolle zu trennen und ihre Beziehung vor allem auf das Kind zu richten.[22] Des weiteren kann sich ein gemeinsames Sorgerecht auch nur dann positiv für die Kinder entfalten, wenn die Eltern sich gegenseitig respektieren und sich zumindest als Eltern anerkennen und überdies bereit und in der Lage sind, die Bindung des Kindes an den anderen Elternteil gutzuheißen und zu unterstützen.[23] Denn mit der Trennung der Eltern bricht insbesondere für die Kinder eine Welt

---

18 Vgl. etwa: *Balloff*, ZfJ 1996, 266; *Balloff/ Walter*, FamRZ 1990, 445; *Bernhardt/ Haase/ Kloster - Harz/ Tauche*, Wir bleiben Eltern trotz Scheidung, 134; *Demo/ Acock*, The Impact of Divorce on Children, Journal of Marriage and the Family, 50, 619; *Furstenberg/ Cherlin*, Geteilte Familien, 116; *Gründel*, Gemeinsames Sorgerecht - Erfahrungen geschiedener Eltern, 46; *Jopt*, FamRZ 1987, 875; *Luthin*, Gemeinsames Sorgerecht nach Scheidung, 49; *Köster*, Sorgerecht und Kindeswohl, 29; *Lempp*, FamRZ 1984, 741; *Maccoby/ Mnookin*, FamRZ 1995, 1; *Michalski*, FamRZ 1992, 128; *Napp - Peters*, Familien nach der Scheidung, 9; *dies.*, Scheidungsfamilien, 35; *Proksch*, FamRZ 1989, 916; *Salgo*, FamRZ 1996, 449; *Wallerstein/ Blakeslee*, Gewinner und Verlierer, 303; *Wallerstein/ Lewis/ Blakeslee*, Scheidungsfolgen – Die Kinder tragen die Last, Eine Langzeitstudie über 25 Jahre, 300ff.

19 *Staudinger/ Salgo*, § 1687, Rdnr. 6.

20 *Lederle v. Eckardstein/ Niesel/ Salzgeber/ Schönfeld*, , Eltern bleiben Eltern. Hilfen für Kinder bei Trennung und Scheidung, DAJEB, 22.

21 *Bernhardt/ Haase/ Kloster - Harz/ Tauche*, Wir bleiben Eltern trotz Scheidung, 8.

22 *Napp - Peters*, Familien nach der Scheidung, 11.

23 *Sluka*, Das gemeinsame Sorgerecht, 28, m. w. N.

zusammen. Sie fürchten die Liebe und Sicherheit ihrer Eltern zu verlieren. Der Zusammenbruch des elterlichen Schutzraumes bedeutet für die Kinder in der Regel einen schmerzhaften Schock, denn plötzlich ist ihre Welt nicht mehr in Ordnung: sie müssen sich mit unbekannten Problemen auseinandersetzen und sich womöglich zwischen Vater und Mutter entscheiden.[24] Aufgrund dieser Erkenntnisse machten Befürworter der gemeinsamen Sorge sodann geltend, daß eine Anpassung der Kinder an die veränderte Situation deshalb besser geschehe, weil sie so die Beziehung zu beiden Eltern aufrechterhalten können.[25] Entscheidend sei auch, daß die rechtliche Beteiligung beider Elternteile am Sorgerecht dazu führt, daß beide Eltern sich tatsächlich für die Kinder verantwortlich fühlen. Keiner der beiden Eltern wird aus dem Sorgerecht und der Sorgepflicht entlassen. Der Elternteil, bei dem das Kind nicht lebt, wird also nicht ausgegrenzt, sondern ebenso gefordert, wenn es um Problemlösungen im Rahmen der Erziehung geht.[26] Schließlich ergeben sich bei sowohl unter psychologischen, wie auch praktischen Gesichtspunkten Vor- und Nachteile für Eltern und Kinder:

1. Entlastung der Eltern

Eine tatsächliche gemeinsame Ausübung der Sorge um das Kind durch beide Eltern hat zur Folge, daß diese gegenseitig entlastet werden und dadurch Raum und Zeit gewinnen, was letztlich wiederum dem Kinde zugute kommt.[27] Erfolgt das „Kümmern um die Kinder" nämlich nicht nur eigenverantwortlich durch den betreuenden Elternteil, sondern wird auch dem anderen Elternteil eine rechtliche Kompetenz in Bezug auf das Kind zugesprochen, so wird sich dieser mitsorgeberechtigte Elternteil eher auch für z.B. schulische und erzieherische Belange der Kinder engagieren und somit für den betreuenden Elternteil eine Entlastung darstellen.[28] Nicht zuletzt hat eine gemeinsame elterliche Sorge zur Folge, daß auch eine Entlastung der ökonomischen Situation der Eltern eintritt: durch die Aufteilung der Betreuung entfallen Unterbringungskosten für den nicht mit dem Kinde zusammenlebenden Elternteil und Ausgaben für das Kind werden von beiden Elternteilen getragen.[29]

---

24 *Sanders*, Unseren Kindern zuliebe, 5.

25 *Furstenberg/ Cherlin*, Geteilte Familien, 116.

26 *Gründel*, Gemeinsames Sorgerecht, 48.

27 *Napp - Peters*, Scheidungsfamilien, 47.

28 *Bernhardt/ Haase/ Kloster - Harz/ Tauche*, Wir bleiben Eltern trotz Scheidung, 152.

29 *Napp - Peters*, Scheidungsfamilien, 47.

2. Entlastung der Kinder

Die gleichwertige Aufteilung der Elternverantwortung im Rahmen der gemeinsamen Sorge führt nach häufig vertretener Ansicht[30] aber auch zu einer Entlastung der Kinder, weil Loyalitätskonflikte so nicht leicht aufkommen. Durch den Erhalt beider Elternteile für das Kind kann dieses auch weiterhin seinen emotionalen Standpunkt, seine Liebe oder auch seinen Ärger, gegenüber dem jeweiligen Elternteil ausdrücken, ohne Angst haben zu müssen, einen Elternteil zu verlieren oder dessen Unwillen über den anderen Elternteil zu verstärken. Das Kind muß sich nicht für einen Elternteil entscheiden. In der Vergangenheit wurde die Ansicht vertreten, daß bedingt durch den häufigen Wechsel die gemeinsame elterliche Sorge in dem Kind einen Loyalitätskonflikt hervorruft, weil es weder beide Eltern zusammen, noch einen Elternteil uneingeschränkt für sich haben kann.[31] Aus dieser – durch den häufigen Wechsel hervorgerufenen – seelischen Zerrissenheit werde das Kind daher den Versuch starten, eine Situation wie vor der Trennung oder Scheidung der Eltern zu erreichen.[32] Im gleichen Atemzug wird dabei jedoch ebenfalls anerkannt, daß durch die Fortgeltung einer gemeinsamen Sorge dem Kind insofern ein Loyalitätskonflikt erspart bleibt, als daß es sich nicht zwischen den Eltern zu entscheiden braucht.[33]

3. Erhalt der elterlichen Erziehungsmethoden

Durch Ausübung einer gemeinsamen elterlichen Sorge kann ferner Kontinuität in Erziehung der Kinder gewahrt und eine einseitige Beeinflussung der persönlichen Kindesentwicklung verhindert werden. Dabei geht es nicht so sehr um den Erhalt eines bestimmten Erziehungsstils, dieser ist in den meisten Familien selten einheitlich, als um die Wahrung der den Eltern zugeordneten Rollen und die gegenseitige Ergänzung der elterlichen Erziehungsmaßnahmen.[34] Die Kinder lernen also von Mutter und Vater und es kann ihnen wiederum die Identifikationsmöglichkeit mit beiden Eltern erhalten bleiben. Besteht ein Konflikt nur mit einem Elternteil, so kann das Kind sich vertrauensvoll an den verbleibenden Elternteil wenden, bis sich die Wogen wieder geglättet haben. Würde dieser Elternteil nur ein Umgangsrecht besitzen, wäre ein solcher Wechsel für das Kind nicht möglich. Auch ermöglicht eine gemeinsame Sorge der Eltern, daß Erzie-

---

30 *Bernhardt/ Haase/ Kloster - Harz/ Tauche*, Wir bleiben Eltern trotz Scheidung, 152.

31 *Jopt*, Im Namen des Kindes. Plädoyer für die Abschaffung des alleinigen Sorgerechts, 80 ff.; *Wilde*, Eine Familie bleiben. Das gemeinsame Sorgerecht - Ein neuer Weg bei Ehescheidungen, 68/ 69.

32 *Klußmann*, FamRZ 1982, 118 (121), m. w. N.

33 *Luthin*, Gemeinsames Sorgerecht nach der Scheidung, 55; AG Arnsberg, FamRZ 1986, 1145 (1148).

34 *Bernhardt/ Haase/ Kloster - Harz/ Tauche*, Wir bleiben Eltern trotz Scheidung, 153.

hungsmängel des einen Elternteils durch den anderen ausgeglichen werden können.[35]

4. Bindungserhalt an beide Eltern

Verschiedene Untersuchungen haben ebenfalls gezeigt, daß bereits wenige Jahre nach der Scheidung der nichtsorgeberechtigte Elternteil keinen Kontakt mehr zu seinen Kindern hat.[36] Insbesondere wurde festgestellt, daß das Interesse des Vaters und seine Verfügbarkeit für die Kinder zu fluktuieren oder gar abzubrechen tendierte, nämlich analog zum momentanen Erfolg oder Scheitern in anderen Teilen seines Lebens.[37] Dieser Abbruch des Kontaktes zu dem nichtsorgeberechtigten Elternteil, also auch wenn etwa Mütter vom Sorgerecht ausgeschlossen sind, bedeutete für Kinder eine schlechte Ausgangsposition für die Verarbeitung und Anpassung an die Nachscheidungssituation. Bei etwa jedem zweiten Kind, das aus einer Familie stammt, in der die Eltern keinen Kontakt mehr miteinander haben oder deren Konflikte nach der Scheidung anhalten, wurden langfristige Störungen festgestellt, wobei Unterschiede zwischen Mädchen und Jungen bestanden.[38] In der Akutphase der Scheidung reagierten die Kinder zwar geschlechtsunabhängig gleichermaßen belastet, jedoch war zu beobachten, daß Mädchen nach einer gewissen Zeit weitaus emotional stabiler waren und weniger psychiatrische Auffälligkeiten zeigten.[39] Das nach der Scheidung vorherrschend beobachtete Symptom war bei der Hälfte der Kinder ein aggressives Verhalten, das mit anderen Verhaltensauffälligkeiten wie Schulproblemen, Diebstahl, häufigen Wutanfällen, Tierquälerei, Lügen und Wettlaufen einherging. Diese Symptome waren überwiegend bei Jungen aufgeführt. Bei den Mädchen überwogen depressive Verhaltensmuster, die in den meisten Fällen zusammen mit Disziplinschwierigkeiten, Unkonzentriertheit und Schulproblemen auftraten. Geschlechtsunabhängig äußerten sich die anhaltenden Störungen bei jedem fünften Kind je nach Alter durch wiederholtes Bettnässen, Einkoten, überängstliches Verhalten und Selbstmordversuchen.[40] Gegen eine gemeinsame Sorge kann daher aufgrund der aufgezeigten schweren Symptome das Argument von Vertretern der Bindungstheorie, nach dem Stabilität im Leben der Kinder allein durch eine Bezugsperson erreicht werden kann[41], nicht mehr als tragbar

---

35 *Wilde*, Eine Familie bleiben. Das gemeinsame Sorgerecht - Ein neuer Weg bei Ehescheidungen, 72.

36 *Wallerstein/ Blakeslee*, Gewinner und Verlierer, 304; *Furstenberg/ Cherlin*, Geteilte Familien, 61; *Napp - Peters*, Familien nach Scheidung, 141.

37 *Wallerstein/ Lewis*, FamRZ 2001, 65 (67).

38 *Napp - Peters*, Scheidungsfamilien, 42.

39 *Huss/ Lehmkuhl*, in: Fegert, Kinder im Scheidungsverfahren nach der Kindschaftsrechtsreform, 35, m. w. N.

40 *Napp - Peters*, Familien nach der Scheidung, 140.

41 *Lempp*, FamRZ 1984, 741, (744).

erscheinen. Zumal auch festgestellt wurde, daß längerfristige Schäden, insbesondere beim Übergang in das Erwachsenenleben durch die Scheidung der Eltern verursacht werden können, auch wenn sie schon einige Jahre zurückliegt: Der weitaus größte Anteil der jungen Leute hatte in der Adoleszenz ernsthafte Probleme mit Drogen- oder Alkoholmißbrauch, wobei viele damit schon vor ihrem 14. Lebensjahr angefangen hatten.[42] Aber auch gerade während des später folgenden Übergangs in das Erwachsenenalter, der die Aufgabe umfaßt, Intimität herzustellen, die Suche und Auswahl eines Lebenspartners, das Etablieren einer beruflichen Laufbahn und gegebenenfalls die Heirat, wurde durch die Scheidung der Eltern überschattet und gestaltete sich für die jungen Erwachsenen häufig sehr schwer.[43] Im Vergleich dazu wurden solche langfristige Störungen bei nur jedem vierten Kind, bei dem entweder eine feste Besuchsregelung bestand oder ein zuverlässiger Kontakt zum nichtsorgeberechtigten Elternteil vorhanden war, festgestellt.[44] Die Aufrechterhaltung des Kontaktes zu beiden Elternteilen wirkt sich somit grundsätzlich positiv auf die Entwicklung des Kindes aus, auch längerfristig. Zwar können die Elternteile niemals völlig gleichberechtigt in Bezug auf das Kind erscheinen, der betreuende Elternteil wird immer mehr Einfluß auf die Erziehung des Kindes haben, jedoch werden sie zumindest beide eine entscheidende Rolle im Leben des Kindes einnehmen.[45] Das Beziehungsnetzwerk Familie ist unter psychologischen Gesichtspunkten nicht austauschbar. Es entscheidet über die spätere Identität, Lebensgestaltung und das Selbstwertgefühl des Kindes.[46] Die Kinder können die Scheidung ihrer Eltern ohne Störung verarbeiten und sich besser und schneller an die Nachscheidungssituation anpassen, wenn ihnen die Beziehung zu dem nichtsorgeberechtigten Elternteil erhalten bleibt.[47]

5. Verbesserte Zahlungsmoral in Bezug auf den Unterhalt

Des weiteren wurde angenommen, daß die Zahlungsmoral desjenigen – meist ist es der Vater –, der Unterhaltsleistungen zu erbringen hat, bei Fortgeltung der gemeinsamen elterlichen Sorge wesentlich besser sei als bei demjenigen, der sein Elternrecht auf ein mehr oder minder großzügig ausgestaltetes Umgangsrecht reduziert sieht.[48] Der mitsorgeberechtigte Elternteil ist dann eher bereit, einen größeren Teil seines Einkommens für den betreuenden Elternteil und die Kinder aufzubringen als ein nur Besuchselternteil. Nicht zuletzt soll so auch eine Entlastung des betreuenden Elternteils stattfinden, denn dieser muß nicht weiter

42 *Wallerstein/ Lewis*, FamRZ 2001, 65 (67).
43 *Wallerstein/ Lewis*, FamRZ 2001, 65 (67).
44 *Napp - Peters*, Scheidungsfamilien, 43.
45 *Maccoby/ Mnookin*, FamRZ 1995, 1 (13).
46 *Jopt*, FamRZ 1987, 875 (878).
47 *Napp - Peters*, Scheidungsfamilien, 43; BT - Drucksache 13/ 4899, 62.
48 *Fehmel*, FamRZ 1980, 758 (761); *Furstenberg/ Cherlin*, Geteilte Familien, 115, 116.

zwangsweise einer Erwerbstätigkeit nachgehen und kann sich eher mit der Erziehung und Betreuung der Kinder befassen.[49] Eine mittelbare Förderung des Kindeswohls soll so erreicht werden.

6. Fortwirkende Paarkonflikte

Die Ausübung der gemeinsamen elterlichen Sorge birgt jedoch auch offensichtliche Gefahren in sich: Gelingt es den Eltern nämlich nicht, sich einerseits emotionell voneinander zu lösen, die alten Verletzungen und negativen Gefühle dem anderen gegenüber zu verarbeiten und andererseits gleichzeitig mit diesem Menschen eine neue positive Beziehung auf der Elternebene aufzubauen, so besteht insbesondere die Gefahr, daß Kinder bei Ausübung des gemeinsamen Sorgerechts zum Spielball der Machtinteressen und Konflikte der Eltern werden.[50] Negative Auswirkungen auf das Kindeswohl wären dann die Folge und die gemeinsame elterliche Sorge müßte zwangsläufig scheitern.[51] In einem solchen Fall ist es für Eltern deshalb ratsam, sich auf Ausübung einer Alleinsorge zu verständigen, um eine weitere Instrumentalisierung des Kindes bzw. Mißbrauch des Sorgerechtes zum Ausdruck von Machtpositionen zu vermeiden.[52] Auch kann bei fortwährendem Elternstreit durch einen solchen Schritt dem Kindeswohl auf Dauer eher gedient werden, als durch die Beibehaltung der gemeinsamen elterlichen Sorge.

7. Das Sorgerecht als Mittel der Schikane

Weiterhin wird vor allem von (einigen) Frauen die Befürchtung geäußert, daß innerhalb des fortwirkenden Partnerkonflikts das Sorgerecht dazu benutzt werden könnte, durch den anderen Ehegatten schikaniert oder in eine ständige Abhängigkeit gedrängt zu werden.[53] Konkret wird eine Einmischung des mit dem Kinde nicht zusammenlebenden Ehegatten in die tägliche Betreuung bis hin zur Einstellung von Unterhaltszahlungen – wenn vorhanden – genannt. Diesen Befürchtung der Frauen kann jedoch entgegengehalten werden, daß durch eine adäquate Ausgestaltung der gemeinsamen Sorge nach Trennung und Scheidung, etwa wie in § 1687 durch die Zuweisung eines Alleinentscheidungsrechts in Angelegenheiten der alltäglichen Betreuung, ein immer fortwährendes Eingreifen des nicht betreuenden Elternteils vermieden werden kann. Eine Rücksprache wäre dann zumindest in diesem Bereich nicht mehr notwendig und ein Handlungsfreiraum wäre gewährleistet. Mithin kann diese durch die Frauen aufge-

---

[49] Vgl. II. 1., oben.

[50] *Furstenberg/ Cherlin*, Geteilte Familien, 165.

[51] *Bernhardt/ Haase/ Kloster - Harz/ Tauche*, Wir bleiben Eltern trotz Scheidung, 155; BT- Drucksache 13/ 4899, 62/ 63.

[52] *Bernhardt/ Haase/ Kloster - Harz/ Tauche*, Wir bleiben Eltern trotz Scheidung, 27 ff.

[53] *Bernhardt/ Haase/ Kloster - Harz/ Tauche*, Wir bleiben Eltern trotz Scheidung, 156.

führte Befürchtung kein geeignetes Argument gegen die Ausübung einer gemeinsamen elterlichen Sorge darstellen.

8. Gegenseitiges Ausspielen der Eltern

Als Argument gegen eine gemeinsame Sorgeberechtigung der Eltern wird des weiteren die Gefahr aufgeführt, daß Kinder ihre Eltern in einem so gesteckten Rahmen leicht gegeneinander ausspielen können, weil sich diese nicht ausreichend verständigt haben oder für die Kinder den großzügigen Vater bzw. die aufopfernde Mutter darstellen wollen. Die Erfahrung zeigt allerdings, daß solchen Verhaltensweisen der Kinder schließlich die durch die Eltern erfolgende meist reale Einschätzung der kindlichen Bedürfnisse – also was dem Kindes zugute kommt und was nicht – entgegengehalten werden kann.[54] Eine derart geäußerte Ansicht ist also leicht widerlegbar und kann nicht wirksam gegen eine gemeinsame Sorgeberechtigung vorgebracht werden.

9. Mangelndes Engagement eines Elternteils

Bei allen soeben aufgeführten theoretischen Argumenten bleibt zu berücksichtigen, daß häufig ein Elternteil zwar das Sorgerecht mit beansprucht, den damit verbundenen Pflichten zumeist aber nicht nachkommt. Dies beginnt mit der Zahlung des Unterhalts und setzt sich mit der Pflicht zur Übernahme weiterer Erziehungsaufgaben fort: in solchen Fällen ist das gemeinsame Sorgerecht daher auch eher als „Etikettenschwindel" zu bezeichnen, wobei die Hoffnung darüber, daß sich das Verhalten des jeweiligen Elternteils langfristig ändern wird, nicht aufgegeben werden darf. Einziger Vorteil in einer solchen Situation bildet dann nur noch die Tatsache, daß der jeweilige Elternteil in Wartestellung erhalten bleibt und die Verbindung zu dem Kind nicht völlig abgebrochen wird.

Die Abwägung der befürwortenden und eher skeptischen Stimmen aus der vor der Kindschaftsrechtsreform geführten Diskussion hat den Gesetzgeber dazu veranlaßt, in der gemeinsamen Sorge eine klare Chance für die Entwicklung und Erziehung des Kindes nach Trennung oder Scheidung der Eltern zu sehen.[55]

54 *Bernhardt/ Haase/ Kloster - Harz/ Tauche*, Wir bleiben Eltern trotz Scheidung, 156.
55 BT - Drucksache, 13/ 4899, 62.

III. Entstehungsgeschichte des § 1687

Der Idee, Eltern nach Trennung und Scheidung die Ausübung einer gemeinsamen Sorgeberechtigung in Bezug auf das Kind zu ermöglichen, versuchte der Gesetzgeber im Rahmen der Kindschaftsrechtsreform in rechtlicher Hinsicht – letztendlich durch § 1687 – gerecht zu werden.
Dem vorliegenden § 1687 waren jedoch verschiedene Regelungsvorschläge mit unterschiedlichen Akzentsetzungen vorausgegangen. Dabei ist feststellbar, daß der Gesetzgeber innerhalb dieser Regelungsetappen, also in der Entwicklung hin zum Kindschaftsrechtsreformgesetz, selbst zu abrupten Wechseln seiner Konzeption griff, was mit der Schwierigkeit der Dekretierung persönlichen Verhaltens begründet werden kann.[56]

1. Der historische Gesetzgeber

Das BGB vom 1. Januar 1900 bestimmte in seiner historischen Fassung[57] bezüglich des Kindschaftsrechtes im Bereich der elterlichen Gewalt in § 1627 für eheliche Kinder, daß allein dem Vater das Recht und die Pflicht für die Person und das Vermögen des Kindes zu sorgen, zustehen soll. Die elterliche Gewalt beinhaltete also nicht eine gemeinsame, gleichrangige Ausübung des Erziehungsrechts durch beide Eltern, wie sie der Gleichberechtigung der Geschlechter entsprechen würde. Der Mutter oblag neben dem Vater nur die tatsächliche Personensorge (§ 1634 BGB i.d.F. von 1900) und sie mußte sich auch hier - wie in allen anderen ehelichen Angelegenheiten - bei Abweichungen seiner Entscheidung fügen (§ 1634 Satz 2 BGB i.d.F. von 1900). Erst bei Verhinderung des Vaters trat die Entscheidung der Mutter an dessen Stelle (§ 1685 BGB i.d.F. von 1900). Nach § 1635 Abs. 2 BGB i.d.F. von 1900 wurde die Vertretung des Kindes durch den Vater auch im Falle einer Trennung oder Scheidung der Eltern aufrechterhalten, also auch wenn den Vater eine Alleinschuld am zerbrechen der Ehe traf. Nur hinsichtlich der Personensorge sah das Gesetz wiederum eine abweichende schematische Regelung vor, nämlich daß zunächst der unschuldige Teil die Personensorge erhielt (§ 1635 Abs. 1 Satz 1 1. Halbsatz BGB i.d.F. von 1900). Bei beiderseitigem Verschulden herrschte eine starre altersabhängige Regelung vor. Danach erhielt die Mutter über Töchter und Söhne bis zu sechs Jahren die Personensorge, über Söhne die älter waren als sechs Jahre der Vater (§ 1635 Abs. 1 Satz 1 2. Halbsatz BGB i.d.F. von 1900). Eine abweichende Regelung durch das Vormundschaftsgericht konnte auch schon damals immer nur dann getroffen werden, wenn sie durch das Kindeswohl geboten war (§ 1635 Abs. 1 Satz 2 BGB i.d.F. von 1900).

---

56 *Schwab*, Familienrecht, Rdnr. 662.

57 Verabschiedet wurde es am 18. 08. 1896, RGBl. 1896, 195.

2. Gleichberechtigungsgesetz

Nach dem Gleichberechtigungsgesetz vom 18. Juli 1957 „sollte“ die elterliche *Gewalt* nach Scheidung gem. § 1671 Abs. 4 „in der Regel“ einem Elternteil übertragen werden. Die bisherige Rechtslage, wonach der Vater durch den sogenannten väterlichen Stichentscheid die elterliche Gewalt für sich allein beanspruchen konnte (§§ 1635, 1684 BGB i.d.F. von 1900), wurde aufgehoben und die Mutter war berechtigt, nach Scheidung der Ehe oder Tod des Ehemannes alleinige Gewaltinhaberin über das gemeinsame Kind zu werden.[58] Die zwischen den Eltern bestehende sittliche Lebensgemeinschaft und ihre gemeinsam, unteilbare Verantwortung gegenüber dem Kinde führe nämlich in Verbindung mit dem umfassenden Gleichberechtigungsgebot der Verfassung im Bereich der elterlichen Gewalt zu völliger Gleichordnung von Vater und Mutter. Daher wurde alles dem Grundsatz der Gleichberechtigung entgegenstehende Recht für nichtig erklärt.[59] Nach dem Wortlaut des Gleichberechtigungsgesetzes war also schon damals eine gemeinsame Sorge nach Scheidung möglich. Dies wurde jedoch im Schrifttum weitgehend abgelehnt, und zwar auch dann, wenn ein dahingehender gemeinschaftlicher Antrag der Eltern gestellt worden war.[60] In der darauffolgenden Zeit kam zunehmend Kritik an dieser Vorgehensweise auf und die Gerichte entschieden vereinzelt entsprechend einem übereinstimmenden Elternvorschlag auf gemeinsame Sorge.[61] § 1671 Abs. 4 blieb auch mit Inkrafttreten des 1. EheRG vom 14. Juni 1976 unverändert. In der Folgezeit wurde durch einige OLG die gemeinsame Sorge nach Scheidung immer dann ausgesprochen, wenn dies dem Kindeswohl im konkreten Fall am besten entsprach.[62]

3. Gesetz zur Neuregelung des Rechts der elterlichen Sorge

Das Sorgerechtsgesetz vom 18. Juli 1979 wandelte die Sollvorschrift des § 1671 Abs. 4 a.F. zur absolut strikten Regel: die elterliche (Personen)- *Sorge* war stets einem Elternteil allein zu übertragen. Lediglich die Vermögenssorge konnte einer vorbehaltlichen Regelung unterworfen werden. In Beschlußempfehlung und Bericht des Rechtsausschusses wurde folgendes festgehalten: „Der vorliegende Gesetzentwurf betont stärker als das geltende Recht die Elternverantwortung, die durch die neue Bezeichnung ` elterliche Sorge ´ treffender umschrieben wird als durch den Begriff ` elterliche Gewalt ´. Er hebt die gegenseitige Pflicht zu Rücksichtnahme und Beistand hervor. Die Verteilung des Sorgerechts nach der Ehescheidung berücksichtigt stärker als bisher Bindungen und Willen des Kin-

58 *Coester - Waltjen*, StAZ 1992, 38.
59 BVerfG, FamRZ 1959, 416.
60 *Dölle*, Familienrecht, 1965, § 97 III 5 m.w.N.
61 LG Mannheim, FamRZ 1971, 185; AG Tübingen, DAVorm 1976, 424; LG Wiesbaden, FamRZ 1977, 60.
62 OLG Düsseldorf, FamRZ 1978, 266; OLG Schleswig, DAVorm 1978, 796; KG, FamRZ 1979, 340; OLG Hamburg, MDR 1979, 582.

des."[63] Die ausnahmslose Übertragung der elterlichen Sorge auf einen Elternteil im Falle der Scheidung unterlag dabei der Vorstellung, daß das Kind klare Lebensverhältnisse brauche und nur zu einem Elternteil - meist der Mutter - eine stärkere Bindung entwickelt.[64] Darüber hinaus gehörte es nach dem sich damals entwickeltem Verständnis der Rechtsordnung auch zu den Aufgaben des Staates, das Kind vor einer Gefährdung seines Wohles dort zu schützen, wo es selbst und seine Eltern nicht in der Lage sind, Gefahren abzuwenden.[65] Der eingeschlagene Weg des Gesetzgebers von 1957 wurde also erneut einem Richtungswechsel unterzogen.

4. Entscheidung des Bundesverfassungsgerichts vom 3. November 1982[66]

Diese Entwicklung wurde durch die Bundesverfassungsgerichtsentscheidung vom 3. November 1982 unterbrochen. Das Gericht erklärte die Regelung des § 1671 Abs. 4 Satz 1 i.d.F. des Sorgerechtsgesetzes für grundgesetzwidrig, wonach das Belassen des gemeinsamen Sorgerechtes der Eltern nach der Scheidung ihrer Ehe in jedem Fall ausgeschlossen sein sollte.[67] Die Vorschrift verstoße gegen das Elternrecht aus Art. 6 Abs. 1 und 2 GG, denn dieses sei „ein fiduziarisches Recht, ein dienendes Grundrecht, eine im echten Sinne anvertraute treuhänderische Freiheit"[68], die Grund und Grenzen findet in der Aufgabe, das Kind zu pflegen und zu einer selbstbestimmungs- und gemeinschaftsfähigen Persönlichkeit zu erziehen.[69] Das Gericht stellte also im wesentlichen auf die Autonomie des Elternrechts ab. Den Eltern eines gemeinschaftlichen Kindes liege das Wohl des Kindes am meisten am Herzen. Daher können sie auch am besten und ehesten entscheiden, wie für das Kind zu sorgen sei. Die Belassung gemeinsamer elterlicher Sorge soll jedoch nur in Betracht kommen, wenn beide Eltern gewillt sind, die gemeinsame Verantwortung für ihr Kind auch nach der Scheidung zu tragen, sie darüber hinaus beide voll erziehungsfähig sind und auch im übrigen keine Gründe vorliegen, die im Interesse des Kindeswohls die Übertragung des Sorgerechts auf nur einen Elternteil angezeigt erscheinen lassen.[70] Eine einverständliche Entscheidung der Eltern über den Sorgerechtsträger nach Trennung und Scheidung spreche nämlich regelmäßig für die Wahrnehmung ihrer

---

63 BT - Drucksache 8/ 2788, 5.

64 *Schwab*, Familienrecht, Rdnr. 662.

65 BT - Drucksache 7/ 2060, 1; *Jans/ Happe*, Gesetz zur Reform des Rechts der elterlichen Sorge, 48.

66 BVerfGE 61, 358ff.

67 *Schwab*, Handbuch des Scheidungsrechts, III, Rdnr. 7.

68 BVerfGE 59, 360 (376/ 377); BVerfG, FamRZ 1982, 1179 (1182).

69 BVerfGE 24, 119 (143).

70 BVerfGE 61, 358 (374).

fortgesetzten Elternverantwortung.[71] Dies bedeutet daher, der Staat solle nicht nur, er dürfe auch nicht regelnd tätig werden, wenn die Eltern in Übereinstimmung eine Sorgeregelung treffen wollen und können.[72]
Nach dieser Entscheidung des Bundesverfassungsgerichts war es also erneut möglich, Eltern nach Scheidung für ihre gemeinschaftlichen Kinder ein gemeinsames Sorgerecht zuzusprechen, sofern es dem Kindeswohl nicht widersprach.

5. Wiedervereinigung vom 3. Oktober 1990

Die im Jahre 1990 vollzogene Einigung zwischen der Deutschen Demokratischen Republik und der Bundesrepublik Deutschland drängte ebenfalls zur Schaffung einer einheitlichen Rechtslage. Mit dem Beitritt wurde das Familienrecht des Bürgerlichen Gesetzbuches nach Art. 8 des Einigungsvertrages in den neuen Bundesländern wirksam. Das Familiengesetzbuch der DDR[73] sah bei ehelichen Kindern ein gemeinsames Erziehungsrecht der Eltern vor, solange sie zusammenlebten. Bei Getrenntleben entschied eine Einigung zwischen den Eltern darüber, wer das Erziehungsrecht über die ehelichen Kinder ausübt, (§ 45 Abs. 4 FGB der DDR). Im Falle der Scheidung wurde das Erziehungsrecht einem Elternteil alleine übertragen, (§ 25 Abs. 1 FGB der DDR). Für die Entscheidung des Gerichtes, welchem Elternteil das Erziehungsrecht übertragen werden soll, unterbreiteten sie dem Gericht Vorschläge. Für die letztendliche Übertragung des Erziehungsrechtes war nach § 25 Abs. 1 FGB der DDR nur die Sicherung der weiteren Erziehung und Entwicklung des Kindes maßgeblich. Zu diesem Zweck hatte sich das Gericht ein Bild von dem erzieherischen Einfluß der Eltern, vom persönlichen Verhältnis der Kinder zu den Eltern, die Umstände der Ehescheidung und der Lebensverhältnisse der Eltern zu machen.[74] Wurde kein Elternvorschlag unterbreitet, so wurde das Organ der Jugendhilfe zur Stellungnahme aufgefordert, (§ 25 Abs. 2 FGB der DDR). Zwar wurden durch das 1. Familienrechtsänderungsgesetz vom 20. Juli 1990, das am 1. Oktober 1990 in Kraft trat, also nur zwei Tage bis zum Wirksamwerden des Beitritts galt, Änderungen in den Bereichen Erziehungsrecht nach Trennung und Scheidung dahingehend vorgenommen, daß die zwingende Zuteilung des elterlichen Erziehungsrechtes an einen Elternteil allein aufgehoben wurde. Die Eltern erhielten vielmehr die Möglichkeit, das Erziehungsrecht auch nach der Scheidung gemeinsam auszuüben (§ 25 Abs. 1 und 2 1. Familienrechtsänderungsgesetz). Angesichts der kurzen Geltungsdauer konnten durch Eltern jedoch keine ausreichenden praktischen Erfahrungen im Umgang mit den neuen Regelungen gesammelt werden, so daß die in der Bundesrepublik Deutschland vorherrschende und

[71] BVerfGE 61, 358 (374).
[72] BVerfGE 61, 358 (373).
[73] Vom 20. Dezember 1965, GBl. I, 1966, 1.
[74] *Schlicht*, Das Familien - und Familienverfahrensrecht der DDR, 109.

nunmehr anzuwendende Regelung des § 1671 i.d.F. des SorgeRG eine erhebliche Veränderung für Familien aus den neuen Bundesländern bedeutete. Es war nicht mehr Sache der Eltern, sich über die Art und Weise der Ausübung der elterlichen Sorge kraft Elternvorschlages zu einigen.
Angesichts bestehender unterschiedlicher Rechtslagen und der Tatsache, daß der in im Bürgerlichen Gesetzbuch enthaltene § 1671 i.d.F. des SorgeRG der Rechtsprechung des Bundesverfassungsgerichtes[75] nicht standhalten konnte, war eine Novellierung und Angleichung der unterschiedlichen Rechtslagen nach der Wiedervereinigung geboten. Hinzu kam, daß auch die Entwicklung der Scheidungsraten und die zunehmende Zahl betroffener Kinder einen erheblichen Anlaß zum Handeln bot. In den alten Bundesländern war die Anzahl der Scheidungen von 17 % auf 35 % und in den neuen Bundesländern von 21 % auf 37 % angestiegen. Die Zahl der von diesen Scheidungen betroffenen Kinder war bereits 1994 mit 51,1 % im Westen und im Osten mit dem erschreckenden Wert von 70,1 % genannt worden.[76]

6. Anstöße aus dem internationalen Bereich

Anstöße für die Entwicklung hin zu einem gemeinsamen Sorgerecht ergaben sich auch aus dem internationalen Bereich. Die Kinderrechtskonvention der Vereinten Nationen vom 20. November 1989 enthält in 54 Artikeln Rechte der Kinder in verschiedenen Lebensbereichen. In Art. 3 der Konvention wird festgelegt, daß bei allen Maßnahmen, die Kinder betreffen, das Wohl des Kindes ein vorrangig zu berücksichtigender Grundsatz ist. Zu diesem Zweck sind nach Art. 4 Satz 1 der Konvention alle geeigneten Gesetzgebungs-, Verwaltungs- und sonstige Maßnahmen durchzuführen. In Art. 18 wird festgelegt, daß die Vertragsstaaten für die Anerkennung des Grundsatzes, daß beide Elternteile gemeinsam für die Erziehung und Entwicklung des Kindes verantwortlich sind, zu sorgen haben. Zu Art. 18 Abs. 1 der Konvention hat die Bundesregierung explizit und nachdrücklich erklärt, daß aus dieser Regelung nicht abgeleitet werden kann, daß mit Inkrafttreten dieser Bestimmung das elterliche Sorgerecht „automatisch und ohne Berücksichtigung des Kindeswohls im Einzelfall beiden Eltern zustehe." Ausdrücklich hat die Bundesregierung festgestellt, daß eine derartige Auslegung mit Art. 3 Abs. 1 der Konvention unvereinbar wäre.[77] Die Bundesrepublik hat sich aber durch die Ratifizierung der Konvention am 6. März 1992 verpflichtet, diesen und alle anderen in der Konvention enthaltenen Grundsätze in innerstaatliches Recht umzusetzen. Die damalige Bundesregierung sah eine Änderung des deutschen Kindschaftsrechtes nicht oder allerfalls marginal für nötig

---

75 Vgl. Fußnote 67, oben.

76 BT - Drucksache 13/ 4899, 35.

77 BT - Drucksache 12/ 4168, 2; *Dorsch*, Die Konvention der Vereinten Nationen über die Rechte des Kindes, 399.

an. Sie erklärte bereits mit Hinterlegung der Ratifikationsurkunde, daß das Übereinkommen innerstaatlich keine unmittelbare Anwendung finde. Ausdrücklich habe sie darauf verwiesen, daß mit diesen lediglich völkerrechtlichen Verpflichtungen begründet werden, die die BRD nach näherer Bestimmung ihres mit der Konvention übereinstimmenden innerstaatlichen Rechts erfüllen werde.[78] Das Übereinkommen werde aber zum Anlaß genommen, Reformen des innerstaatlichen Rechts in die Wege zu leiten, die sie nach Art. 3 Abs. 2 der Konvention für geeignet halte, dem Wohlergehen des Kindes zu dienen.[79] Dementsprechend hat die Bundesregierung auf das Übereinkommen in der offiziellen Begründung des 1996 von ihr vorgelegten Gesetzesentwurfs zur Reform des Kindschaftsrechtes Bezug genommen.[80] Schließlich wurden erst 1997 durch den Gesetzgeber der neuen Legislaturperiode im Rahmen der Kindschaftsrechtsreform die von der Konvention vorgegebenen Grundlinien aufgegriffen und unter anderem etwa durch ein gemeinsames Sorgerecht der Eltern nach Trennung und Scheidung umgesetzt.

7. Gesetz zur Reform des Kindschaftsrechtes vom 16. Dezember 1997

Zielvorstellung des Gesetzgebers war es, das Kindeswohl auf bestmögliche Art und Weise zu fördern und dabei die Rechtspositionen der Eltern, soweit dies mit dem Kindeswohl vereinbar ist, zu stärken und vor unnötigen Eingriffen zu schützen.[81]

Ein gesetzliches Regelungsbedürfnis der elterlichen Sorge nach Trennung und Scheidung erwuchs einerseits aus der Rechtsprechungsentwicklung, aber vor allem daraus, daß die bisherige Rechtslage unter § 1671 keine klare Auskunft darüber gab, unter welchen Voraussetzungen das Sorgerecht nach der Scheidung beiden Eltern gemeinsam belassen werden konnte. Zwar wurden dem Gesetzestext bei Anwendung unter Rückgriff auf die Bundesverfassungsgerichtsentscheidung vom 3. November 1982 durchaus eindeutige Direktiven abgelesen. Diese mündeten jedoch in unterschiedliche Lese- und Interpretationsarten des Gesetzes und der Bundesverfassungsgerichtsentscheidung.[82] Allein dieser Umstand verlangte daher nach mehr Rechtssicherheit durch eine gesetzliche Regelung der gemeinsamen Sorge nach Trennung und Scheidung. Überdies hat das Bundesverfassungsgericht in seinem Urteil auch keine Tatbestandsvoraussetzungen des gemeinsamen Sorgerechts festgelegt, sondern vielmehr herausgear-

[78] BGBl. II, 1992, 990 ff.
[79] BT - Drucksache 13/ 4899, 29.
[80] BT - Drucksache 13/ 4899, 29.
[81] BT - Drucksache 13/ 4899, 29.
[82] *Limbach*, Die gemeinsame Sorge geschiedener Eltern in der Rechtspraxis, 77.

beitet, unter welchen Voraussetzungen der gesetzliche Ausschluß einer gemeinsamen Elternverantwortung nach der Scheidung verfassungswidrig ist.[83]
In der Reformdiskussion[84] herrschte deshalb Einheit darüber, daß die Ausübung der gemeinsamen Sorge nach Trennung und Scheidung ausdrücklich im Gesetz geregelt werden sollte. Durch das Kindschaftsrechtsreformgesetz wurde daher die Rechtsprechung des Bundesverfassungsgerichts in ein Gesetz gegossen, jedoch sollte unter den oben genannten Zielvorstellungen ein Konzept erarbeitet werden, daß einen Streit um das Kind bei Scheitern der Eltern - Beziehung vermeiden und dem Kind *beide* Eltern als Sorgeberechtigte möglichst erhalten konnte.
Nach dem im Regierungsentwurf erarbeiteten Konzept hatte im Scheidungsverfahren nicht mehr zwingend auch eine Entscheidung des Familiengerichts über die elterliche Sorge zu ergehen.[85] Zwar verzichtet der Gesetzgeber auch weiterhin auf eine positive Regelung der Voraussetzung gemeinsamer elterlicher Sorge bei dauerhaftem Getrenntleben - erst im Umkehrschluß aus § 1671 ergibt sich das Fortbestehen gemeinsamer elterlicher Sorge -, für die Folgen des dauerhaften Getrenntlebens schienen aber gesetzliche Zuständigkeitszuweisungen durch § 1687 unabdingbar.[86] Abweichend vom bisherigen Recht sollten künftig Eltern nämlich nach Trennung die gemeinsame Sorge auch ohne familiengerichtliche Prüfung ausüben können.[87] Zu einem Verfahren über die elterliche Sorge sollte es daher nur noch in den Fällen kommen, in denen ein Elternteil einen Antrag auf Zuweisung der Alleinsorge stellt, (§ 1671).
Hinsichtlich der konkreten Ausgestaltung gemeinsamer elterlicher Sorge nach Trennung und Scheidung gingen in der Reformdiskussion die Meinungen auseinander: Die Ausschußmehrheit empfahl, die Angelegenheiten, in denen nach § 1687 ein Einvernehmen der Eltern erforderlich ist, und die Angelegenheiten des täglichen Lebens, in denen die Alleinentscheidungsbefugnis einem Elternteil alleine zusteht, als Begriffspaar gegenüberzustellen, um damit in Zweifelsfällen die Zuordnung zu dem einen oder anderen Bereich zu erleichtern. Zur Definition der Angelegenheit wurde die Anknüpfung an die Formulierung des § 1628 Abs. 1 Satz 1 empfohlen.[88] Auch darin werden Sachverhalte beschrieben, die von un-

---

83 BVerfG, NJW 1983, 101f.; FamRZ 1982, 1182ff.
84 Es seien lediglich genannt: 59. Deutscher Juristentag in Hannover, 1992; SPD – Fraktion im Deutschen Bundestag, BT - Drucksache 12/ 4024, 13/ 1752; Deutscher Juristinnenbund, FamRZ 1992, 912f.; Deutscher Familiengerichtstag, FamRZ 1993, 1164ff.
85 BT - Drucksache 13/ 4899, 61.
86 *Staudinger/ Salgo*, § 1687, Rdnr. 1.
87 *Wichmann*, FuR 1996, 161 (162).
88 BT - Drucksache 13/ 8511, 75; BT - Drucksache 13/ 4899, 107; siehe dazu auch: *Bäumel*, Familienrechtsreformkommentar, § 1687, Rdnr. 11; *Greßmann*, Neues Kind schaftsrecht, Rdnr. 247; *Palandt - Diederichsen*, § 1687, Rdnr. 7; *Hülsmann/ Klattenhof/ Runge*, Band 3, § 1687, Rdnr. 1, 2; *Schwab/ Motzer*, Handbuch des Scheidungs-

einigen Eltern, die gemeinsam Inhaber der elterlichen Sorge sind, zum Gegenstand einer gerichtlichen Entscheidung gemacht werden können. Diese Formulierung „Angelegenheiten, deren Regelung von erheblicher Bedeutung ist" orientiere sich zudem an der Perspektive des Kindes und rückt auch in diesem Zusammenhang stärker die Belange des Kindes in den Mittelpunkt.[89] Die Ausschußmehrheit war auch weiter der Auffassung, daß zur größtmöglichen Klarstellung im Gesetz zu definieren ist, welche Angelegenheiten in der Regel solche des täglichen Lebens sind. Dabei hält die Ausschußmehrheit die Häufigkeit und die Abänderbarkeit der Auswirkungen für entscheidende Kriterien.[90]
Der Antrag der SPD-Fraktion sah eine davon abweichende Formulierung vor.[91] Der betreuende Elternteil sollte danach berechtigt sein, Entscheidungen, „die im Zusammenleben mit Kindern regelmäßig vorkommen, für das Kind zu treffen."[92] Die Fraktion der SPD möchte eine Doppeldefinition sowohl des einvernehmlichen Bereichs bei der gemeinsamen Sorge getrennt lebender Eltern, als auch des alleinigen Zuständigkeitsbereichs Alleinerziehender vermeiden, da beide Bereiche nicht völlig komplementär sein müßten. Inhaltlich sollte die Regelmäßigkeit anstelle der Häufigkeit das entscheidende Kriterium dafür bilden, was ein alleinerziehender Elternteil allein entscheiden kann.[93] Auch der Änderungswunsch des Bundesrates[94], die Vorschrift noch um Beispiele für grundsätzliche Entscheidungen, z.B. die Schul - oder Berufswahl, zu ergänzen, wurden nicht umgesetzt.
Die Koalitionsfraktionen vertraten die Auffassung, daß das von ihnen befürwortende Konzept den Zielen der Reform gerecht werden würde und vorzuziehen ist. Schließlich erhielt § 1687 im Rechtsausschuß[95] seine vom Gesetzgeber verabschiedete Fassung. Es handelt sich dabei um eine völlig neue Regelung, die keinen Vorläufer im Familienrecht des BGB vor dem KindRG hatte.[96]

---

rechts, III, Rdnr. 47; *Staudinger/ Peschel – Gutzeit*, § 1628, Rdnr. 24 ff.;

89 BT - Drucksache 13/ 8511, 74.

90 BT - Drucksache 13/ 8511, 67.

91 Vgl. zu den einzelnen Standpunkten bezüglich des Regierungsentwurfs, IV. 1., unten.

92 BT - Drucksache 13/ 8511, 67.

93 BT - Drucksache 13/ 8511, 67.

94 BR - Drucksache 180/ 96 (Beschluß) Nr. 23; BT - Drucksache 13/ 4899, 154 Nr. 23.

95 BT - Drucksache 13/ 8511, 18, 66, 74f.

96 *Staudinger/ Salgo*, § 1687, Rdnr. 5.

IV. Abweichende Vorschläge zur Regelung einer gemeinsamen Sorge nach Trennung der Eltern im Bundestag

Im Rahmen des Gesetzgebungsverfahrens zur Regelung einer gemeinsamen Sorge nach Trennung und Scheidung der Eltern gab es einige, von der momentan gültigen Fassung des § 1687, abweichende Vorschläge. Daher sollen im Folgenden diese verschiedenen Positionen um die Formulierung eines § 1687 dargestellt werden:
Nach dem ursprünglichen Entwurf der Bundesregierung vom 13. Juni 1996 sollte die gesetzliche Regelung des Sorgerechtes für Eltern nach Trennung bzw. Scheidung eine vom Beschluß des Rechtsausschusses abweichende Formulierung erhalten:

> „Leben Eltern, denen die elterliche Sorge gemeinsam zusteht, nicht nur vorübergehend getrennt, so ist bei *grundsätzlichen* Entscheidungen ihr gegenseitiges Einvernehmen erforderlich. Der Elternteil, bei dem sich das Kind mit Einwilligung des anderen Elternteils oder auf Grund einer gerichtlichen Entscheidung gewöhnlich aufhält, hat die Befugnis zur alleinigen Entscheidung in Angelegenheiten des täglichen Lebens. Der andere Elternteil hat die Befugnis zur Entscheidung in Angelegenheiten der tatsächlichen Betreuung, solange sich das Kind mit der Einwilligung des anderen Elternteils oder auf Grund einer gerichtlichen Entscheidung bei ihm aufhält. § 1629 Abs. 1 Satz 4 und § 1684 Abs. 2 Satz 1 gelten entsprechend."[97]

Zu der endgültigen Fassung des § 1687 nach der Kindschaftsrechtsreform lassen sich also einige Unterschiede feststellen: In diesem von der Bundesregierung gemachten Vorschlag findet der Begriff einer Angelegenheit von erheblicher Bedeutung keine Berücksichtigung. Vielmehr ist hier die Rede von grundsätzlich zu treffenden Entscheidungen, die ein gegenseitiges Einvernehmen der Eltern erfordern. Des weiteren erfolgt innerhalb des § 1687 – E auch keine Definition dahingehend, was unter einer Angelegenheit des täglichen Lebens zu verstehen ist. Es wurde zur begrifflichen Klärung der Angelegenheit die Anknüpfung an § 1628 Abs. 1 Satz 1 empfohlen.[98] Es erfolgt also lediglich die Gegenüberstellung zweier Begriffspaare, was bedeutet, daß wenn *per definitionem* nicht vom Vorhandensein einer alltäglichen Angelegenheit auszugehen ist, zwangsläufig eine Angelegenheit grundsätzlicher Bedeutung vorliegen muß.

---

97 BT – Drucksache 13/ 4899, 18.

98 Vgl. Fußnote 88, oben.

In der dann anschließend stattfindenden Diskussion zur Reform des Kindschaftsrechtes gab es vor allem bezüglich der Fassung der §§ 1671, 1687 erhebliche Auseinandersetzungen[99], wobei einige weitere abweichende Vorschläge zwar gemacht, durch den Rechtsausschuß in seinem Beschluß[100] jedoch nicht berücksichtigt wurden. Im Folgenden könnte es also auch von Interesse sein zu hinterfragen, ob dem Ziel der Gesetzgebung, nämlich das Kindeswohl auf bestmögliche Art und Weise zu fördern und dabei gleichzeitig die Rechtspositionen der Eltern zu stärken und vor unnötigen Eingriffen zu schützen, durch die Annahme eines dieser dem Regierungsentwurf abweichender Vorschläge bezüglich der Regelung des gesetzlichen Sorgerechtssystems hätte besser entsprechen werden können. Konkrete Formulierungsvorschläge diesbezüglich würden im Rahmen der Diskussion zur Kindschaftsrechtsreform auch von Gegnern des Vorschlages der Bundesregierung gemacht: durch Fraktionen des Bundestages, parteiunabhängige Rechtspolitiker, aber vor allem durch die einzelnen Vorschläge des Bundesrates[101].
Eine Abwägung dieser vielfältigen Standpunkte könnte unter Umständen dazu führen, eine Lösung für das durch die Formulierung des § 1687 verursachten Dilemmas, nämlich daß dem geltenden Sorgerecht keine eindeutigen Direktiven bezüglich elterlicher Entscheidungskompetenzen bei gemeinsamer Sorge im Falle des Getrenntlebens zu entnehmen sind, durch Änderungen oder Präzisierungen des Gesetzestextes gefunden werden kann. Schließlich forderte schon die Koalitionsvereinbarung zur 13. Legislaturperiode:

> „das Wohl der Kinder, die einen Anspruch auf eine rechtliche Absicherung haben, steht im Mittelpunkt der Reform des Kindschaftsrechtes. Gemeinsame Sorge, einheitliches Umgangsrecht, ein verbessertes Unterhaltsrecht sowie die Aufhebung der gesetzlichen Amtspflegschaft sind dabei wichtige Bereiche."

Aufgrund dessen bekundeten Rechtspolitiker ihrerseits schon zu diesem Zeitpunkt – unabhängig von ihrer Parteizugehörigkeit – die einschneidende Bedeutung der Reform des Kindschaftsrechtes für die 13. Legislaturperiode[102]: Ziel der Reform des Kindschaftsrechtes müsse es sein, das Kind in seiner eigenständigen Persönlichkeit durch Schaffung einer eigenen Rechtsposition gegenüber Eltern,

---

99 Vgl. auch III., oben.

100 BT – Drucksache 13/ 8511, 15, 18, 62.

101 Vgl. im einzelnen die im Anschluß folgende Darstellung.

102 Vgl. *Alm – Merk*, RdJB 1996, 400ff.; *Beck*, ZRP 1995, 281 (283); *Eylmann*, ZRP 1995, 161 (163); *Grießhaber*, FPR 1996, 211; *Heuer*, FPR 1996, 212; *Leutheusser – Schnarrenberger*, ZRP 1995, 81f.; *von Renesse*, FPR 1996, 208ff.; *Schmidt – Jortzig*, FPR 1996, 207; *Schubert*, NJ 1997, 232ff.

dritten Personen oder Gruppen zu stärken.[103] Auf diese Äußerungen reagierten die einzelnen Fraktionen des Bundestages mit konkreten Anträgen zur gesetzlichen Neuregelung des damals gültigen Kindschaftsrechtes.[104]

1. Vorschlag der SPD - Fraktion

Nach der im Bundestag getroffener Feststellungen, daß einschneidende soziale Veränderungen, Vorgaben des Bundesverfassungsgerichts und auch internationale Konventionen es notwendig machen, das Kindschaftsrecht grundlegend zu reformieren, brachte zunächst die Fraktion der SPD am 21. Juli 1995 einen Antrag zur Reform des Kindschaftsrechtes in den Bundestag ein.[105] Insbesondere zur Neugestaltung einer gemeinsamen Sorge getrenntlebender Ehegatten machte sie bezüglich der beabsichtigten Fassung in § 1687 – E folgenden abweichenden Vorschlag:

> „Leben Eltern mit gemeinsamer elterlicher Verantwortung nicht nur vorübergehend getrennt, so ist der Elternteil, der das Kind in seinem Haushalt allein oder überwiegend betreut, berechtigt, Entscheidungen, die im Zusammenleben mit Kindern *regelmäßig* vorkommen (Aufenthalt, Gesundheitsfürsorge, Angelegenheiten der Erziehung und Ausbildung), für das Kind zu treffen und Ansprüche aus Rechtsgeschäften geltend zu machen. Dulden darüber hinausgehende Entscheidungen zur Wahrung des Kindeswohls keinen Aufschub, so kann sie der alleinerziehende Elternteil ebenfalls treffen; der andere Elternteil ist unverzüglich zu informieren.“

Im Vergleich zur endgültigen Fassung des § 1687 sind auch im Vorschlag der SPD – Fraktion erhebliche Abweichungen enthalten: Zuerst einmal wäre festzustellen, daß anstelle des Begriffs Sorgerecht der Begriff der elterlichen Verantwortung Anwendung findet. Begründet wird dies damit, daß nach Ansicht der SPD – Fraktion so eingehender klargestellt werden kann, daß Eltern für die Entwicklung und Erziehung des Kindes gemeinsam verantwortlich sind und bleiben. Unter der bloßen Verwendung des Begriffs „Sorgerecht“ könne nicht hinreichend verdeutlicht werden, daß Elternrecht und Elternpflicht unlöslich miteinander verbunden sind.[106] Auch muß gewährleistet werden, daß durch die

---

103 Mit Anregungen aus dem politischen Raum, spezielle Kinderrechte in der Verfassung festzuschreiben, haben sich die Kommission Verfassungsreform des Bundesrates und die Gemeinsame Verfassungskommission von Bundestag und Bundesrat in den Jahren 1991 und 1993 eingehend befaßt (BR – Drucksache 360/ 92, Abschnitt 9; Deutscher Bundestag, Zur Sache 5/ 1993). Die für eine Verfassungsänderung notwendigen Mehrheiten kamen damals nicht zustande.

104 SPD – Fraktion, BT – Drucksache 13/ 1752, 1, (5); Bündnis `90/ Grüne – Fraktion, BT – Drucksache 13/ 3341, 1 (3); PDS – Fraktion 13/ 7899, 1 (9).

105 BT – Drucksache, 13/ 1752.

106 BT – Drucksache 13/ 1752, 14.

„Alltagssorge“ des alleinerziehenden Elternteils uneingeschränkt alle Wirkungskreise umfaßt werden können, die im Bereich von Pflege und Erziehung regelmäßig eine Rolle spielen. Dazu erachtete es die SPD – Fraktion als notwendig, in ihrem Vorschlag Regelbeispiele zu verfassen, bei deren Eintreten dem betreuenden Elternteil ein Alleinentscheidungsrecht zugesprochen werden soll. Zur näheren Umschreibung dieser Angelegenheiten des täglichen Lebens wird dann schließlich auch der Begriff der Regelmäßigkeit verwendet. Als alltäglich werden somit Entscheidungen angesehen, die im Zusammenhang mit Kindern regelmäßig vorkommen. Nach Ansicht der SPD – Fraktion kann nämlich allein durch die Verwendung des Begriffs „regelmäßig“ auch garantiert werden, daß nur solche Entscheidungen in Reichweite und Umfang der Alltagssorge geraten, die nach heutiger Vorstellung zum normalen Lebensalltag gehören. Daher ist es auch gerechtfertigt, wenn darüber hinaus der betreuende Elternteil Einschränkungen im Bereich der Alltagssorge durch den anderen sorgeberechtigten Elternteil hinnehmen muß, was sich aus Gründen des Kindeswohls und damit aus dem Pflichtcharakter der elterlichen Verantwortung heraus rechtfertigen läßt. Nicht zuletzt deshalb soll innerhalb dieses Vorschlages auch eine Mitwirkungsmöglichkeit des getrenntlebenden Elternteils in allen anderen Angelegenheiten der elterlichen Sorge erhalten bleiben. Diese Angelegenheiten wären dann in den aufgeführten Bereichen, Aufenthalt, Gesundheitsfürsorge, Angelegenheiten der Erziehung und Ausbildung wiederzufinden. Sie sind nach Ansicht der SPD – Fraktion als erheblich zu bezeichnen und bedürfen stets eines gegenseitigen Einvernehmens der gemeinsam sorgeberechtigten Eltern.

Weiterhin ist der Begründung des zu § 1687 gemachten Formulierungsvorschlags zu entnehmen, daß die SPD – Fraktion eine stärkere Gewichtung elterlicher Sorgerechtsvereinbarungen für unbedingt erstrebenswert erachtet. Denn auch wenn Eltern dauerhaft voneinander getrennt leben, so verpflichtet sie ihre Elternverantwortung auch in diesem Fall, eine Regelung zu finden, die für die Entwicklungsinteressen des Kindes ausreichend Sorge trägt. Dieser elterlichen Verantwortung ist schon allein aus dem Zusammenhang mit Art. 6 Abs. 2 GG heraus Vorrang vor jeder staatlichen (gerichtlichen) Intervention einzuräumen. Bezüglich Reichweite und Umfang elterlicher Sorgerechtsvereinbarungen wird von der SPD – Fraktion weiter gefordert, daß sie die tatsächlichen Lebensbedingungen eines Kindes nach der Trennung umfassend regeln: Aufenthalt, Pflege und Erziehung, Unterhalt müssen zwischen den gemeinsam sorgeberechtigten Eltern einvernehmlich geregelt werden. Genauso kann eine durch die Eltern ergangene Vereinbarung aber auch beinhalten, daß nur ein Elternteil nach der Trennung die volle elterliche Verantwortung über das Kind innehaben soll. Ungeachtet des Inhalts der zwischen den Eltern gefaßten Vereinbarung soll aber gelten, daß bei bestehendem elterlichen Einvernehmen über die einzelnen Punkte der Sorgerechtsvereinbarung eine staatliche Intervention immer nur dann erfolgen kann, wenn dies durch eine erkennbare Gefährdung des Kindeswohls auch geboten wäre und den Staat so zur Wahrnehmung seines Wächteramtes zum Eingreifen verpflichtet. Staatliche Hilfe hat dann nach Maßgabe des § 17 KJHG zu erfolgen, wonach Eltern Vermittlung, Beratung und Hilfe durch das Jugendamt garantiert werden soll. Der Antrag der SPD – Fraktion sieht also einen Verzicht auf eine gerichtliche Entscheidung vor, wenn die Eltern die gemeinsame Sorge ausdrücklich vereinbart haben und keine Gefährdung des Kindeswohls erkennbar ist.

2. Vorschlag der Bündnis '90/ Grüne - Fraktion

Der Vorschlag der Bündnis '90/ Grüne – Fraktion sah zur Regelung eines gemeinsamen Sorgerechtes der Eltern nach Trennung die Fassung eines eigenständigen Paragraphen, etwa in Form des § 1687, nicht vor. Vielmehr sollte eine Umformulierung des seinerzeit geltenden § 1671 in seinen Absätzen 1 bis 3 genügen:[107]

> „(1) Wird die Ehe der Eltern geschieden, entscheidet das Familiengericht über die elterliche Sorge für ein gemeinsames Kind. Das Gericht trifft die Regelung, die dem Wohle des Kindes insbesondere unter Berücksichtigung seiner Bindungen an seine Eltern und Geschwister am besten entspricht.
> (2) Von einem übereinstimmenden Antrag der Eltern soll das Gericht nur dann abweichen, wenn dies zum Wohle des Kindes erforderlich ist. Auf die gemeinsame elterliche Sorge erkennt das Gericht nur dann, wenn ein entsprechender übereinstimmender Antrag der Eltern gestellt wurde. Stellt das Kind einen abweichenden Antrag, entscheidet das Gericht nach Abs. 1.
> (3) Abs. 1 gilt entsprechend, wenn ein nichtverheirateter Elternteil, welcher mit dem anderen Elternteil die gemeinsame Sorge innehat, oder das Kind eine Antrag auf Übertragung der Alleinsorge stellt."

Im Vergleich zu der vor der Kindschaftsrechtsreform gültigen Fassung des § 1671 sah der Antrag der Bündnis '90/ Grüne – Fraktion als Neuerung also lediglich die Streichung derjenigen Formulierungen vor, die vom Bundesverfassungsgericht in seiner einschlägigen Entscheidung als verfassungswidrig erklärt wurden[108], die also auf den verfassungswidrigen Grundsatz der Alleinsorge eines Elternteils hinweisen (§ 1671 Abs. 1 zweiter Halbsatz, Abs. 4 Satz 1). Nach Ansicht der Fraktion kann allein so schon sichergestellt werden, wann und wie die Ausübung einer elterlichen Sorge durch die Eltern gemeinsam gewährleistet werden kann. Die Fassung einer eigenständigen Norm mit entsprechendem Regelungsinhalt ist nicht notwendig. Festzustellen ist dabei, daß nach diesem Vorschlag eine Entscheidung darüber, wer die elterliche Sorge für ein Kind weiterhin ausüben soll, auch in Zukunft allein durch das Familiengericht zu ergehen

---

107 BT – Drucksache 13/ 3341, 1 (3).

108 BVerfGE 61, 358ff, vom 3. November 1982; Vgl. auch III. 4., oben.

hat. Für die gerichtliche Entscheidungsfindung bei der entsprechenden Sorgerechtsregelung bei Getrenntleben der Eltern sollen maßgebliche Kriterien allein das Kindeswohl und die Bindungen des Kindes an seine Eltern und Geschwister bilden. Die Bündnis `90/ Grüne – Fraktion hat sich also in ihrem Vorschlag klar gegen die Aufhebung des Zwangsverbundes und für eine uneingeschränkte Beibehaltung des Verbundverfahrens ausgesprochen. Die Bereitschaft, trotz Scheidung die gemeinsame Sorge fortzuführen, müsse ihren Ausdruck in einer aktiven Entscheidung im Rahmen eines Verfahrensantrags finden. Gegen das Argument, daß die Beibehaltung des Verbundverfahrens ein nicht vertretbares Maß des staatlichen Wächteramtes widerspiegelt, wird aufgeführt, daß Folge der Aufhebung des Zwangsverbundes wäre, daß nicht nur Rechte einer maßgeblich betroffenen Person ausgeklammert, sondern von vornherein Passivität als Regelungsmodell anerkannt werden würde, durch welches eigentlich elterliche Aktivität, nämlich elterliche Verantwortung, zum Tragen kommen sollte.[109] Passivität könne also nicht Grundlage einer Entscheidungsfindung bezüglich elterlicher Sorgerechtsregelungen bilden. Neben dem Erfordernis eines übereinstimmenden Antrages der Eltern sieht der Entwurf des § 1671 in vorbehaltloser Anerkennung der Mündigkeit der Eltern keine weiteren Anforderungen zur Ausübung einer gemeinsamen Sorge bei Getrenntleben, wie beispielsweise das Vorlegen eines detaillierten Sorgeplanes, vor. Des weiteren ist auch keine Rangfolge oder Wertigkeit der verschiedenen Antragsmöglichkeiten zu erkennen, sie stehen vielmehr gleichberechtigt nebeneinander. Weiter ist durch diese Regelung sichergestellt, daß auch zukünftig bei Trennung oder Scheidung das Kindeswohl nicht nur dann Beachtung findet, wenn die Eltern sich entschließen einen Antrag bei Gericht zu stellen, sondern dies im Scheidungsverbundverfahren ständig uneingeschränkt erfolgt. Stellen die Eltern voneinander abweichende Anträge oder stellt das Kind einem vom übereinstimmenden Vorschlag der Eltern abweichenden Antrag, sieht § 1671 Abs. 2 der Fassung des Vorschlages der Bündnis´90/ Grüne – Fraktion eine Entscheidung des Gerichts allein nach Gesichtspunkten des Kindeswohls, wie bisher, vor.

3. Vorschlag der PDS - Fraktion

Die PDS – Fraktion äußerte sich zur Regelung eines gemeinsamen Sorgerechtes nach Trennung der Eltern zwar ohne einen konkreten Formulierungsvorschlag zu einer entsprechenden Regelung, jedoch stellte auch sie klare Anforderungen[110]: Die gesetzliche Regelung des Sorgerechts für Eltern nach Trennung und Scheidung muß grundsätzlich ohne Bevorzugung einer bestimmten Sorgerechtsform erfolgen, so daß sich Eltern frei und entsprechend ihrer persönlichen Bedingungen für die ihnen gemäße Form entscheiden können. Neben dem alleini-

---

109 BT – Drucksache 13/ 3341, 9.

110 BT – Drucksache 13/ 7899, 1 (4).

gen und dem gemeinsamen elterlichen Sorgerecht sollen auch Mischformen möglich sein. Die Eltern sind dabei gehalten, dem Gericht einen einvernehmlichen Sorgerechtsvorschlag zu unterbreiten. Soweit dabei kein Widerspruch zum Kindeswohlgrundsatz festzustellen ist, haben die Gerichte dem entsprechenden Vorschlag auch zuzustimmen. Gelingt es den Eltern nicht, einen einvernehmlichen Sorgerechtsvorschlag zu unterbreiten, oder hat bereits die Scheidung der Ehe stattgefunden, soll es auch weiterhin dem Familiengericht vorbehalten sein, über die Regelung der gemeinsamen elterlichen Sorge für das Kind entscheiden zu können. Das Gericht trifft dann aufgrund vorliegender Anträge die Regelung, die dem Kindeswohl insbesondere unter Berücksichtigung der Bindungen und der Aufenthaltswünsche des Kindes am besten entspricht. Eine Aufrechterhaltung des gemeinsamen Sorgerechts gegen den Willen eines Elternteils soll jedoch auch dann nicht möglich sein. Schließlich stellt die PDS – Fraktion in ihrem Antrag die Forderung auf, die rechtlichen Rahmenbedingungen zur Verwirklichung der Ziele des Kindschaftsrechtes und der von ihnen genannten sorgerechtlichen Impulse nicht zuletzt deshalb zu schaffen, weil dies auch durch die Ratifizierung der UN – Kinderrechtskonvention notwendig geworden ist. Der Entwurf der Bundesregierung eines Gesetzes zur Reform des Kindschaftsrechtes entspricht nicht den Anforderungen einer Reform auf diesem Gebiet. Das Internationale Übereinkommen über die Rechte des Kindes werde nur ungenügend in nationales Recht umgesetzt und berücksichtige auch nicht die gesellschaftlichen Realitäten der unterschiedlichen Formen des Zusammenlebens mit Kindern. Des weiteren greife dieser auch in keiner Weise die in der Fachöffentlichkeit geäußerte Kritik an den Vorschlägen der Bundesregierung auf. Die Kinder werden nach wie vor als Objekte von Rechten und Pflichten der Eltern und anderer Personen behandelt.

4. Änderungsvorschlag des Bundesrates

Der Bundesrat hat am 13. Juli 1996 zu dem Regierungsentwurf eines Gesetzes zur Reform des Kindschaftsrechts Stellung genommen und bezüglich des § 1687 beantragt, die Sätze 1 und 2 wie folgt zu fassen[111]:

> „Leben Eltern, denen die gemeinsame Sorge gemeinsam zusteht nicht nur vorübergehend getrennt, so hat der Elternteil, bei dem sich das Kind mit Einwilligung des anderen Elternteils oder aufgrund einer gerichtlichen Entscheidung gewöhnlich aufhält, die Befugnis zur alleinigen Entscheidung. Hiervon ausgenommen sind Entscheidungen in Angelegenheiten von *grundsätzlicher* Bedeutung wie Schullaufbahn, Berufswahl und Wahl des religiösen Bekenntnisses."

---

111 BR – Drucksache 180/ 96, Beschluß Nr. 23.

In der Begründung des Bundesrates bei Vorlage dieses Entwurfs zu § 1687 heißt es, daß für die Akzeptanz der Neuordnung des Sorgerechts nach Trennung und Scheidung, insbesondere aber auch für das Fortbestehen der gemeinsamen elterlichen Sorge, die Ausgestaltung der Alleinentscheidungsbefugnis des Elternteils bei dem das Kind lebt und das damit die größte Verantwortung trägt, wesentlich ist. Die Regelung des § 1687 hat sich daher auf den Umfang dieser Alleinentscheidungsbefugnis zu konzentrieren. Alleiniges Ziel soll es nach Ansicht des Bundesrates dabei sein, dem Elternteil, bei dem das Kind überwiegend seinen Aufenthalt hat und der somit dieses auch überwiegend betreut, ausreichend Sicherheit bei der Gestaltung des Erziehungsalltags gewährleisten zu können. Nur so seien zugleich auch konfliktträchtige Absprachen und Einigungsprozesse mit dem anderen Elternteil, die durchaus auch negative Auswirkungen auf das Kind haben können, gering zu halten. Die Alleinentscheidungsbefugnis soll daher alle Angelegenheiten der elterlichen Sorge umfassen, soweit sie nicht von grundsätzlicher Bedeutung sind. Mit der Wahl der Formulierung des Gesetzestextes sollen zudem Auslegungsschwierigkeiten bei dem Begriff „Angelegenheiten des täglichen Lebens" entfallen. Im Wortlaut des durch den Bundesrat gemachten Vorschlags zu § 1687 erfolgt also nicht die Verwendung des Begriffs einer erheblichen Angelegenheit, sondern der einer grundsätzlichen. Eine Konkretisierung von Reichweite und Grenzen der „Angelegenheiten von grundsätzlicher Bedeutung" erfolgt dann durch die Einführung von Regelbeispielen.
Gerade aber hinsichtlich des durch den Bundesrat gemachten Vorschlages ergab sich eine erhebliche rechtspolitische Diskussion über Zweck – und Rechtmäßigkeit einer so zu treffenden Regelung. Am 12. Juni 1996 beschloß die Bundesregierung dann schließlich auch ihre Gegenäußerung zur Stellungnahme des Bundesrates, in der sie dem Vorschlag zur Regelung der gemeinsamen elterlichen Sorge nach Trennung und Scheidung in § 1687 Abs. 1 und 2 nicht zustimmen konnte. In der Begründung der Bundesregierung heißt es, daß durch die vom Bundesrat beabsichtigte Fassung des § 1687, nämlich die Alleinentscheidungsbefugnis eines Elternteils bewußt in den Vordergrund zu stellen und lediglich bestimmte Entscheidungen, bei denen die Eltern Einvernehmen erzielen müssen, namentlich auszuschließen, weniger deutlich werde, daß es sich um eine gemeinsame Sorge der Eltern handelt. Die Auflistung einzelner Angelegenheiten im Gesetzestext des § 1687, die von den Eltern gemeinsam zu entscheiden sind, erscheint der Bundesregierung als wenig hilfreich. In streitigen Fällen, also einer notwendigen Entscheidung darüber, ob es sich denn um eine Angelegenheit von erheblicher Bedeutung handelt, können die aufgeführten Beispiele letztendlich auch keine Entscheidunghilfe darstellen. Hingegen erfolgt nach Ansicht der Bundesregierung im Gesetzestext des § 1687 – E eine bewußte Hervorhebung solcher Entscheidungen, in denen beide Eltern bei gemeinsamer Sorgeberechtigung nach Trennung oder Scheidung auch einvernehmlich eine Handlung vornehmen müssen. Aus einem so formulierten Gesetzestext des

§ 1687 – E kann dann auch deutlich entnommen werden, daß es sich um eine gemeinsame Sorgeberechtigung beider Eltern handelt.
Nach Abschluß der im Bundestag erfolgten Lesungen, in denen der Antrag der SPD – Fraktion für erledigt erklärt und die Anträge der Bündnis `90/ Grüne – Fraktion bzw. PDS – Fraktion abgelehnt wurden, wurde dann schließlich das neue Kindschaftsrecht zum 1. Juli 1998 in Kraft gesetzt. In der Begründung des zuständigen Bundestagsausschusses heißt es dazu:

> „ 1. Der Ausschuß ist sich darin einig, daß es vorrangiges Reformziel sein muß, die Rechte der Kinder zu verbessern und das Kindeswohl auf bestmögliche Art und Weise zu fördern; er hält es in diesem Rahmen geboten, die Stellung des Kindes als eigenes Rechtssubjekt noch stärker als den Regierungsentwurf zu betonen. Die Ausschußmehrheit ist darüber hinaus der Auffassung, daß der Förderung der Beziehungen des Kindes zu beiden Eltern größeres Gewicht zu geben ist.
> 2. Die Ausschußmehrheit hält zugleich eine mit der Verbesserung der Rechte der Kinder im Einklang stehende Stärkung der Rechtspositionen der Eltern, die mit einer Vermeidung unnötiger staatlicher Eingriffe einherzugehen hat, für wünschenswert. Sie will die Stärkung der Elternautonomie jedoch, mehr als der Regierungsentwurf dies vorsieht, durch verfahrensrechtliche Hervorhebung der elterlichen Verantwortung und Betonung freiwilliger Beratungs- und Hilfsangebote flankieren.
> 3. (....).“[112]

V. Rechtspolitische Diskussion des Entwurfs der Bundesregierung

Der Entwurf eines Gesetzes zur Reform eines Kindschaftsrechtes[113] wurde ebenfalls den Landesjustizverwaltungen sowie den beteiligten Verbänden zur Stellungnahme übersandt.

1. Arbeitsgemeinschaft für Jugendhilfe[114]

In ihrer Stellungnahme zum Referentenentwurf des Bundesministeriums der Justiz hat die Arbeitsgemeinschaft für Jugendhilfe zunächst die vorgesehene Aufhebung des Zwangsverbundes im Zusammenhang mit sorgerechtlichen Entscheidungen eingehend begrüßt. Elterliche Sorgeverantwortung müsse als tragendes Prinzip für die Sicherung von Kindeswohl grundsätzlich auch bei Trennung und Scheidung der Eltern Bestand haben. Die Einführung eines Antragsprinzips, wonach es zu einer gerichtlichen Entscheidung bezüglich des Sor-

---

112 BT – Drucksache 13/ 8511, 64.
113 Stand: 24. Juli 1996.
114 *Arbeitsgemeinschaft für Jugendhilfe*, ZfJ 1996, 94.

gerechtes für die Kinder nur auf Wunsch eines elterlichen Antrages kommen kann, könne die Einhaltung des Kindeswohlprinzips am besten garantieren. Nur so können unnötige Konfliktsituationen, die sich dann wiederum negative Auswirkungen auf die spätere Sozialisation des Kindes haben können, vermieden werden. Nicht zuletzt deshalb sollen nach Ansicht der Arbeitsgemeinschaft für Jugendhilfe zukünftig auch die Anliegen der Kinder im bzw. während eines Scheidungsverfahrens in Bezug auf die Wahrnehmung der elterlichen Sorge auch eine intensivere Beachtung finden. Dies soll jedoch nicht durch neue förmliche Festlegungen von Sorgerechtsregelungen erfolgen, wie etwa ein obligatorisches Formulieren von Sorgerechtsplänen. Ein Zwang zur konsensualen Formulierung von Sorgeregelungen durch die Eltern kann nämlich nicht nur Zweifel in bezug auf deren Bestand, Verbindlichkeit und Kontrollierbarkeit begründen, sondern stellt so darüber hinaus auch die in Zukunft stärker auf die Verantwortlichkeit der Eltern setzende Regelung als solche in Frage. Zudem wären solche starre Vereinbarungen zwischen den Eltern auch nicht geeignet, den jeweiligen Entwicklungsstand des Kindes flexibel zu berücksichtigen, eine gebotene Anpassung an die Bedürfnisse des Kindes also nicht möglich. Zu dem durch die Bundesregierung gemachten Entwurf zu § 1687 äußerte sich die Arbeitsgemeinschaft für Jugendhilfe wie folgt:
Für eine dauerhafte Akzeptanz der neuen Regelung zur gemeinsamen Sorge nach Trennung und Scheidung wird die vorgesehene Einführung eines Alleinentscheidungsrechtes in Angelegenheiten des täglichen Lebens für den betreuenden Elternteil als essentielle Bedingung angesehen. Nur so kann dem betreuenden Elternteil, der schließlich auch die volle tägliche Verantwortung für das Kind übernimmt, eine ausreichende Kompetenz und Sicherheit für die Alltagsgestaltung gewährleistet werden. Die Art und Weise jedoch, wie in § 1687–E Ausführungen zu einer Angelegenheit des täglichen Lebens gemacht wurden, wird durch die Arbeitsgemeinschaft als sehr unklar bezeichnet. Es ist § 1687–E nicht eindeutig zu entnehmen, welche Angelegenheiten denn nun konkret als alltäglich zu bezeichnen sind. Deshalb wird in diesem Punkt die Forderung geäußert, daß die Alleinentscheidungsbefugnis für den mit der Alltagssorge betrauten Elternteil bei gemeinsamen Sorgerecht gesondert und besonders geregelt und daß durch eine Insbesondere – Regelung die inhaltliche Reichweite konkretisiert wird. Dies ist nach Ansicht der Arbeitsgemeinschaft nicht schon allein deswegen notwendig, weil im Vergleich zu dem in § 1688–E verfaßten Befugniskatalog die Entscheidungsbefugnisse der gemeinsam sorgeberechtigten leiblichen Eltern weit hinter denen der Pflegeeltern zurückstehen. Der Befugniskatalog in § 1687 muß daher im Vergleich zu § 1688 umfassender gestaltet werden. Auch müsse eine beispielhafte Aufzählung derjenigen Angelegenheiten, in denen dem anderen Elternteil eine Mitentscheidungskomptenz zugestanden werden muß, erfolgen. Genannt werden als Angelegenheiten, die nicht zu denen der

Alltagssorge zu rechnen wären, etwa solche der Vermögenssorge, des Aufenthalts, der Gesundheitsfür – und – vorsorge.

2. Deutsche Liga für das Kind in Familie und Gesellschaft e.V.[115]

In ihrer Stellungnahme zur geplanten Reform des Kindschaftsrechtes begrüßt die Deutsche Liga für das Kind in Familie und Gesellschaft ebenfalls zunächst einmal die Aufhebung des Zwangsverbundes, also die Loslösung der sorgerechtlichen Regelung von der des Scheidungsverfahrens. Die durch die §§ 1671, 1687 vorgesehene Lösung, nur auf Antrag eine Entscheidung über das Sorgerecht nach Trennung und Scheidung herbeizuführen, erscheint der Deutschen Liga deswegen als sinnvoll, weil nur so mögliche Streitigkeiten zwischen den Eltern verhindert werden können. Gerade für Säuglinge und Kleinkinder ist es eminent wichtig, in einer solchen Akutphase nicht auch noch zusätzlich Streit über Person, Aufenthalt und Lebensumstände der Kinder zu entfachen. Vielmehr muß dem Kind auch bei Trennung der Eltern die Möglichkeit gelassen werden, eine Beziehung zu beiden Elternteilen aufrechterhalten zu können. Durch die Abspaltung des Sorgerechtsverfahren von dem Scheidungsverfahren kann diesem Ziel schließlich dadurch Rechnung getragen werden, weil so auch auf die Bedürfnisse des Kindes näher eingegangen werden kann.

Aber auch die Einführung einer Alleinentscheidungsbefugnis des betreuenden Elternteils entspricht nach Ansicht der Liga dem allgemein gesteckten Ziel, Konflikte zwischen den Eltern, die regelmäßig zu Lasten des Kindes gehen, zu vermeiden. Nicht zuletzt deshalb erscheint es als notwendig, dem betreuenden Elternteil auch ein eigenständiges Recht gegenüber dem anderen Elternteil einzuräumen, wenn wirksam und dauerhaft Konflikte vermieden werden sollen. Ob dies tatsächlich auch durch den Entwurf zu § 1687 gewährleistet werden kann, betrachtet die Liga kritisch: Der Gesetzestext des § 1687–E lasse durch seine abstrakte Formulierung hinsichtlich einer Angelegenheit des täglichen Lebens einen zu weiten Spielraum, der erneut Anlaß zum Streit bildet, zu. Daher entstand seitens der Liga der Vorschlag, Konfliktpotential dadurch einzuschränken, daß bestimmte Fragen, die aus der Sicht des Gesetzgebers zu einer Angelegenheit des täglichen Lebens gehören, in einem Beispielskatalog aufgeführt werden. Das Argument der regierungsamtlichen Begründung, nämlich daß durch § 1903 Abs. 3 Satz 2 – worin ebenfalls der Begriff einer Angelegenheit des täglichen Lebens verwand wird – im Umkehrschluß eindeutig abgelesen werden kann, welche Angelegenheiten als alltäglich zu gelten haben, wird von der Liga entschieden abgelehnt. Aus der Kommentierung zu § 1903 Abs. 3 Satz 2 läßt sich nicht ein Katalog der als alltäglich einzustufenden Geschäfte bestimmen. Der notwendig zu verfassende Befugniskatalog soll daher folgende Punkte umfassen:

[115] Deutsche Liga für das Kind in Familie und Gesellschaft e.V., DAVorm 1996, 322.

- Gestaltung des Tagesablaufs des Kindes
- Heilbehandlungen, die keine schwerwiegenden Operationen zum Inhalt haben.

Eine Auffangregelung, ähnlich der in § 38 Abs. 1 Nr. 5 SGB VIII a.F., soll ebenfalls enthalten sein.

3. Deutscher Familiengerichtstag

Auch im Rahmen des alle zwei Jahre stattfindenden Deutschen Familiengerichtstages in Brühl gab und gibt es immer wieder eingehende Empfehlungen an Gesetzgeber und Rechtsprechung, um eine dem Wohl des Kindes entsprechende Regelung des Kindschaftsrechtes erreichen zu können.
Im Zusammenhang mit der rechtspolitischen Debatte hinsichtlich des Entwurfs eines Gesetzes zur Reform des Kindschaftsrechtes wäre aus dem Jahre 1995 der 11., aus dem Jahre 1997 der 12. Deutsche Familiengerichtstag nennenswert. Zur Regelung eines gemeinsamen Sorgerechtes der Eltern nach Trennung oder Scheidung wurden konkrete Äußerungen gemacht. Für den Zeitraum nach Inkrafttreten des neuen Kindschaftsrechtes sind die Empfehlungen des 13. Deutschen Familiengerichtstages aus dem Jahre 1999 zu beachten.

a) 11. Deutscher Familiengerichtstag vom 27. bis 30. September 1995[116]

Auf der Basis der Diskussionen in seinen Arbeitskreisen ist der 11. Deutsche Familiengerichtstag zu generellen Ergebnissen und Empfehlungen für Rechtsprechung und Gesetzgeber[117] auch hinsichtlich des gemeinsamen Sorgerechtes für eheliche Kinder nach Trennung und Scheidung gekommen:
Das gemeinsame und das alleinige Sorgerecht sollen im Falle der Scheidung als gleichberechtigte Regelungsmodelle nebeneinander stehen. Ein gemeinsames Sorgerecht sollte also nicht allein schon deswegen ausgeschlossen werden können, weil lediglich durch einen Elternteil eine bloße Ablehnung dieser Sorgerechtsform erklärt wird. Im Falle der Notwendigkeit eines familiengerichtlichen Beschlusses soll es daher auch nur erlaubt sein, eine individuelle Sorgerechtsregelung mit Beschränkung auf den jeweiligen regelungsbedürftigen Bereich zu treffen.
Des weiteren soll die herausgehobene Stellung des Bindungsaspekts in der bisherigen Gesetzesfassung in Zukunft deswegen entfallen, weil die in der Recht-

---

116 Empfehlungen des 11. Deutschen Familiengerichtstages, in: Brühler Schriften zum Familienrecht, Band 9, 115.

117 Eine analytische Auswertung der in den einzelnen Arbeitskreisen begründeten Ergebnisse würde aufgrund des damaligen, im Vergleich zum heutigen, noch rückständigen Wissensstandes hinsichtlich Vor- und Nachteile einer gemeinsamen elterlichen Sorgeberechtigung zu einer zu großen Verwirrung führen. Deshalb wird im Folgenden nur Bezug auf die durch den Ausschuß des Familiengerichtstages allgemein ausgesprochenen Empfehlungen genommen werden.

sprechung entwickelten sieben Kriterien (Bindungen, Kindeswille, Elternwille, Förderungsgrundsatz, Betreuungsmöglichkeit, Kontinuitätsgrundsatz und Bindungstoleranz) zur Ausfüllung des Begriffs Kindeswohl in strittigen Fällen ohnehin im jeweiligen Familienkontext individuell berücksichtigt werden müssen. Eine Zuweisung eines alleinigen Sorgerechtes soll nach diesen Grundsätzen nur dann erfolgen, wenn das Kindeswohl diesem nicht entgegensteht und das Anhörung- und einsichtsfähige Kind auch nicht widerspricht. Bezüglich der durch den Entwurf geplanten Aufhebung des Zwangsverbundes wurde durch den 11. Deutschen Familiengerichtstag deswegen keine einheitliche Empfehlung ausgesprochen, weil in den einzelnen Arbeitskreisen dazu uneinheitliche Standpunkte zu vernehmen waren. Abschließend wäre noch zu bemerken, daß durch den Familiengerichtstag es als notwendig erachtet wurde, in Zukunft Vorgaben internationaler Verträge bei der Umsetzung nationalen Rechts stärker zu berücksichtigen.

b) 12. Deutscher Familiengerichtstag vom 24. – 27. September 1997[118]

Nach dem 12. Deutschen Familiengerichtstages kam es angesichts fortdauernder alter Rechtslage erneut zu Empfehlungen an Rechtsprechung und Gesetzgeber hinsichtlich der gemeinsamen elterlichen Sorge nach Trennung und Scheidung: Diesen Empfehlungen war zu entnehmen, daß eine Neufassung des § 1671 deshalb begrüßt wurde, weil so eine Ablösung des Zwangsverbundes durch den Erörterungsverbund (§ 613 ZPO), also eine größere Berücksichtigung des Kindeswohls, erfolgen kann. Vor einer Übertragung der elterlichen Sorge auf einen Elternteil wird daher nach Ansicht des Familiengerichtstages unter Berücksichtigung des Verhältnismäßigkeitsprinzips in Zukunft zu prüfen sein, ob dem Wohl des Kindes auch mit einer nur teilweisen Übertragung der elterlichen Sorge Rechnung getragen werden kann. Es hat also eine Abwägung der Elternwünsche gegenüber den tatsächlichem Wohl des Kindes zu erfolgen.

Des weiteren wurde zu dem Regelungsaspekt einer gemeinsamen elterlichen Sorge nach Trennung und Scheidung der Eltern formuliert, daß das allgemein gültige Interesse des Kindes an einer bestmöglichen Wahrnehmung der gemeinsamen Sorge auch in anderen Regelungsbereichen berücksichtigt werden sollte. Dazu werden durch den Familiengerichtstag insbesondere das Unterhaltsvorschußgesetz, das Erziehungsgeldgesetz, das Wohngeldgesetz, die Regelung der Erziehungszeiten, der Anspruch auf einen Wohnberechtigungsschein sowie allgemein die Sozialhilfe und das Steuerrecht gezählt.

[118] Empfehlungen des 12. Deutschen Familiengerichtstages, in: Brühler Schriften zum Familienrecht, Band 10, 120.

c) 13. Deutscher Familiengerichtstag vom 27. – 30. September 1999[119]

Bei Zweifeln, ob bei einer notwendig zu fällenden Entscheidung von einer Angelegenheit erheblicher oder alltäglicher Bedeutung auszugehen ist, empfiehlt der 13. Deutsche Familiengerichtstag eine Entscheidung zu Gunsten der Alltagssorge. Eine Angelegenheit von erheblicher Bedeutung ist nur dann anzunehmen, wenn positiv festgestellt werden kann, daß die entsprechende Entscheidung für das Kind schwer abzuändernde Auswirkungen entwickeln kann. Finanzielle Erwägungen sollten für Eltern bei einer so zu treffenden Abwägung kein zu beachtendes Kriterium bilden.

Des weiteren wird verlangt, daß Eltern, die sich auf Dauer trennen wollen, frühzeitig über Bedeutung und Inhalt der gemeinsamen Sorge unterrichtet und auf vorhandene Beratungs- und Unterstützungsmöglichkeiten hingewiesen werden sollen. An dieser Aufgabe sollten sich alle professionellen Trennungs – und Scheidungsbegleiter beteiligen. Vor allem aber die Anwaltschaft sollte sich zu einem regelmäßigen Ansprechpartner entwickeln.

Von den Eltern selbst wird in der Stellungnahme des 13. Deutschen Familiengerichtstages gefordert, daß diese Konsens in allen das Wohl des Kindes betreffenden Angelegenheiten aufbringen, wobei eine Grenze dieser grundsätzlich gegebenen Verpflichtung in der Zumutbarkeit für den jeweiligen Elternteil zu sehen ist. Als Gründe, die für das Gericht nachvollziehbar gegen eine gemeinsame Sorge sprechen können, werden nachhaltig mangelnde Kommunikationsfähigkeiten, nachhaltig fehlende Konsensfähigkeiten, fehlende Verläßlichkeit, nachhaltiges Stören des Verhältnisses zwischen Kind und dem anderen Elternteil, genannt. Als mögliche Auslöser, die solchem Verhalten zugrunde liegen können, werden Gewalt in der Ehe, Sucht- und/oder psychische Erkrankungen, nachhaltige Verweigerung der Zahlung von Kindesunterhalt trotz gegebener Leistungsfähigkeit, genannt. Als Folge kommunikativer Störungen der Beziehung auf der Paarebene wird nicht unbedingt auch eine Störung der Beziehung auf der Elternebene angesehen. Entscheidend für eine nachhaltige Konsensfähigkeit der Eltern wird vielmehr Verarbeitungsart und – grad der Störungen auf der Paarebene gesehen. Es muß also stets eine strikte Trennung der Eltern- von der Paarebene erfolgen, damit eine erfolgreiche Ausübung des gemeinsamen Sorgerechtes garantiert werden kann.

---

119 Empfehlungen des 13. Deutschen Familiengerichtstages, in: Brühler Schriften zum Familienrecht, Band 11, 131; FamRZ 2000, 273.

4. Deutscher Verein für öffentliche und private Fürsorge e.V.[120]

Der Deutsche Verein begrüßte in seiner Stellungnahme zunächst das Vorliegen eines Referentenentwurfs zur Reform des Kindschaftsrechtes und unterstützte nachdrücklich die darin enthaltenen Grundziele,

- die Rechte der Kinder zu verbessern,
- das Kindeswohl zu fördern, indem an den Bedürfnissen und Interessen von Kindern nach gewachsenen, stabilen Lebensbedingungen angeknüpft und die soziale Eltern – Kind – Beziehung in den Vordergrund gestellt wird, und
- die noch bestehenden rechtlichen Unterschiede zwischen ehelichen und nichtehelichen Kindern soweit wie möglich abzubauen.

Allerdings sind nach Ansicht des Deutschen Vereins für öffentliche und private Fürsorge diese mit der Kindschaftsrechtsreform verbundenen Ziele bzw. Verhaltensänderungen bei den Betroffenen auf der sozialen und kommunikativen Ebene allein durch familienrechtliche Neuregelungen nicht zu erreichen, sondern setzen vielmehr einen gesellschaftlichen Bewußtseinswandel voraus. Dazu müßte betroffenen Eltern verstärkt frühzeitig Unterstützung und Beratung durch die Jugendhilfe angeboten werden.
Zum Gesetzesentwurf der Bundesregierung, aber auch schon bereits zum Referentenentwurf für eine Sorgerechtsregelung bei Scheidung der Eltern nimmt der Deutsche Verein einerseits zwar zur Kenntnis, daß vorgesehen wurde, den in der Zivilprozeßordnung vorgesehenen Entscheidungsverbund von Scheidungs- und Sorgerechtsregelungen aufzuheben und über die elterliche Sorge bei oder nach Scheidung nur noch aufgrund eines Antrages auf Übertragung des alleinigen Sorgerechts zu entscheiden. Andererseits erfolgt dazu durch den Deutschen Verein die Anmerkung, daß für die Beantwortung der Frage, ob Eltern nach der Scheidung in der Lage sind, die nötige Distanz zu ihrem Partnerkonflikt aufzubringen, damit dieser Konflikt nicht auf der Elternebene fortgesetzt wird und die elterliche Sorge zum Wohl des Kindes gemeinsam wahrgenommen werden kann, wissenschaftlich abgesicherte Ergebnisse im Bereich der Familienrechtsforschung noch fehlen. Im gleichen Atemzug wurde die vorgesehene Regelung als solche, bei dauerndem Getrenntleben der Ehepartner diesen auch ein gemeinsames Sorgerecht für die Kinder solange zu belassen, wie ein Elternteil keinen Antrag auf Sorgerechtsregelung stellt, aber nicht grundlegend angezweifelt. Vielmehr erging durch den deutschen Verein der Vorschlag, durch eine begleitende Langzeitforschung zu überprüfen und zu beobachten, wie sich die gesetzliche Sorgerechtsregelung in der Praxis bewährt, insbesondere welche Auswirkungen sie auf die Entwicklung der Kinder und der Eltern – Kind – Bezie-

120 Stellungnahme des Deutschen Vereins zum Referentenentwurf eines Gesetzes zur Reform des Kindschaftsrechts, NDV 1995, 477; Stellungnahme des Deutschen Vereins zum Gesetzentwurf der Bundesregierung und zur Stellungnahme des Bundesrates, NDV 1996, 241.

hungen hat. Es sollte darüber hinaus überlegt werden, bei Trennung oder Scheidung der Eltern anstelle oder in Ergänzung der Anhörungs- und Beschwerderechte des Kindes (§§ 50b, 59 FGG) ein eigenes Antragsrecht des Kindes mit Vollendung des 14. Lebensjahres (alternativ: des einsichtsfähigen Kindes) zur Regelung der elterlichen Sorge vorzusehen. Insoweit wäre auch zu berücksichtigen, daß bei Wegfall des Zwangsverbundes die bisher obligatorische Kindesanhörung entfällt.

5. Bundeskonferenz für Erziehungsberatung e.V.[121]

Die Bundeskonferenz für Erziehungsberatung, zentraler und trägerunabhängiger Fachverband für Erziehungs-, Familien- und Jugendberatung, hat unter den Gesichtspunkten, ob einerseits eine hinreichende Beachtung der Rechte des Kindes erfolgt und ob andererseits in Bereichen, in denen Eltern und Erziehungsberechtigte neue Aufgaben übertragen werden, diesen auch hinreichend bei der Wahrnehmung ihrer Verantwortung Unterstützung und Hilfe geboten wird, zur Neuregelung des Kindschaftsrechtsgesetz Stellung genommen.
In Bezug auf die im Entwurf der Bundesregierung enthaltenen Sorgerechtsregelungen sieht die Bundeskonferenz den in der UN – Konvention der Rechte des Kindes geforderten Perspektivenwechsel, nämlich daß das Kind nicht mehr primär aus dem Blickwinkel der Erwachsenen gesehen, sondern Träger eigener Rechte werden soll, nicht vollzogen. Sorgerecht und Umgangsrecht werden im Entwurf zum Kindschaftsrechtsreformgesetz auch weiterhin als Elternrechte formuliert. Der in Art. 9 der UN – Kinderrechtskonvention formulierte Gedanke, daß ein Recht auf regelmäßige Beziehungen und persönliche Kontakte zu beiden Elternteilen als ein im Kind personifizierter Anspruch direkt zugesprochen werden muß, soweit es nicht seinem Wohl widerspricht, findet keine Berücksichtigung. Deshalb sprach die Bundeskonferenz für Erziehungsberatung die Empfehlung aus, bei der Regelung des Sorge- und Umgangsrechts das Kind in den Mittelpunkt zu stellen, oder zumindest beispielsweise in §§ 1626 und 1684 ergänzend festzulegen, daß auch das Kind ein Recht auf Umgang mit seinen Eltern und auf ihre Sorge hat.
Das in Artikel 18 der UN – Kinderrechtskonvention formulierte Recht der Eltern auf staatliche Unterstützung ihrer Erziehungsaufgabe sieht die Bundeskonferenz für Erziehungsberatung für die Situation nach der elterlichen Trennung oder Ehescheidung zunächst durch § 1687 gewährleistet. Die Rechte des Elternteils, bei dem sich das Kind überwiegend aufhält, wurden beim Regierungsentwurf in einer Weise ausgedehnt, die seiner besonderen Verantwortung für das Kind und seinen Alltag entsprechen. Eine weitergehende gesetzliche Konkretisierung sieht die Bundeskonferenz für Erziehungsberatung aber auch deswegen für erforderlich, weil sonst andernfalls zu befürchten wäre, daß die Konkretisierung dieses

121 Stellungnahme der Bundeskonferenz für Erziehungsberatung e.V., ZfJ 1996, 509.

zentralen Konfliktpunktes, die dann über die Rechtsprechung in mehreren Instanzen erfolgen würde, lange Zeit in Anspruch nehmen und damit das neue Kindschaftsrecht in den ersten Jahren nach seinem Inkrafttreten zu einer Anheizung von Konflikten führen würde statt die Eltern in ihrer Kooperationsfähigkeit zu stärken.
Die Bundeskonferenz für Erziehungsberatung empfiehlt deshalb im § 1687 durch „Insbesondere – Regelungen" zu beschreiben, welche Entscheidungen im Einvernehmen getroffen werden müssen und wie weit die Alleinentscheidungsbefugnis des Elternteils geht, bei dem sich das Kind überwiegend aufhält. Weiterhin war die Bundeskonferenz für Erziehungsberatung im Einklang mit der Arbeitsgemeinschaft für Jugendhilfe der Auffassung, daß die Alleinentscheidungsbefugnis zumindest die in § 1688 Abs. 1 Satz 1 und 2 (RegE) genannten Rechte einschließen sollte. Das wäre unter anderen das Recht zum Abschluß eines Rechtsgeschäfts des täglichen Lebens, zur Verwaltung des Arbeitsverdienstes und zum Geltendmachen von Sozialleistungen. Zusätzlich sollte die Vorschrift des § 1687 näher zu bestimmende Angelegenheiten der Vermögenssorge, der Aufenthaltsbestimmung (z.B. Umzüge, Urlaub) sowie der weitergehenden Gesundheitsvor- und –fürsorge (z.B. Schutzimpfungen) enthalten.

6. Deutscher Juristinnenbund[122]

Der Deutsche Juristinnenbund begrüßt in seiner Stellungnahme zum Entwurf eines Gesetzes zur Reform des Kindschaftsrechts die damit verfolgten Ziele der Bundesregierung, die Rechte der Kinder zu verbessern und das Kindeswohl auf bestmögliche Art und Weise zu fördern, andererseits die Rechtsposition der Eltern zu stärken und vor unnötigen staatlichen Eingriffen zu schützen. Allerdings ist der Deutsche Juristinnenbund auch der Ansicht, daß diese Ziele in ihrer Umsetzung durch den Gesetzgeber in vielen Einzelregelungen nur halbherzig verfolgt werden und in vielen anderen wiederum so weit getrieben werden, daß beinahe das Gegenteil des angestrebten Ziels erreicht wird.
Bezüglich der im Entwurf enthaltenen sorgerechtlichen Lösungen hält der Deutsche Juristinnenbund es für sinnvoll, daß nach dem Entwurf im Rahmen eines Scheidungsverfahrens zukünftig die bisher zwingende gerichtliche Prüfung und Entscheidung über das Sorgerecht entfallen und künftig ein Verfahren über die elterliche Sorge nur noch dann stattfinden soll, wenn ein Elternteil einen Antrag auf Zuweisung der Alleinsorge stellt oder wenn wegen Gefahr für das Kindeswohl eine Sorgeregelung erforderlich wird. Damit gewährleistet werden kann,

---

122 Stellungnahme des Deutschen Juristinnenbundes zum Entwurf eines Gesetzes zur Re form des Kindschaftsrechts, FPR 1997, VIII; Thesen des Deutschen Juristinnenbundes zur Neuregelung des Kindschaftsrechts, FamRZ 1992, 912; Ergebnisse des Seminars des Deutschen Juristinnenbundes zu Gesetzesentwürfen im Familienrecht, FamRZ 1996, 597.

daß das Gericht auch bei Einverständnis über die Beibehaltung der gemeinsamen elterlichen Sorge von einer etwaigen Kindeswohlgefährdung überhaupt Kenntnis erlangt, sollte der Scheidungsantrag nach § 622 ZPO aber – unabhängig davon, ob es sich um eine einverständliche Scheidung im Sinne des § 630 ZPO handelt oder nicht – Ausführungen darüber enthalten müssen, ob gemeinsame eheliche Kinder vorhanden sind und darüber, wie sich Eltern die Ausgestaltung der gemeinsamen elterlichen Sorge vorstellen. Zu der Frage, welche Kriterien in der Antragsschrift nach Ansicht des Deutschen Juristinnenbundes enthalten sein müssen, wurden vor allem Vereinbarungen über den ständigen Aufenthalt des Kindes, über das Recht zum Umgang mit dem Elternteil, bei dem das Kind nicht wohnt und über den Barunterhalt genannt. Eine Stärkung der Rechte des Kindes sollte nach Ansicht des Deutschen Juristinnenbundes innerhalb des Scheidungsverfahrens dadurch gewährleistet werden, daß diesem auch ein eigenständiges Antragsrecht zugesprochen wird oder die Interessen des Kindes durch eine dem Jugendamt auferlegte Verpflichtung zur Beratung und Vermittlung unterstützt werden. Zu der Frage, wie die Regelung einer gemeinsamen elterlichen Sorge nach Trennung und Scheidung auszusehen hat, wird durch den Deutschen Juristinnenbund keine Aussage getroffen.

7. Bundesrechtsanwaltskammer[123]

Auch der Ausschuß für Familienrecht der Bundesrechtsanwaltskammer veröffentlichte 1996 eine Stellungnahme zum Entwurf eines Gesetzes zur Reform des Kindschaftsrechts. Darin wurde unter anderem auch ein Änderungsvorschlag zu der in § 1687–E getroffenen Regelung zur Ausübung einer gemeinsamen elterlichen Sorge nach Trennung und Scheidung veröffentlicht:

> „Leben Eltern, denen die gemeinsame elterliche Sorge zusteht, nicht nur vorübergehend getrennt, *und haben sie keine abweichende Vereinbarung gem. § 1671 Abs. 2 getroffen*, so ist bei grundsätzlichen Entscheidungen ihr gegenseitiges Einvernehmen erforderlich. Der Elternteil, bei dem sich das Kind mit Einwilligung des anderen Elternteils oder auf Grund einer gerichtlichen Entscheidung gewöhnlich aufhält, hat die Befugnis zu Angelegenheiten des täglichen Lebens. Der andere Elternteil hat die Befugnis zur alleinigen Entscheidung in Angelegenheiten der tatsächlichen Betreuung, solange sich das Kind mit Einwilligung des anderen Elternteils oder auf Grund einer gerichtlichen Entscheidung bei ihm aufhält. § 1629 Abs. 1 Satz 4 und § 1684 Abs. 2 Satz 1 gelten entsprechend."

Hinsichtlich des durch die Bundesregierung gemachten Vorschlags wird also eine Änderung dahingehend vorgeschlagen, daß abweichenden Elternvereinbarungen gemäß § 1671 Abs. 2 erhöhte Bedeutung beigemessen wird. In der Be-

123 Stellungnahme der Bundesrechtsanwaltskammer, FPR 1997, I.

gründung der Bundesrechtsanwaltskammer heißt es dazu, daß der Regierungsentwurf deshalb als mangelhaft zu bezeichnen ist, weil durch seine Fassung ein Rückschritt zu der gegenwärtigen Praxis zu befürchten ist und dieser auch im Widerspruch zu der Zielbestimmung des Gesetzes und zur Rechtsprechung des Bundesverfassungsgerichts stehe. Konkret wird ein Rückschritt zu der gegenwärtigen Praxis deshalb angenommen, weil durch die Zuerkennung eines Mitspracherechtes in grundsätzlichen, das Kind betreffenden Angelegenheiten zugunsten des nichtbetreuenden Elternteils allein die Forderung des Bundesverfassungsgerichts, die Betreuung der Kinder bei einem gemeinsamen Sorgerecht auf ein kooperatives Zusammenwirken auszurichten, nicht eingehalten werden kann. Vielmehr wird durch § 1687–E auch ein modifiziertes Einzelsorgerecht des betreuenden Elternteils etabliert, in dessen Mittelpunkt die Verantwortungszuweisung an einen Elternteil, nicht eine auf Kooperation aufbauende gemeinsame Verantwortung gesehen wird. Daher wird von der Bundesrechtsanwaltskammer in ihrer Stellungnahme zum Entwurf eines Gesetzes zur Reform des Kindschaftsrechtes gefordert, daß den Eltern zumindest auf dem Vereinbarungsweg einzuräumen ist, daß sie weitaus fortschrittlichere, dem Kindeswohl mehr dienende Varianten wählen können. Sie sind in die Lage zu versetzen, unter den verschiedenen, für die gemeinsame Sorge entwickelten Modelle ihr Modell auszuwählen, oder unter Berücksichtigung ihrer konkreten Situation (Einbezug von Großeltern, Berücksichtigung spezifischer Verhältnisse in Fortsetzungsfamilien, Entfernung der Wohnorte, usw.) ihr Modell zu entwickeln. Die Einräumung eines Vorrangs elterlicher Vereinbarungen gegenüber gesetzlichen Regelungen muß zuletzt deshalb erfolgen, weil auch nur so der gesetzlichen Zielbestimmung, die Rechtspositionen der Eltern stärken zu wollen, entsprochen werden kann. Auch ist dem Kindeswohl nicht mit einer bloßen gesetzlichen Schematisierung gedient, wenn nicht gleichzeitig ihr Nachrang gegenüber der Vereinbarung der Eltern betont wird. Anderenfalls könne auch die vom Bundesverfassungsgericht eingehaltene Forderung, beiderseitige Verantwortung der Eltern zu betonen, durch eine Regelung zur Ausübung einer gemeinsamen Sorge nach Trennung und Scheidung gemäß des § 1687–E nicht eingehalten werden.

Des weiteren war der Gesetzgeber durch die Entscheidung des Bundesverfassungsgerichts aufgerufen, ein Leitbild auszuformulieren, das einerseits Richtschnur für die gesetzliche Normierung, andererseits Handlungsrichtschnur für die Beteiligten darstellen kann. In der Entscheidung des Bundesverfassungsgerichts[124] heißt es nämlich:

> „In der Beziehung zum Kind muß dessen Wohl die oberste Richtschnur der elterlichen Pflege und Erziehung sein. Artikel 6 Abs. 2 Satz 1 GG statuiert Grundrecht und Grundpflicht zugleich. Man hat das Elternrecht daher ein

124 BVerfG, FamRZ 1982, 1184.

fiduziarisches Recht, ein dienendes Grundrecht, eine im echten Sinne anvertraute treuhänderische Freiheit genannt."

Nach Ansicht der Bundesrechtsanwaltskammer ist dieser Aussage des Bundesverfassungsgerichts zu entnehmen, daß Kindeswohl stets mit der elterlichen Verantwortung korrespondiert, welche wiederum ontologisch durch Geburt vorgegeben ist. Die Eltern können diese Verantwortung also niemals von sich weisen, auch wenn sie sich trennen oder scheiden lassen. Demzufolge hat als Kern des elterlichen Sorgerechtes auch ihre Verantwortung für das Kind zu gelten. Dem entspricht auch ein Recht des Kindes auf Sorge durch die Eltern, wie es bereits Artikel 18 der UN – Kinderrechtskonvention postuliert. Als Leitbild kann von Gesetzes wegen daher nur die bleibende elterliche Verantwortung - etwa in Form von Vereinbarungen - formuliert werden, in der zwar zugunsten der Kinder eine Aufforderung zum kooperativen Zusammenwirken, aber keine Entscheidung über die Form des Sorgerechts enthalten sein darf. Anhand dieser Forderungen gelingt es dem Ausschuß für Familienrecht der Bundesrechtsanwaltskammer schließlich auch, eine Rangfolge in Bezug auf die im Zusammenhang mit einer gemeinsamen elterlichen Sorge geltenden Regelungen zu treffen: Elterlichen Vereinbarungen ist Vorrang in jeder Hinsicht zu gewährleisten. Für den Fall, daß zwischen Eltern keine Vereinbarung über die Ausübung der gemeinsamen elterlichen Sorge getroffen wurde, hat diese nach der Ausgestaltung des § 1687–E zu erfolgen. Jedem Elternteil hat jedoch – auch widerstreitend – ein Antragsrecht auf Übertragung der elterlichen Sorge auch in Zukunft zu verbleiben.
Hinsichtlich des Inhalts solcher elterlicher Vereinbarungen wird von dem Ausschuß Klarheit in der Formulierung gefordert, damit eine einheitliche Gestaltung der Lebensverhältnisse angenommen werden kann, weil schließlich bei Vertretung des Kindes elterlichen Vereinbarungen auch eine Außenwirkung zukommen kann. Als ratsam wurde daher auch eine fachliche Unterstützung bei Formulierung des Inhalts verstanden, wodurch ein Ausschluß künftiger Konflikte zwischen den Elternteilen besser garantiert werden könne. Bezüglich der Form elterlicher Vereinbarungen erkennt der Ausschuss eine bloße Schriftform deshalb als ausreichend an, weil zum einen die Schwelle für den Abschluß von Vereinbarungen nicht zu hoch angesetzt werden sollte, was etwa bei einer Forderung nach einer öffentlichen Beurkundung der Fall sein würde. Zum anderen ist die Elternvereinbarung in vielen Fällen schon in eine Gesamtvereinbarung integriert, die im Hinblick auf § 630 ZPO oder aus anderen Gründen (beispielsweise Verzicht auf weiteren Zugewinnausgleich) ohnehin schon beurkundungspflichtig ist.
Im Folgenden ergehen in der Stellungnahme des Ausschusses noch weitere Ausführungen dazu, was bei Gestaltung des gemeinsamen Sorgerechts zweckmäßigerweise konkret in die elterliche Vereinbarung inhaltlich aufgenommen werden

sollte. Dabei werden als zu berücksichtigende Punkte genannt: wo und bei wem die Kinder betreut werden sollen, welcher Elternteil für was die Verantwortung übernehmen wird – namentlich welche Alltagspflichten von dem betreuenden Elternteil übernommen werden sollen –, in welchen Bereichen die Eltern zukünftig gemeinsam entscheiden sollen bzw. wann alleinige Entscheidung eines Elternteils bevorzugt werden soll, wie das Leben der Kinder in den Elternhaushalten bzw. in einem Elternhaus finanziert werden soll (Kindesunterhalt), aber auch wie der betreuende Elternteil seinen Unterhalt finanzieren soll. Nach Ansicht des Ausschusses ist eine Benennung dieser Punkte deshalb notwendig, weil der Regierungsentwurf die Regelung dieser genannten Angelegenheiten nicht an die Voraussetzungen der gemeinsamen Sorge knüpft, sondern anderweitige Regelungen vorsieht, wie etwa die Geltendmachung des Kindesunterhalts im Entwurf an die Voraussetzung der Obhut (§ 1629 Abs. 2–E) und nicht an – wie sich aus § 1687 ergebende Angelegenheiten – an Voraussetzungen des Aufenthalts des Kindes gebunden sind.

Dem Begriff eines gewöhnlichen Aufenthalts in § 1687–E muß vielmehr eine eigenständige Bedeutung zugerechnet werden, sonst hätte etwa auch im Rahmen des Kindesunterhalts auch auf diesen zurückgegriffen werden können und eine Orientierung am Obhutsbegriff – wie es schließlich § 1629 Abs. 2–E fordert – wäre hinfällig.

Durch die geforderte Auflistung von Voraussetzungen, die für eine inhaltlich bestimmte Elternvereinbarung vorliegen müssen, soll daher nicht zuletzt auch eine definitorische Angleichung einzelner Begriffe erreicht werden können. Der Inhalt der elterlichen Vereinbarung wäre jedoch als Sollbestimmung zu fassen, weil die Vereinbarung an sich fakultativ, also unverbindlich, ist. Das Gesetz sollte für den Inhalt keine Vorschriften zwingend vorschreiben.

8. Bundesnotarkammer[125]

In ihrer Stellungnahme zum Referentenentwurf eines Gesetzes zur Reform des Kindschaftsrechtes schlägt die Bundesnotarkammer vor, eine Umänderung des § 1685 in der Weise vorzunehmen, daß § 1687 ersatzlos zu streichen wäre. § 1685 wäre dann wie folgt zu fassen:

> „Das Recht zum Umgang umfaßt bei Umgangsberechtigten, die nicht zugleich Inhaber der elterlichen Sorge sind, auch die Befugnis zu alleinigen Entscheidungen in Angelegenheiten des täglichen Lebens. § 1632 Abs. 2 und § 1688 Abs. 1 Nr. 5 gelten entsprechend."

---

[125] Stellungnahme der Bundesnotarkammer zum Entwurf eines Gesetzes zur Reform des Kindschaftsrechts, (unveröffentlichtes Manuskript).

In der Begründung dazu heißt es, daß der Vorschlag zur Formulierung einer eigenständigen Regelung zur Ausübung der gemeinsamen Sorge nach Trennung und Scheidung deshalb abzulehnen ist, weil es bei einer Entscheidung zur Ausübung einer gemeinsamen Sorge durch die Eltern vielmehr als selbstverständlich gelten muß, daß der Elternteil, bei dem sich das Kind gerade aufhält, in Angelegenheiten des täglichen Lebens allein entscheiden oder daß problemlos eine einvernehmliche Entscheidung zwischen den Eltern erzielt werden kann. Die gemeinsame Sorge sollte nicht durch § 1687–E ausgehöhlt werden, sondern im Interesse des Kindes ein wirklich vertrauensvolles Zusammenwirken der Eltern voraussetzen. Gerade um in wichtigen Angelegenheiten eine Entscheidung treffen zu können ist es nach Ansicht der Bundesnotarkammer erforderlich, daß beide Eltern am alltäglichen Leben des Kindes Anteil nehmen. Auch sei es durchaus denkbar, daß das gesetzgeberische Anliegen, die Eltern möglichst selten vor konfliktträchtigen Entscheidungssituationen zu stellen, durch § 1687–E möglicherweise dadurch in das Gegenteil verkehrt worden ist: viele Eltern könnten sich allein aufgrund der Existenz einer derartigen Norm zur Ausübung einer gemeinsamen Sorge entschließen, obschon sie eigentlich zu weiteren Fragen des Sorgerechts keine gemeinsamen Vorstellungen haben. Nach Ansicht der Bundesnotarkammer wäre dann mit einer Vielzahl von Streitigkeiten über die Frage, ob es sich um eine Angelegenheit des täglichen Lebens handelt oder nicht, zu rechnen. Auch ist durch die Bestimmung des § 1687–E von einer erheblichen Verunsicherung des Rechtsverkehrs über die Vertretungsberechtigung der Eltern auszugehen.

Der Rechtsgedanke des § 1687–E hat aus Sicht der Bundesnotarkammer jedoch dort seine Berechtigung, wo die Eltern die Sorge nicht gemeinsam ausüben. Dann sollte der Elternteil, der das Sorgerecht nicht besitzt und bei dem sich das Kind gerade aufhält, die Möglichkeit haben, in Angelegenheiten des täglichen Lebens allein zu entscheiden. Entsprechendes hat nach Ansicht der Bundesnotarkammer für die Frage des Umgangs des Kindes mit Dritten zu gelten, sowie für den in § 1688 Abs. 1 Nr. 5–E geregelten Fall. Systematisch gehören diese Fragen zum Umgangsrecht, weshalb die Bundesnotarkammer die Umformulierung des § 1685–E, wie oben dargestellt, vorschlägt. § 1687–E könnte bei einer Änderung des § 1685–E in diesem Sinne entfallen.

Den allgemeinen Ausführungen der Bundesnotarkammer zur Regelung des Sorgerechts ist zu entnehmen, daß sie es begrüßt, daß im Falle der Scheidung hinsichtlich der Regelung der elterlichen Sorge der Zwangsverbund aufgelöst wird, mithin eine gerichtliche Entscheidung über die Sorge nur noch auf Antrag gem. § 1671 Abs. 1–E erfolgt. Die Argumente, die gegen die Einführung eines Antragsverfahren aufgeführt werden, insbesondere die Ansicht, daß Mütter nicht hinreichend selbstbewußt seien, selbständig einen Antrag auf Zuteilung der Alleinsorge zu stellen, werden durch die Bundesnotarkammer nicht aufgenommen. Vielmehr sei es aus der forensischen Praxis bekannt, daß Mütter nicht den Weg zum Gericht scheuen, wenn es um die Beziehung zu ihrem Kind geht. Auch der Vorschlag des Deutschen Familiengerichtstages[126], die gemeinsame Sorge davon abhängig zu machen, daß dem Gericht ein „Sorgeplan“ vorgelegt wird, in dem die Art und Weise der Ausübung der gemeinsamen Sorge bzw. „elterlichen Verantwortung“ geregelt ist, wird abgelehnt. Vielfach produziert nach Ansicht der Bundesnotarkammer der Zwang zu einer derartigen Vereinbarung vor Gericht, daß im Rahmen eines Scheidungsverfahrens erst eine Konfliktsituation zwischen den Eltern entsteht. Dem Argument, daß durch die Nichtregelung real existierende Schwierigkeiten verdrängt sowie Streit und Unklarheiten zu Lasten der betroffenen Kinder erzeugt würden, sei entgegenzuhalten, daß nur der Zwang zu einer Vereinbarung über die Ausübung der gemeinsamen Sorge innerhalb eines Scheidungsverfahrens – einer für die Eltern ohnehin schon regelmäßig emotional sehr angespannten Situation – vermieden werden soll und ohne diesen Zwang auf freiwilliger Basis außerhalb des Scheidungsverfahrens vielfach einvernehmlich Lösungen eher gefunden werden können. Die vom Deutschen Familiengerichtstag geforderte Balance zwischen Elternautonomie und staatlichem Wächteramt wird nach Ansicht der Bundesnotarkammer durch § 1666–E als staatlicher Eingriffsnorm in das Sorgerecht ausreichend gewahrt.

VI. § 1687 im System der gemeinsamen Sorge nach Trennung der Eltern

Durch die Einführung des § 1687 sind nunmehr die gesetzlichen Auswirkungen dauerhaften Getrenntlebens gemeinsam sorgeberechtigter Eltern geregelt.[127] Für das Eintreten dieser gesetzlichen Auswirkungen des § 1687 kommt es dabei nur auf das faktische Nichtbestehen (Getrenntleben) einer Lebensgemeinschaft an.[128] Dies bedeutet, daß § 1687 auch bei aufgrund einer Sorgeerklärung (§ 1626a Abs. 1 Nr. 1) gemeinsam sorgeberechtigter, nicht miteinander verheirateter Eltern, bei denen eine faktische Lebensgemeinschaft nie bestand, zur Anwendung kommen kann.[129] Die Tatsache, daß sich Eltern trennen, oder daß die Ehe der Eltern rechtskräftig geschieden ist, hat als solche keinerlei Auswirkungen mehr auf das Sorgerecht über gemeinsame minderjährige Kinder. Maßgeblich ist für die Wirkung des § 1687 allein eine nicht (mehr) bestehende Lebensgemeinschaft der Eltern[130], also mindestens ein dauerhaftes Getrenntleben, aber erst recht eine Scheidung. Zur Umsetzung der gemeinsamen Sorge nach Trennung und Schei-

126 Empfehlungen des 13. Deutschen Familiengerichtstages, in: Brühler Schriften zum Familienrecht, Band 11, 131; FamRZ 2000, 273.

127 *Staudinger/ Coester*, § 1671, Rdnr. 1.

128 *Staudinger/ Salgo*, § 1687, Rdnr. 2.

129 *Staudinger/ Salgo*, § 1687, Rdnr. 2.

130 *Staudinger/ Salgo*, § 1687, Rdnr. 10.

dung bedarf es keines Richterspruchs. Die bisher bestehende zwingende Notwendigkeit einer sorgerechtlichen Entscheidung des Familiengerichts entfiel (Aufhebung des Zwangsverbundes) aber nicht zuletzt deshalb, weil der Entstehungsgrund gemeinsamer elterlicher Sorge aus der Perspektive von § 1687 als irrelevant zu bezeichnen ist.[131]
Schließlich erfolgt innerhalb des § 1687 eine gesetzliche Zuständigkeitszuweisung für dauerhaft getrenntlebende Eltern zur Ausübung ihrer elterlichen Sorge. Aufgrund des situationsbedingten Auseinanderfallens von Lebenswirklichkeit und sorgerechtlicher Verantwortungszuweisung - das Kind lebt nach Trennung in der Regel nur in Lebensgemeinschaft mit einem Elternteil - ist ein unverändertes Fortbestehen der elterlichen Sorge gemeinsam lebender Eltern nicht mehr möglich.[132] Eine Gemeinsamkeit der alltäglichen Pflege und Erziehung kann meist nicht mehr erfolgen.[133] Die familiäre Lebensgemeinschaft beschränkt sich auf eine Restfamilie, welcher der nun abwesende Elternteil nicht mehr angehört. Ein- und demselben Elternteil bleibt die Sorge um die tägliche Pflege und Erziehung des Kindes. Daß aber der andere Elternteil im Rahmen seines fortlaufenden Kontaktes mit dem Kind auch mit sorgerechtlichen Tätigkeiten möglicherweise weiterhin konfrontiert werden könnte, wäre nicht ganz ausgeschlossen. Eine gemeinsame Sorge ohne praktikable Ausgestaltung und ohne Festsetzung von Ausübungsregeln würde sich dann als latenter Konfliktherd erweisen. Die elterliche Akzeptanz des Sorgerechtmodells der gemeinsamen Sorge wäre gefährdet. Nicht zuletzt deshalb schaffte der Gesetzgeber[134] mit der Einführung des § 1687 ein System abgestufter Befugnisse[135] als konfliktreduzierende Rechtsvorsorgemaßnahme für die Alltagspraxis, weil gemeinsames Sorgerecht nach Trennung der Eltern eben etwas anderes bedeutet, als die umfassenden Pflichten und Rechte nach den in §§ 1626, 1627, 1631 formulierten Grundsätzen: „Gemeinsames Sorgerecht getrennt lebender Eltern bildet ein aliud gegenüber der eigentlichen gemeinsamen Sorge.“[136]

Unter Beachtung dessen hat die Reform die Ausübung der Entscheidungsbefugnisse der Eltern bei bestehender gemeinsamer Sorge nach Trennung und Scheidung wie folgt geregelt:
- Der Grundsatz des § 1627 gilt auch für getrennt lebende Eltern.[137] Sie müssen ihre elterliche Sorge im gegenseitigen Einvernehmen zum Wohle des Kindes ausüben und bei Meinungsverschiedenheiten um Einigung bestrebt sein. In An-

---

[131] *Staudinger/ Salgo*, § 1687, Rdnr. 10.
[132] *Johannsen/ Henrich/ Jaeger*, § 1687, Rdnr. 1; *Salgo*, FamRZ 1996, 449, (451).
[133] *Schwab*, Familienrecht, Rdnr. 667.
[134] BT - Drucksache 13/ 4899, 107.
[135] *Staudinger/ Salgo*, § 1687, Rdnr. 3
[136] *Schwab*, FamRZ 1998, 457 (468).
[137] BT - Drucksache 13/ 4899, 107.

gelegenheiten von erheblicher Bedeutung können sie deshalb nach § 1687 Abs. 1 Satz 1 für das Kind nur einvernehmlich entscheiden.
- In Angelegenheiten des täglichen Lebens dagegen hat der betreuende Elternteil zur Vermeidung von Konflikten über vergleichsweise unwichtige Fragen gemäß § 1687 Abs. 1 Satz 2 und 3 eine Alleinentscheidungsbefugnis.
- Nach § 1687 Abs. 1 Satz 4 erhält der sein Umgangsrecht ausübende Elternteil eine Alleinentscheidungsbefugnis in Angelegenheiten der tatsächlichen Betreuung.
- Bei Gefahr in Verzug gilt nach § 1687 Abs. 1 Satz 5 das in § 1629 Abs. 1 Satz 4 geregelte Notvertretungsrecht. Jeder Elternteil ist dann insoweit allein sorgeberechtigt.
- Die Eltern haben in jedem Falle die Loyalitätspflichten aus § 1684 Abs. 2 Satz 1 zu beachten, was § 1687 Abs. 1 Satz 5 besonders hervorhebt.
- Nach § 1687 Abs. 2 haben die Eltern bei Ausübung ihrer Befugnisse nach Abs. 1 Satz 2 und 4 das Kindeswohl besonders zu beachten. Anderenfalls sind diese vom Familiengericht einzuschränken.

Diese weitläufige Regelung des § 1687 soll einem Elternpaar trotz Trennung und sogar Scheidung auch weiterhin die Ausübung eines gemeinsamen Sorgerechts für ihre gemeinsamen Kinder kraft Gesetzes ermöglichen, „fast so, als wäre nichts geschehen."[138]

1. Verhältnis des § 1687 zu § 1671

Erstreben bei gemeinschaftlicher Sorge beide Elternteile oder einer von ihnen eine Änderung des Sorgerechts, steht nur der Weg über § 1671 zur Verfügung:[139] Leben die Eltern nicht nur vorübergehend voneinander getrennt, so *kann* nach § 1671 Abs. 1 bei bestehender gemeinsamer Sorge jeder Elternteil beim Familiengericht beantragen, daß ihm die elterliche Sorge oder ein Teil derselben allein übertragen wird. Dies bedeutet, daß solange kein Elternteil einen Antrag stellt und kein Fall des § 1666 gegeben ist, es weiterhin beim Eintreten der gesetzlichen Wirkungen zur Ausübung einer gemeinsamen Sorge nach § 1687 bleibt.

Der in diesem Zusammenhang im juristischen Schrifttum[140] entfachte Streit darüber, ob nach Trennung/ Scheidung die gemeinsame Sorge bei fehlendem An-

---

138 *Schwab*, Familienrecht, Rdnr. 666.

139 *Staudinger/ Coester*, § 1671, Rdnr. 3; *Lipp/ Wagenitz*, § 1671, Rdnr. 3.

140 Paradigmatisch seien nur folgende Stimmen genannt: **Gemeinsame Sorge als normativer Regelfall:** *Keller*, Das gemeinsame Sorgerecht nach der Kindschaftsrechtsreform, 1999, 76; *Motzer*, FamRZ 1999, 1101 (1103); *Runge*, FPR 1999, 142; *Salgo*, FamRZ 1996, 449; ders., in: *Fegert*, Kinder im Scheidungsverfahren nach der Kindschaftsrechtsreform, 46 (47); *Schwab*, FamRZ 1998, 457 (462); ders., Handbuch des Scheidungsrechts, III, Rdnr. 125, 126; ihnen folgend OLG Stuttgart, FamRZ 1999, 39; OLG Hamm, FamRZ 1999, 38 (39), FamRZ 1999, 393 (394); AG Chemnitz, FamRZ 1999,

trag auf Alleinsorge als „Regelfall" fortbesteht, § 1687 und § 1671 also in einem Regel - Ausnahme - Verhältnis zueinander zu verstehen sind, wurde durch einen Beschluß des BGH vom 29.9.1999[141] beigelegt. Der BGH stellte in seiner Entscheidung im wesentlichen fest, daß es nach der gesetzlichen Neuregelung in erster Linie Sache der Eltern sei, zu entscheiden, ob sie die gemeinsame Sorge nach Trennung/ Scheidung beibehalten wollen oder nicht. Daraus folge jedoch kein Vorrang der gemeinsamen Sorge vor der Alleinsorge eines Elternteils. Es bestehe auch keine gesetzliche Vermutung dafür, daß im Zweifel die gemeinsame Sorge die bessere Form der Wahrnehmung elterlicher Verantwortung sei.[142] Nach Ansicht des BGH enthält also die Neuregelung des Sorgerechts kein Regel - Ausnahme - Verhältnis in dem Sinne, daß eine Priorität zugunsten der gemeinsamen elterlichen Sorge besteht und die Alleinsorge eines Elternteils nur in Ausnahmefällen als *ultima ratio* in Betracht kommen soll.[143] Diese Interpretation des neugeregelten Sorgerechts durch den BGH entspricht auch der Intention des Gesetzgebers: In der Neuregelung dürfe keine Festlegung dahingehend enthalten sein, durch welche die gemeinsame Sorge als Regelfall, die Alleinsorge dagegen als eine besonders zu begründende Ausnahme verstanden werden sollte. Das Vorliegen der Voraussetzungen für die Übertragung der Alleinsorge auf einen Elternteil müssen vielmehr im Einzelfall vor Gericht ermittelt werden.[144] Wenn es schließlich in einem solchen Einzelfall vor Gericht zu einer Antragstellung eines Elternteils auf Übertragung der Alleinsorgen kommt, so wird – wie bei § 1687 – durch den in § 1671 Abs. 1 geregelten Antragsgrundsatz nicht mehr zwischen Getrenntleben und Scheidung der Eltern unterschieden. Der Antragsgrundsatz des § 1671 Abs. 1 gilt vielmehr auch, wenn nicht miteinander verheirateten Eltern die gemeinsame Sorge nach §§ 1626a ff. zusteht.[145] Auch hier muß es sich lediglich um eine dauerhafte Trennung handeln.[146]
Dem Antrag ist in den Fällen des § 1671 Abs. 2 stattzugeben, also wenn entweder der andere Elternteil zustimmt, § 1671 Abs. 2 Nr. 1, oder wenn nach Überzeugung des Gerichts zu erwarten ist, daß die Aufhebung der gemeinsamen Sorge und die Übertragung auf den Antragsteller dem Wohl des Kindes am besten entspricht, § 1671 Abs. 2 Nr. 2. Er muß also darauf gerichtet sein, dem Antrag-

---

321 (322); OLG Bamberg, FamRZ 1999, 803, FamRZ 1999, 1005; **Keine Leitbildfunktion der gemeinsamen elterlichen Sorge:** *Johannsen/ Henrich/ Jaeger*, § 1671, Rdnr. 35; *Wichmann*, FuR 1996, 161 (162); *Willutzki*, KindPrax 1998, 8 (11); *Oelkers*, FPR 1999, 132 (133); ders., ZfJ 1999, 263 (265); ihnen folgend OLG Frankfurt, FamRZ 1999, 392.

141 BGH, FamRZ 1999, 1646; NJW 2000, 203; MDR 2000, 31, m. Anm. *Oelkers*.

142 BGH, FamRZ 1999, 1646 (1647).

143 BGH, FamRZ 1999, 1646 (1647).

144 BT - Drucksache, 13/ 4899, 63.

145 BT - Drucksache 13/ 4899, 98; *Schwab*, Familienrecht, Rdnr. 674.

146 BT - Drucksache 13/ 4899, 98.

steller das alleinige Sorgerecht zu verschaffen und kann jederzeit nach Eintritt des dauernden Getrenntlebens, auch nach mehreren Jahren der Trennung, gestellt werden. Antragsberechtigt ist nur ein Elternteil, nicht aber das Jugendamt oder das Kind. Rechtsfolge ist bei statthaftem Antrag, daß der Antragsgegner im entsprechenden Umfang das Bestimmungs- und Entscheidungsrecht bezüglich des Kindes verliert.[147] Das nach Art. 6 Abs. 2 Satz 1 GG verfassungsmäßig geschützte Elternrecht kann dann, z.B. in Form eines Umgangsrechtes, auch weiterhin wahrgenommen werden. Der Verlust des Bestimmungs- und Entscheidungsrechtes eines Elternteils kann sich dabei jedoch nur auf Angelegenheiten von erheblicher Bedeutung beziehen. Nur dann kann § 1671 Anwendung finden. Handelt es sich um Streitigkeiten im Bereich der Alltagssorge und der tatsächlichen Betreuung, § 1687 Abs. 1 Satz 2 und 3, wird nach § 1687 Abs. 2 und nicht nach § 1671 zu entscheiden sein.[148] Die Alltagssorge des § 1687 wird also nicht durch § 1671 eingeschränkt oder ausgeschlossen.

2. Verhältnis des § 1687 zu § 1628

Auch in der Formulierung des § 1628 - ähnlich wie bei § 1687 - wird der Begriff einer „Angelegenheit von erheblicher Bedeutung“ verwand. Aufgrund dieser begrifflichen Übereinstimmung zwischen § 1687 und § 1628 wird zu dessen Auslegung häufig aufeinander verwiesen.[149] Nach § 1628 kann das Familiengericht auf Antrag eines Elternteils die Entscheidung einem Elternteil allein übertragen, wenn sich die sorgeberechtigten Eltern in einer einzelnen Angelegenheit oder in einer bestimmten Art von Angelegenheiten, deren Regelung für das Kind von erheblicher Bedeutung ist, nicht einigen können. Wird aber § 1628 im Wertungssystem des gesetzlichen Sorgerechts betrachtet, also im Verhältnis zu § 1671 und § 1687, so läßt sich folgendes feststellen: Die Übertragung des Alleinentscheidungsrechts auf ein Elternteil gemäß § 1628 ist nicht davon abhängig, daß diese auch Getrenntleben.[150] Vielmehr unterscheidet sich § 1628 von den Sorgerechtsregelungen in §§ 1687, 1671 davon, daß es sich auch um eine zusammenlebende („intakte“) Familie handeln kann.[151] § 1628 findet Anwendung in allen Fällen gemeinsamer Sorge.[152] Eine Gerichtsentscheidung aufgrund § 1628 rückt zwar ebenfalls in die Nähe einer partiellen Sorgerechtsregelung, wie § 1671, wobei also ein Bereich der gemeinsamen Sorge „herausgeschnitten“

---

147 *Schwab/ Motzer*, Handbuch des Scheidungsrechts, III, Rdnr. 76.

148 *Staudinger/ Salgo*, § 1687, Rdnr. 18.

149 Vgl. III. 7., oben ; aber auch: BT - Drucksache 13/ 4899, 107; *Staudinger/ Peschel – Gutzeit*, § 1628, Rdnr. 29; *Schwab/ Motzer*, Handbuch des Scheidungsrechts, III, Rdnr. 47.

150 *Schwab/ Motzer*, Handbuch des Scheidungsrechts, III, Rdnr. 56.

151 *Lüderitz*, Familienrecht, Rdnr. 819; *Münder*, Das neue Kindschaftsrecht, 39; *Bäumel*, FamRefK, § 1628, Rdnr. 3.

152 *Schwab*, FamRZ 1998, 457 (467).

und der Verantwortung eines Elternteils allein zugewiesen wird. Die (partielle) Sorgerechtsübertragung nach § 1671 bewirkt hingegen den Übergang von allen in diesem Bereich denkbaren Entscheidungen bis zur Volljährigkeit des Kindes. Bei § 1628 geht es hingegen um die auf eine konkrete Situation bezogene Zuteilung einer Entscheidungsbefugnis auf einen Elternteil.[153] Zwischen diesen Normen ist aber kein „Entweder-Oder" feststellbar, so daß es durchaus gleichzeitig zu einem Antrag nach § 1628 und § 1671 kommen kann. Sie könnten im isolierten Verfahren miteinander verbunden werden. Die beiden Vorschriften laufen parallel.[154]

Bestehen jedoch Zweifel, ob es sich um eine Angelegenheit der Alltagssorge handelt, kann nicht ohne weiteres eine Regelung durch § 1628 getroffen werden. Es muß zuerst eine Qualifizierung der einzelnen Angelegenheit im Rahmen einer Feststellungsentscheidung erfolgen. Erfolgt dann eine Einordnung als eine alltägliche Angelegenheit, so führt dies zu einer alleinigen Entscheidungsbefugnis des Betreuungselternteils gemäß § 1687 Abs. 1 Satz 2. Wird hingegen eine Angelegenheit von erheblicher Bedeutung festgestellt, so erfolgt keine positive Kompetenzzuweisung gemäß § 1628. Das Familiengericht wird im Rahmen einer Entscheidung nach § 1687 Abs. 1 Satz 1 zunächst in einer unterstützenden und klärenden Funktion tätig. Allein das Wissen, um welche Art von Angelegenheit es sich handelt, erleichtert den Beteiligten eine selbständige Entscheidungsfindung im Rahmen der Familienautonomie[155] und der ihnen durch § 1687 gegebenen Grenzen. Erst wenn keine Einigung der Eltern über eine Angelegenheit von erheblicher Bedeutung absehbar ist, kann eine Entscheidung nach § 1628 angestrebt werden. Die Anrufung des Familiengerichts steht den Eltern auch nur in einer „Angelegenheit, die für das Kind von erheblicher Bedeutung ist" offen. So kann verhindert werden, daß die Eltern auch wegen belangloser Meinungsverschiedenheiten das Familiengericht anrufen und ihre Verantwortung auf dieses abwälzen.[156]

In Bezug auf Entscheidungen in Angelegenheiten des täglichen Lebens unter nicht nur vorübergehend getrennt lebender Eltern mit fortbestehender gemeinsamer elterlicher Sorge ist § 1687 jedoch ausschließlich als Zuweisungs- und Regelungsnorm zu nennen. Ob die in § 1687 geregelte Entscheidungsautonomie der Eltern sich in ihrer normtechnischen Ausgestaltung auch in dem Sinne als vorteilhaft erweisen wird, den Zielvorstellungen des Gesetzgebers gerecht zu werden, das Kindeswohl zu fördern und die Rechtspositionen der Eltern zu schützen, wird sich nicht zuletzt im Rahmen der Rechtsanwendung erweisen.

---

153 BT - Drucksache 13/ 4899, 99.

154 Vgl. *Schwab*, FamRZ 1998, 457 (467).

155 *Münch-Komm/ Hinz*³, § 1628, Rdnr. 4.

156 BT - Drucksache 8/ 2788, 46.

3. Möglichkeiten und Grenzen abweichender Elternvereinbarung

Die Ausübung einer gemeinsamen Sorge nach Trennung/ Scheidung wurde durch das gesetzliche Regelungsmodell der §§ 1671, 1687, 1628 bestimmt. Der Gesetzgeber hat sich also nicht für einen durch Eltern auszufüllenden Rahmen entschieden.[157] Vorschläge, der Elternautonomie aus Art. 6 Abs. 2 GG eine unmittelbare Gestaltungswirkung zuzuerkennen und sie instrumental auszustatten, sind vom Gesetzgeber nicht aufgenommen worden.[158]

Mit der geltenden gesetzlichen Regelung des Sorgerechtes kann daher leicht der Eindruck entstehen, daß mit Eintritt der gemeinsamen Sorge nach Trennung kraft Gesetzes Absprachen der Eltern über ein gemeinsames Sorgerecht überhaupt nicht mehr zulässig oder möglich sind. Dieser Aspekt wird daher im juristischen Schrifttum auch zunehmend als Frage aufgeworfen und diskutiert. Es wird gefragt, inwieweit das Sorgerechtsverhältnis zwischen den Eltern und dem Kind oder das korrespondierende Verhältnis unter den Elternteilen einer privatrechtlichen Gestaltung, genauer einer sorgerechtlichen Elternvereinbarung, zugänglich ist.[159] In der Interpretation des Bundesverfassungsgerichts stellt sich nämlich das verfassungsrechtlich garantierte Elternrecht aus Art. 6 Abs. 2 Satz 1 GG als ein „fiduziarisches Recht, ein dienendes Grundrecht, eine im echten Sinne anvertraute treuhänderische Freiheit“[160], „die Grund und Grenzen findet in der Aufgabe, das Kind zu pflegen und zu einer selbstbestimmungs- und gemeinschaftsfähigen Persönlichkeit zu erziehen“[161], dar. Die derart im Vordergrund stehende Elternverantwortung wird so im Rahmen ihrer pflichtgemäßen Wahrnehmung staatlicher Kompetenzen für das Kindeswohl gegenüber als vorrangig angesehen - elterliche Kindeswohlwahrung schließt die des Staates grundsätzlich aus.[162] Daher wird elterlichen Vereinbarungen im gesetzlichen Sorgerechtssystem eine Wirkungsmöglichkeit eröffnet, die aber keine Modifikation der geltenden Regelungen herbeiführen kann.[163] Schließlich wird sich das faktische Sorgerechtsverhältnis nicht mehr so gestalten wie bisher. Die gemeinsame Sorge nach Trennung der Eltern ist vielmehr ein offenes Modell, daß einer Konkretisierung durch elterliches Einvernehmen bedarf. Es ist ein juristisches Konstrukt, daß keinerlei Auskunft zu den eigentlichen Lebensfragen des Kindes geben kann.[164] Von dem Augenblick an, an dem sich die Eltern dauernd getrennt haben, kann von „gemeinsamer Sorge“ sowieso nicht mehr die Rede sein. Die Le-

---

157 *Staudinger/ Salgo*, § 1687, Rdnr. 12.

158 Kinderrechtskomission des DFGT, FamRZ 1997, 337 (340).

159 *Johannsen/ Henrich/ Jaeger*, § 1687, Rdnr. 11; *Staudinger/ Coester*, § 1671, Rdnr. 59; *Staudinger/ Salgo*, § 1687, Rdnr. 12; *Schwab*, DNotZ 1998, 438.

160 BVerfGE 59, 360 (376).

161 BVerfGE 24, 119 (143).

162 Vgl. *Schwab/ Motzer*, Handbuch des Scheidungsrechts, III, Rdnr. 174.

163 *Staudinger/ Coester*, § 1671, Rdnr. 60.

164 *Schwab*, in: FS GAUL, Rdnr. 719.

benssituation einer Nachscheidungsfamilie unterscheidet sich in erheblichem Maße von der einer intakten, zusammenlebenden Familie. Es kann keine ständige Kommunikation über die Organisation des Tagesablaufs erfolgen. Notwendig zu regelnde Aspekte, wie Lebensmittelpunkt des Kindes, Pflege und Erziehung des Kindes, Unterhaltszahlungen, Umgang, Gestaltung der fortlaufenden Kontakte, werden auch durch § 1687 nicht unmittelbar aufgegriffen.[165] Die praktische Umsetzung des Sorgerechts kann also zwischen den Eltern kritisch werden. Es können unterschiedliche Vorstellungen über dessen Umsetzung bestehen. Unter dem Deckmantel der „gemeinsamen Sorge" kann daher durchaus gestritten werden und die gemeinsame Sorge nach Trennung nicht ohne weiteres als eine Idylle der Eintracht zwischen den Eltern bezeichnet werden. Sie ist vielmehr eine Konstruktion, die den rechtlichen Rahmen der Eintracht und des Streits bildet. Die Gefahr, daß das Kind schließlich zur bloßen Schachfigur im komplexen Auseinandersetzungsprozeß der Eltern wird, ist groß.[166]
Aber auch bei bestehender Eintracht könnte es sich um einen Scheinkonsens zwischen den Eltern handeln.[167] Vereinbarungen zwischen den Eltern über die Praktizierung der gemeinsamen Sorge nach Trennung könnten daher zur Vermeidung von Streit dienlich sein. Es wäre so eine verläßliche Grundlage zur Sorgerechtsgestaltung, auf die sich Vater und Mutter schließlich einlassen, vorhanden. Ein fortwährender Streit der Eltern wäre andernfalls die Folge, was sich auf die Entwicklung des Kindes eher negativ auswirken würde. Auch gelingt es den Kindern dann am besten mit der Trennung der Eltern fertig zu werden, wenn Eltern in Hinblick auf die Gestaltung der Lebensverhältnisse zusammenwirken und wesentliche Entscheidungen gemeinsam treffen.[168]
Des weiteren kann eine beabsichtigte Voranstellung der Elternautonomie vor staatlicher Regelung im geltenden Recht deshalb als nur halb- und engherzig umgesetzt bezeichnet werden, weil durch das KindRG die grundsätzlich aufgewertete Elternautonomie als positiver Gestaltungsfaktor für Sorgerechtsverhältnisse nicht genügend anerkannt und instrumental ausgestattet wurde[169], so daß auch gleichzeitig dem Prinzip, daß private Beziehungen zwischen Menschen auch nach privaten Regelungen verlangen,[170] nicht genügend Rechnung getragen werden kann. Zumal im Zivilrecht die Vertragsfreiheit auch als Fundamentalprinzip schon enthalten ist. Deshalb muß es gestattet sein, daß Eltern Vereinbarungen über die Art und Weise der Ausübung ihres gemeinsam zustehenden Sorgerechts vornehmen. Absprachen der sorgeberechtigten Eltern darüber, wie ein Kind erzogen werden soll, bewegen sich überdies innerhalb ihres Pflicht-

165 *Schwab*, DNotZ 1998, 438.
166 *Schwab*, in: FS GAUL, Rdnr. 719.
167 *Coester*, RdJB 1996, 430 (434).
168 BT - Drucksache, 13/ 4899, 63.
169 *Staudinger/ Coester*, § 1671, Rdnr. 13, 59.
170 *Goldstein/ Freud/ Solnit*, Jenseits des Kindeswohls, 47.

rechts aus Art. 6 Abs. 2 GG, also in selbstverständlicher Bindung an die Ziele der Pflege und Erziehung des Kindes. Gestaltungsrahmen, Bedingungen und Grenzen solcher elterlicher Sorgerechtsvereinbarungen ergeben sich dabei aus dem gesetzlichen Regelungsmodell des Kindschaftsrechtsreformgesetzes, aus der stets zu beachtenden Kindeswohlmaxime und der Anpasssungsfähigkeit der getroffenen Vereinbarung.[171] Allein für den Bereich der gesetzlichen Vertretung erweist sich aus Gründen der Rechtssicherheit § 1687 als bindend. Es können keine Elternvereinbarungen getroffen werden. Schließlich geht es bei der gesetzlichen Vertretungsmacht um die Vertretung des Kindes, was nicht tauglicher Gegenstand der Privatautonomie der Eltern sein kann. Des weiteren wäre auch von einer Gefährdung der Rechtssicherheit auszugehen, wenn eine formlose Veränderung der Vertretungsmacht durch Parteivereinbarung möglich wäre. Die Möglichkeit der Eltern, ihr Kind im Rechtsverkehr zu vertreten, erlangt nämlich immer Außenwirkung.[172]

Als Regelungsprinzip hinsichtlich der Grenzen der Gestaltungsfreiheit muß neben den bereits erwähnten Grundsätzen gelten, daß Erweiterungen und Flexibilisierungen erwünscht und zulässig, Verengungen gegenüber dem Regelungsmodell hingegen unzulässig sind, weil dies zu Konflikten führen kann, die § 1687 gerade verhindern oder zumindest begrenzen will.[173] Inwieweit solchen elterlichen Vereinbarungen tatsächlich eine Bindungswirkung zugestanden werden kann, bietet Anlaß zur Diskussion.[174] Dabei wird einer Elternvereinbarung durchaus eine Bindungswirkung zugestanden, die aus dem elterlichen Pflichtrecht des Art. 6 Abs. 2 Satz 2 GG zu begründen ist. Gegen diese Bindungswirkung von Elternvereinbarungen wird argumentativ aufgeführt, daß bloße Akte des Zivilrechts, wie Elternvereinbarungen, höchstpersönliche, unverzichtbare Rechte nicht disponieren können. Dieses ist richterlichen Gestaltungsakten vorbehalten.[175] Gegen dieses Argument wird wiederum behauptet, daß eine sorgerechtliche Elternvereinbarung lediglich die elterliche Verantwortung zweckmäßig ausgestalten möchte. Angesichts der neu entstandenen Lebenssituation nach der Trennung der Eltern soll ein neues Konzept der Arbeitsteilung geschaffen werden. Die Umstände verlangen nach einer Entscheidung darüber, welcher Elternteil das Kind faktisch betreuen und erziehen soll, was aber durchaus auch durch eine vertragliche Gestaltung erfolgen kann. Dagegen, daß lediglich richterliche Gestaltungsakte höchstpersönliche unverzichtbare Rechte der Eltern disponieren können, wird aufgeführt, daß ein solches obrigkeitsstaatliches Denken insoweit veraltet ist, als daß der Gesetzgeber bewußt mit Gestaltung des neuen Rechts das Ziel verfolgte, einen Weg für die nicht präventiv kontrollierte

---

171 *Staudinger/ Salgo*, § 1687, Rdnr. 13.
172 *Schlüter*, BGB - Familienrecht, Rdnr. 375.
173 *Johannsen/ Henrich/ Jaeger*, § 1687, Rdnr. 11.
174 Vgl. nur *Schwab*, DNotZ 1998, 438 (446/447).
175 *Schwab*, DNotZ 1998, 438 (446/447).

Privatautonomie der Eltern zu eröffnen.[176] Man müsse daher sorgerechtliche Regelungen durch die Eltern zulassen. Maßgeblich ist dabei, daß keine Widersprüche gegen das Kindeswohl feststellbar werden. Die Beinhaltung eines gewissen Maßes an Flexibilität ist dabei erforderlich, damit den ständig wechselnden Lebenssituationen Rechnung getragen werden kann.
Trotz der genannten Vorzüge von elterlichen Sorgerechtsvereinbarungen hat es der Gesetzgeber versäumt, diesen Elternvereinbarungen als Gestaltungsinstrument von Sorgerechtsverhältnissen einen positiven rechtlichen Stellenwert einzuräumen. Es kann deshalb nur versucht werden, diesen elterlichen Vereinbarungen innerhalb des etablierten Systems der §§ 1671, 1687, 1628 eine Wirkungsmöglichkeit zu eröffnen.

VII. Begründung eines elterlichen Alleinentscheidungsrechts nach § 1687 Abs. 1 Satz 2

Leben Eltern, denen die elterliche Sorge gemeinsam zusteht, nicht nur vorübergehend getrennt, so hat der Elternteil, bei dem sich das Kind mit Einwilligung des anderen Elternteils oder aufgrund einer gerichtlichen Entscheidung gewöhnlich aufhält, die Befugnis zur alleinigen Entscheidung in Angelegenheiten des täglichen Lebens, (§ 1687 Abs. 1 Satz 2). Ausgangspunkt des Gesetzgebers ist es also, daß sich das Kind bei einem Elternteil gewöhnlich aufhält und bei dem anderen nur ab und zu. Diese Arbeitsteilung wird als Residenzmodell bezeichnet.[177] Es besteht eine Wohngemeinschaft zwischen Kind und einem Elternteil.[178]

1. Gemeinsame Sorgeberechtigung

Voraussetzung ist, daß den Eltern auch nach Trennung ein gemeinsames Sorgerecht zusteht.[179] Eine gemeinsame Sorgeberechtigung haben Eltern grundsätzlich immer dann, wenn sie entweder im Zeitpunkt der Geburt miteinander verheiratet sind oder einander nachträglich heiraten (§ 1626 a Abs. 1 Nr. 2) bzw. eine Sorgeerklärung (§§ 1626 a Abs. 1 Nr. 1, 1626 b - 1626 e) abgeben. Bei nicht nur vorübergehender Trennung der Eltern bleibt die gemeinsame Sorge künftig auch in ihrer bisherigen Form bestehen, es sei denn, ein Elternteil beantragt die Alleinsorge (§ 1671).[180] Die gemeinsame elterliche Sorge wird überdies heute außer in der Ehe auch innerhalb nichtehelicher Lebensgemeinschaften und nach Trennung der Eltern juristisch anerkannt. Sie erlangt dadurch institutionelle

176 *Büdenbender*, AcP 197, 197 (208f.).
177 *Palandt/ Diederichsen*, § 1687, Rdnr. 19.
178 *Johannsen/ Henrich/ Jaeger*, § 1687, Rdnr. 7; *Palandt/ Diederichsen*, § 1687, Rdnr. 19.
179 *Staudinger/ Salgo*, § 1687, Rdnr. 9.
180 Vgl. VI., oben.

Unabhängigkeit und wird begrifflich - dogmatisch zu einem selbständigen Rechtsinstitut.[181]

2. Nicht nur vorübergehendes Getrenntleben

Des weiteren ist für die Begründung eines Alleinentscheidungsrechts zugunsten eines Elternteils ein dauerhaftes Getrenntleben von dem anderen Elternteil erforderlich.[182] Der Wortlaut dieses Tatbestandsmerkmals in § 1687 ist identisch mit dem in § 1671 Abs. 1, der seinerseits auf § 1567 Abs. 1 Bezug nimmt. Es liegt also nahe die Frage zu stellen, ob die in § 1567 Abs. 1 hergeleitete Definition eines nicht nur vorübergehenden Getrenntlebens auch im Rahmen des § 1687 angewandt werden kann. Große Teile des juristischen Schrifttums[183] lassen eine analoge Anwendung der Definition des Getrenntlebens aus § 1567 Abs. 1 innerhalb des § 1687 ohne weiteres zu. Danach liegt ein Getrenntleben nach § 1687 vor, wenn objektiv eine Aufhebung der Lebensgemeinschaft der Eheleute erfolgt und subjektiv für die Zukunft dauerhaft ein Trennungswille vorhanden ist. Verkannt wird jedoch dabei, daß es sich bei § 1567 Abs. 1 um eine Definition des Getrenntlebens innerhalb des Scheidungsrechtes handelt. § 1687 ist aber eine Norm, die sich innerhalb des Kindschaftsrechtes wiederfindet.

Eine Anerkennung einer gesetzlichen Definition aus dem Scheidungs – im Kindschaftsrecht kann daher nicht ohne weiteres zugelassen werden, zumal durch die Auflösung des Zwangsverbundes es künftig geboten ist, streng zwischen Kindschafts- und Scheidungsrecht zu unterscheiden und daher auch die Begriffe losgelöst voneinander[184] zu betrachten.

Des weiteren ist zu beachten, daß bei einer Trennung nicht nur die eheliche Lebensgemeinschaft der Eltern auseinanderbricht, sondern die Familie in ihrer ursprünglichen Form aufhört zu existieren. Es beginnt sich eine `Nachscheidungsfamilie´ zu formieren, in der auch Interessen des Kindes besonders schützenswert sind. Die Lage des Kindes ist also für die Beurteilung der Umstände mindestens genauso maßgeblich, wie die Wahrnehmung der Situation durch die Eltern. Für die Beurteilung also, wann die Eltern des Kindes bzw. die Familie nicht mehr in einer Gemeinschaft lebt, kann insbesondere nicht ein innerer Trennungswille der Eheleute maßgeblich sein. Diese subjektive Komponente stellt nur auf die wechselseitigen inneren Bindungen und auf die Vorstellung der

---

181 *Diederichsen*, in: FS ROLLAND, 87 (91).

182 Vgl. *Jauernig/ Berger*, § 1687, Rdnr. 1

183 Es seien nur genannt: *Johannsen/ Henrich/ Jaeger*, § 1671, Rdnr. 15; *Keller*, Das gemeinsame Sorgerecht nach der Kindschaftsrechtsreform, 55; *Lüderitz*, Familienrecht, Rdnr. 923; *Motzer*, FamRZ 1999, 1101; *Oelkers*, ZfJ 1999, 263; ders, FuR 1999, 349; *Schwab*, Das neue Familienrecht, 226; ders, Familienrecht, Rdnr. 670; ders, FamRZ 1998, 457, (461, 468); *Schwab/ Motzer*, Handbuch des Scheidungsrechts, III, Rdnr. 40; *Wend*, FPR 1999, 138; *Rogner*, in: FamRefK, § 1687, Rdnr. 2.

184 *Keller*, Das gemeinsame Sorgerecht nach der Kindschaftsrechtsreform, 55.

Eheleute von ihrem Zusammenleben ab. Vielmehr muß der Versuch unternommen werden zu erklären, wann ein nicht nur vorübergehendes Getrenntleben in der Weise vorliegt, das es nötig macht, innerhalb der 'Nachscheidungsfamilie' Handlungskompetenzen der Eltern in Bezug auf das Kind durch § 1687 festzulegen. Nach § 1687 Abs. 1 Satz 2 hat nur der Elternteil, bei dem sich das Kind mit Einwilligung des anderen Elternteils oder aufgrund einer gerichtlichen Entscheidung gewöhnlich aufhält, die Befugnis zur alleinigen Entscheidung in Angelegenheiten des täglichen Lebens. Subjektiv treffen die Eltern also in Ausübung ihrer gemeinsamen Sorge die Bestimmung, bei wem das Kind in Zukunft leben soll.[185] Dieses gegenseitige Einvernehmen der Eltern über den zukünftigen Aufenthalt des Kindes läßt eine gemeinsame subjektive Einstellung, einen Willen, erkennen. Nur dadurch kann der Aufenthalt des Kindes bei einem Elternteil als rechtmäßig gelten und § 1687 seine Rechtswirkung entfalten. Mithin ist für ein nicht nur vorübergehendes Getrenntleben nach § 1687 subjektiv allein entscheidend, ob der gewöhnliche Aufenthalt des Kindes beim Betreuungselternteil rechtmäßig ist, also das Kind mit Einwilligung des anderen Elternteils sich dort aufhält.[186] Objektiv ist auch weiterhin das Nichtbestehen der Lebensgemeinschaft erforderlich. Auf eine innerliche Ablehnung der Gemeinschaft für die Zukunft, also ein Trennungswille, kommt es daher im Kontext des § 1687 endgültig nicht an.[187] Im Sonderfall, daß Eltern zu keinem Zeitpunkt zusammengelebt haben, kann eine Einwilligung eines Elternteils aus der gemeinsamen Sorgeerklärung für den rechtmäßigen Aufenthalt des Kindes beim Betreuungselternteil abgeleitet werden.

Eine sofortige Aufhebung der gesetzlichen Wirkungen des § 1687 erfolgt nur bei einem erneuten Zusammenleben, auch zu Versöhnungszwecken, der Eltern. Eine Änderung des Lebensmittelpunktes des Kindes vom Betreuungs- zum anderen Elternteil, würde lediglich eine Verlagerung der Kompetenzen zur Folge haben.[188]

3. Angelegenheit des täglichen Lebens

Schließlich setzt die Begründung eines elterlichen Alleinentscheidungsrechtes nach § 1687 Abs. 1 Satz 2 voraus, daß es sich um eine Angelegenheit des täglichen Lebens handelt. Danach hat der Elternteil, bei dem sich das Kind mit Einwilligung des anderen Elternteils oder auf Grund einer gerichtlichen Entscheidung gewöhnlich aufhält, die Befugnis zur alleinigen Entscheidung in Angelegenheiten des täglichen Lebens. Das Gesetz stellt in § 1687 Abs. 1 Satz 3 die dazu gehörige Legaldefinition auf: „Angelegenheiten des täglichen Lebens sind

185 OLG Stuttgart, FamRZ 1999, 39 (40).
186 Vgl. nur: *Staudinger/ Salgo*, § 1687, Rdnr. 10; *Jauernig/ Berger*, § 1687, Rdnr. 2, 4.
187 *Staudinger/ Salgo*, § 1687, Rdnr. 10.
188 *Staudinger/ Salgo*, § 1687, Rdnr. 10.

in der Regel solche, die häufig vorkommen und die keine schwer abzuändernden Auswirkungen auf die Entwicklung des Kindes haben." Dabei kann es sich vor allem um die ganz im Vordergrund stehenden Fragen der täglichen Betreuung des Kindes, aber auch um Fragen, die im schulischen Leben und in der Berufsausbildung des Kindes vorkommen, handeln. Des weiteren obliegen Angelegenheiten, die im Rahmen der gewöhnlichen medizinischen Versorgung des Kindes zu treffen sind, allein dem genannten Elternteil. Vermögensangelegenheiten können einschränkend nur dann, wenn sie eher als unbedeutend einzustufen sind, von dem betreuenden Elternteil allein erledigt werden.[189]
Bei solchen häufig vorkommenden Entscheidungen wäre es für den Elternteil, bei dem das Kind sich gewöhnlich aufhält, unpraktikabel und häufig unzumutbar, sich ständig mit dem anderen Elternteil in Verbindung setzen zu müssen.[190] Daher obliegt ihm in diesen Angelegenheiten ein Alleinentscheidungsrecht.

VIII. Unterscheidung zwischen Angelegenheiten von erheblicher Bedeutung und Angelegenheiten des täglichen Lebens

Leben Eltern, denen die elterliche Sorge gemeinsam zusteht, nicht nur vorübergehend getrennt, so ist bei Entscheidungen in Angelegenheiten, deren Regelung für das Kind von erheblicher Bedeutung ist, ihr gegenseitiges Einvernehmen erforderlich, (§ 1687 Abs. 1 Satz 1). Von den den Alltag des Kindes prägenden Angelegenheiten sind also nach § 1687 Abs. 1 Satz 1 die Angelegenheiten abzugrenzen, deren Regelung für das Kind von erheblicher Bedeutung ist und die bei gemeinsamer Sorge von beiden Eltern entschieden werden müssen. Bei der alltäglichen Erziehung eines Kindes ist es jedoch für die sorgeberechtigten Eltern oft nicht eindeutig festlegbar, ob eine Angelegenheit nun gerade als alltäglich oder erheblich zu gelten hat. Es gibt viele Angelegenheiten, die sich in Grenzbereichen bewegen und nicht einfach einzuordnen sind. Beispielsweise kann ein Arztbesuch aufgrund eines Grippevirus als alltäglich bezeichnet werden. Was aber, wenn dem Kind zur weiteren Behandlung ein Antibiotikum verschrieben werden soll ? Kann dieses dann wiederum als eine erhebliche Angelegenheit bezeichnet werden, oder gehört es zu dem vergleichsweise alltäglichen Arztbesuch mit hinzu ?[191] Aber auch die Urlaubsreise eines Kindes mit nur einem Elternteil kann sowohl eine alltägliche, wie auch eine erhebliche Angelegenheit darstellen: handelt es sich lediglich um einen Kurzurlaub, so kann man möglicherweise von einer alltäglichen Entscheidung ausgehen. Was aber, wenn die Reise einen mehrstündigen Flug voraussetzt und womöglich noch in ein

189 *Jauernig/ Chr. Berger*, § 1687, Rdnr. 4.
190 *Greßmann*, Neues Kindschaftsrecht, Rdnr. 251.
191 *Schwab*, Familienrecht, Rdnr. 668.

Land führt, in dem unterschiedliche Verhältnisse zum Heimatland herrschen, also das Kind eventuell gesundheitlichen Gefahren ausgesetzt sein wird?[192] Wie ist zu entscheiden, wenn das Kind erst zwei Jahre alt ist und wie, wenn es schon erheblich älter ist ? Kann es dann Probleme im Urlaubsland besser bewältigen und bedarf dann die Reise nicht einem gegenseitigen Einvernehmen der Eltern ? Welche Vorgehensweise Eltern in Angelegenheiten befolgen sollen, die außerhalb der in Satz 3 formulierten Regel vorkommen, also nicht von einer gewissen Häufigkeit gekennzeichnet sind und erhebliche zukünftige Folgen für das Kind aufweisen können, wird durch den Gesetzgeber nicht gesagt.

1. Gesetzlich gewählte Abgrenzung

Das Gesetz geht vielmehr davon aus, daß alles was nicht als eine Entscheidung in einer Angelegenheit des täglichen Lebens angesehen werden kann, zwangsweise eine solche von erheblicher Bedeutung für das Kind sein muß. Offenkundig kennt die Normsetzung also nur ein „Entweder - Oder".[193] Eine gesetzliche Definition der „Angelegenheit von erheblicher Bedeutung" erfolgt nicht. Diese lediglich positive Umschreibung der Bereiche, um die es sich in § 1687 Abs. 1 handeln soll, wird aber vielfach als ungenügend angesehen.[194] Es wird dem Gesetzgeber vorgehalten, daß die Annahme, für das Kind stelle das „Tägliche" den Gegensatz zu „erheblicher Bedeutung" dar, ein wesentlicher Irrtum sei.[195] Es ist vielmehr zu berücksichtigen, daß in der Erziehung eines Kindes und insbesondere von Heranwachsenden fast unversehens praktisch jedes Entscheidungsproblem schnell aus dem Bereich der Alltagssorge in den Bereich des Grundsätzlichen umschlagen und eben von erheblicher Bedeutung werden kann.[196] Umgekehrt können sich aber auch einmalige Entscheidungen in der Zukunft eher als unerheblich erweisen.[197] Diese positive Umschreibung provoziert daher die Frage, ob damit das Ganze abgedeckt ist, oder ob es etwas dazwischen gibt, nämlich einen Bereich von Angelegenheiten, die weder von erheblicher Bedeutung, noch alltäglich sind. Durch die vom Gesetz gewählte Abgrenzung wird nämlich das Leben des Kindes nur künstlich aufgespaltet und zwar nicht nach Lebensbereichen, sondern innerhalb dieser Lebensbereiche nach der Bedeutung der jeweils einzelnen Angelegenheit.[198]

---

192 OLG Naumburg, EZFamRaktuell 2000, 2; OLG Köln, NJW 1999, 295.

193 BT - Drucksache, 13/ 8511, 67; *Schwab*, Das neue Familienrecht, 222.

194 *Deinert*, DAVorm 1998, 338 (347); *Schwab*, FamRZ 1998, 457 (468); ders, Das neue Familienrecht, 222; ders, DNotZ 1998, 438 (442); *Zimmermann*, DNotZ 1998, 404 (420).

195 *Schwab*, FamRZ 1998, 457 (469); *Hülsmann/ Klattenhof/ Runge*, Band 3, § 1687, Rdnr. 3.

196 *Palandt/ Diederichsen*, § 1687, Rdnr. 4.

197 *Schwab/ Wagenitz*, FamRZ 1997, 1377 (1380).

198 *Schwab*, FamRZ 1998, 457 (469); ders, Das neue Familienrecht, 222.

Eine eindeutige Zuordnung der einzelnen Angelegenheiten innerhalb des § 1687 zum Bereich der Alltagssorge oder dem des Grundsätzlichen könnte zudem bei der durch den Gesetzgeber gewählten Abgrenzung dadurch erschwert werden, daß durch die Verwendung allgemeiner Sprache in der Gesetzessprache, wie das Wort „alltäglich", es mehr oder minder nicht nur zu skurrilen Spaltungen der Sprache kommt, sondern auch zu gefährlichen Mißverständnissen Anlaß gegeben wird.[199] Unter Umständen könnte also ein Elternteil von einem Alleinentscheidungsrecht allein deswegen Gebrauch machen, weil es sich nach seinem (Sprach)Gefühl um eine alltägliche Angelegenheit handelt, obwohl sie vielleicht im Sinne des § 1687 gar nicht als eine solche zu werten wäre. Der Gebrauch allgemeinverständlicher Wörter in der Rechtssprache, wie „alltäglich", muß jedoch nicht unbedingt zur Folge haben, daß ihm die identische Bedeutung wie im normalen Sprachgebrauch zugeordnet wird. Ihm kann vielmehr, ähnlich einer Variablen, auch ein unterschiedlicher Wert beigemessen werden. Allgemeinbegriff und Gesetzesbegriff streben dann in ihrer Bedeutung nicht nur in Nuancen, sondern fundamental auseinander, was die Bildung unbestimmter Rechtsbegriffe in der Rechtssprache zur Folge hat, nach deren definitorischen Festlegung dann verzweifelt gesucht werden kann.[200] Im Gesetzestext des § 1687 wurde das alltägliche faktische Tun als eine „Angelegenheit des täglichen Lebens" bezeichnet und ist so zunächst juristisch erfaßt, also auch juristisch konstruiert worden. Dieser juristischen Konstruktion des Alltäglichen müßte also auch ein juristischer Wert entsprechen. Durch den Gebrauch des Wortes „alltäglich" im Gesetzestext kann daher die Bedeutung aus dem normalen Sprachgebrauch nicht einfach übernommen werden. Es muß dem Alltäglichen vielmehr ein spezieller rechtlicher Wert zugeordnet werden. Die Zuordnung eines solchen speziellen rechtlichen Wertes bleibt aber dem laienhaften Verständnis oftmals verborgen.[201] Der Gefahr der möglichen Entstehung von Mißverständnissen war sich der Gesetzgeber bei Normsetzung aber wahrscheinlich durchaus bewußt, sonst hätte er von der Fassung einer Legaldefinition zur „Angelegenheit des täglichen Lebens" in Satz 3 des § 1687 abgesehen.

Die Tatsache jedoch, daß sich die „Angelegenheit des täglichen Lebens" nun in einem konkreten juristischen Wert, nämlich in Form dieser positiven Legaldefinition wiederfindet, sagt aber immer noch nichts darüber aus, wie denn schließlich in Grenzbereichen zu verfahren ist. Auch kann daraus nicht geschlossen werden, daß im Umkehrschluß zwangsweise immer eine Angelegenheit von erheblicher Bedeutung anzunehmen ist. Durch die vom Gesetzgeber vorgenommene künstliche Aufspaltung des Lebens des Kindes in die Bedeutung der jeweils einzelnen Angelegenheit wird es vielmehr noch schwieriger, Lebensberei-

---

199 *Schwab*, in: FS ROLLAND, 345 (348).

200 *Schwab*, in: FS ROLLAND, 345 (348).

201 *Schwab*, in: FS ROLLAND, 345 (348).

che voneinander abzugrenzen. Die gesetzlich gewählte Abgrenzung muß sich daher für die Schaffung klarer Verhältnisse innerhalb des § 1687 als wenig hilfreich erweisen.

2. Weitere Abgrenzungsmaßstäbe

Vielmehr gilt es die Anstrengung zu unternehmen, weitere Maßstäbe zu suchen, die eine Beurteilung einer Angelegenheit als alltäglich oder erheblich ermöglichen und auch bezüglich der Grenzbereiche Klarheit verschaffen. Wie soll man aber auf dieser Suche vorgehen, so daß brauchbare Ergebnisse für die Rechtspraxis erlangt werden können ? Am einfachsten wäre es sicher sich zunächst vorzustellen, wie wohl sorgeberechtigte Eltern im realen Leben bei der Lösung eines Konfliktfalls vorgehen würden: Wahrscheinlich würden sie dabei eine Einstufung der Konfliktsituation in zweierlei Hinsicht vornehmen, nämlich zum einen, ob eine Angelegenheit objektiv abstrakt als alltäglich oder von erheblicher Bedeutung zu werten ist und zum anderen, ob die erhebliche Bedeutung für das Kind gegebenenfalls eine vollständige Individualisierung und damit Subjektivierung herbeiführen kann[202], also auch einen subjektiven Maßstab anwenden. Objektive und subjektive Maßstäbe können also möglicherweise zu einer Abgrenzung der Bereiche innerhalb des § 1687 verhelfen. Des weiteren können aber schon allein die in § 1687 enthaltenen Begriffe, also alltäglich und erheblich, für eine Orientierung hilfreich sein. Soweit diese an anderer Stelle im Gesetz oder in Nebengesetzen verwandt wurden, lassen sich diesbezüglich bereits existierende Auslegungen heranziehen und sie auch innerhalb des § 1687 verwenden. Auch bereits dazu ergangene Rechtsprechung wäre dann auszuwerten. Schließlich wäre es auch möglich, brauchbare Abgrenzungsergebnisse innerhalb des § 1687 dadurch zu erlangen, indem man die Kindesbelange bei der Abgrenzung der einzelnen Angelegenheiten zueinander stärker in den Vordergrund stellt. Durch Bemessung der Bedeutung der einzelnen Angelegenheit für das Kind könnte feststellbar sein, welche zukünftig als erheblich und welche als alltäglich zu werten ist.

a) Objektive Kriterien

Eine Unterscheidung zwischen Angelegenheiten des täglichen Lebens und solchen von erheblicher Bedeutung kann innerhalb des § 1687 zunächst nach objektiven Maßstäben erfolgen. Diese objektiven Maßstäbe sollen sich dabei nach den Grundsätzen der gesetzlichen Regelungen des Sorgerechtes, deren Leitnorm § 1626 bildet,[203] und den von den Eltern gemeinsam entwickelten und getragenen Erziehungsvorstellungen richten.[204] Befürworter dieser Vorgehensweise se-

---

202 *Palandt/ Diederichsen*, § 1687, Rdnr. 4.
203 *Greßmann*, Neues Kindschaftsrecht, Rdnr. 170.
204 *Palandt/ Diederichsen*, § 1687, Rdnr. 4.

hen nämlich bei einer entgegenteiligen subjektiven Betrachtungsweise - etwa nach den Einschätzungen des Kindes - die Gefahr, daß durch eine Individualisierung des Geschehens auf das Kind diesem so eine gesetzliche Handhabe zugestanden werden würde, die es ihm ermöglichen könnte, die Eltern in jedem Konflikt gegeneinander auszuspielen.[205] Bei ausschließlicher Ausrichtung des Focus auf das einzelne Kind, wäre eine einleuchtende Unterscheidung der einzelnen Angelegenheiten zueinander, die auch eine klare Abgrenzung der Kompetenzen innerhalb der gemeinsamen Sorge zuließe, nicht möglich. Demzufolge sind nach diesem Standpunkt ausschließlich objektive Kriterien für die Abgrenzung der einzelnen Angelegenheiten zueinander heranzuziehen.

Ob aber das Heranziehen allein objektiver Kriterien brauchbare Resultate für eine Abgrenzung der einzelnen Angelegenheiten zueinander liefern kann, ist problematisch. Die zunehmende Individualisierung der Lebenswelten und somit auch der Lebensauffassungen, wie auch die ständige Veränderung der sozialen Wertmaßstäbe und damit der Gesellschaft in der wir leben, kann eine Unterscheidung der einzelnen Angelegenheiten in objektiv abstrakter Weise schier unmöglich machen.[206] Das Leben der einzelnen Menschen ist nicht abstrakt faßbar, sondern gestaltet sich individuell, weil es auch gerade und eben allein durch diese Individuen alltäglich neu gestaltet wird. Des weiteren kann etwas in der einen Familie einer zentralen Bedeutung unterliegen, aber wiederum in einer anderen völlig fremd sein.[207] Um aber die Bedeutung einer einzelnen Angelegenheit für jede Familie herausfinden zu können, also jedem einzelnen Fall gerecht werden zu können, bedarf es zunächst einer Entflechtung der familiären Verhältnisse. Befinden sich die Ehepaare während dieser Trennungsphase auch noch im Streit, wovon in der Regel auszugehen wäre, so wird durch diesen äußeren Eingriff in die Intimsphäre der Familie eine autonome Konfliktgestaltung durch die Eltern nicht gerade gefördert[208] und wirkt unter Umständen eher konfliktverschärfend, als - vermeidend.

Zugegebenerweise läßt sich zwar durch objektive Kriterien zumindest in Teilbereichen eine grobe Qualifizierung einzelner Angelegenheiten vornehmen. Diese können dann als erheblich oder alltäglich eingestuft werden. Jedoch wird es schwerlich möglich sein, Bereiche der Personensorge so zu benennen, daß jede einzelne Angelegenheit, die im Leben eines Kindes auftreten könnte, sich auch darin wiederfindet. Sowenig eine solche erschöpfende Aufzählung aller Bestandteile der Personensorge möglich ist, sowenig kann eine solche orientierende und qualifizierende Kasuistik abschließend sein.[209] Die größte Phantasie des Gesetzgebers kann nicht ausreichen, um den Erfindungsreichtum von Eltern ab-

---

205 *Palandt/ Diederichsen*, § 1687, Rdnr. 4.
206 *Keller*, Das gemeinsame Sorgerecht nach der Kindschaftsrechtsreform, 86.
207 *Staudinger/ Salgo*, § 1687, Rdnr. 28.
208 *Staudinger/ Salgo*, § 1687, Rdnr. 28.
209 *Staudinger/ Salgo*, §1687, Rdnr. 28.

zudecken, die sich streiten wollen.[210] Eine für die Praxis brauchbare Abgrenzung der Angelegenheiten innerhalb des § 1687 anhand objektiver Kriterien zu erlangen, wird daher nicht möglich sein.

b) Subjektive Kriterien

Dadurch, daß die Anwendung objektiver Kriterien als wenig brauchbar erscheinen muß, ist nach geeigneten subjektiven Abgrenzungsmaßstäben zu suchen.

(1) Kindeswille - Perspektive des Kindes

Naheliegend wäre es zunächst eine Abgrenzung der einzelnen Angelegenheiten innerhalb des § 1687 anhand des Kindeswillens zu versuchen. Bei Zusammenbruch des originären Familienbundes ist schließlich das Kind das wohl am ehesten unmittelbar betroffene Subjekt, das die Folgen der veränderten Situation jedoch erst später begreifen wird. Hinter der Berücksichtigung des Kindeswillens steht daher ein übergreifender Leitgedanke: Die Achtung der Persönlichkeit des Kindes. Diese bezieht sich einerseits auf die weitestmögliche Integrität der seelisch - emotionalen Bindungswelt und andererseits auf die Integrität der bewußten Eigenentscheidung des selbstbestimmungsfähigen Kindes.[211] Den Neigungen und dem Willen des Kindes wird nämlich auch im neuen Recht eine hohe Bedeutung zugesprochen.[212] Schließlich geht es innerhalb des § 1687 um Angelegenheiten, die eine alltägliche oder erhebliche Wirkung gerade in Bezug auf das Kind entfalten sollen. Betrachtet man den Willen des Kindes, so kommt es dabei aber sicherlich nicht so sehr darauf an, wie dieser nach außen hin wirksam ausgedrückt und dadurch rechtsverbindlich wird, sondern eher darauf, was das Kind im Rahmen seiner selbstbestimmten Entscheidungsfindung als alltäglich oder erheblich ansehen wird. Schon in Artikel 12 der UN - Kinderrechtskonvention, die von der Bundesrepublik Deutschland - wenn auch unter Vorbehalt - ratifiziert wurde, wird in allen relevanten Bereichen die Berücksichtigung des Kindeswillens entsprechend dem Alter und der Reife des Kindes gefordert. Von einer Trennung und Scheidung der Eltern sind nämlich Kinder unmittelbar genauso betroffen, wie die Eltern selbst. Zwar ist allein aus dem Blickwinkel des Kindes betrachtet die Ehe seiner Eltern für das Kind völlig gleichgültig[213], jedoch hört die bisherige Familie schließlich auf zu existieren und es beginnt sich eine Nachscheidungsfamilie zu formieren. Jedem Familienmitglied wird in diesem Prozeß eine neue und gesonderte Rolle zugesprochen. Den Kindern in einer solchen Situation ein rechtliches Gehör zu schenken, so daß sie ihre eigene Meinung zur Situation innerhalb der Familie ausdrücken können, wäre daher ge-

210 *Willutzki*, KindPrax 2000, 45 (47).

211 *Staudinger/ Coester*, § 1671, Rdnr. 236.

212 *Schwab*, Das neue Familienrecht, 211.

213 *Diederichsen*, NJW 1998, 1977 (1978).

rechtfertigt.[214] Im Einzelfall kommt es auf die Meinung aller Betroffenen, eben auch der Kinder an.
Die Anwendung des Kindeswillens als Abgrenzungsmaßstab innerhalb des § 1687 für die einzelnen Angelegenheiten zueinander ist jedoch nur möglich, sofern das Kind auch in der Lage ist, selbst eine entsprechende Entscheidung treffen zu können. Der Kindeswille wird in diesem Zusammenhang also als verantwortliche Eigenentscheidung verstanden.[215] Wie schon erwähnt, kann nach Artikel 12 der UN - Kinderrechtskonvention eine Berücksichtigung des Willens nur entsprechend dem Alter und der Reife des Kindes erfolgen. Dies bedeutet, daß zu junge oder unreife Kinder, aber auch solche, die aufgrund von Krankheit oder anderen Hindernissen als nicht beurteilungsfähig zu erachten wären, also keine Entscheidungen wirksam treffen könnten. Diese aber auch von der Rechtsprechung entwickelten Kriterien, wie Reife und Urteilsfähigkeit[216], werden deswegen oftmals als unpassend bezeichnet, weil es so allein darauf ankommt, ab wann bei einem Kind Mitteilungsfähigkeit bezüglich seiner emotionalen Bindung erwartet werden kann. Schon als ausreichend werden dabei Artikulationsmöglichkeiten, die für einen in der Kommunikation erfahrenen Erwachsenen verständlich sind, erachtet. Verbale und indirekte Ausdrucksformen stehen gleichwertig nebeneinander und ergänzen sich vor allem bei kleineren Kindern.[217] Demgemäß wird es in der Rechtsprechung zum Beispiel auch für sinnvoll erachtet, ab dem 3. Lebensjahr den Kindern in Form einer Anhörung vor Gericht ihnen bezüglich ihres Willens Beachtung zu schenken.[218] Aber schon vom Gesetzgeber wurde im Rahmen des Sorgerechtsgesetzes von 1979 eine Aufnahme des Kindeswillens in die Normsetzung - etwa bei § 1671 - abgelehnt. Es wurden Bedenken gegen die Schaffung einer Entscheidungskompetenz des Kindes deswegen geäußert, weil eine übermäßige Belastung des Kindes,[219] massive Beeinflussungsversuche seitens der Eltern und eine Rechtsunsicherheit hinsichtlich der Urteilsfähigkeit des Kindes unter 14 Jahren befürchtet wurde.[220] Über § 50b FGG wird das Familiengericht heute jedoch gezwungen, das Kind in seiner Individualität, einschließlich seiner Wünsche wahrzunehmen. Diese Pflicht impliziert also auch die umfassende materiellrechtliche Beachtlichkeit

---

214 Vgl. dazu *Salgo*, Kind-Prax 1999, 179.
215 Vgl. dazu Staudinger/ *Coester*, § 1666, Rdnr. 73.
216 BayObLG, FamRZ 1982, 958; FamRZ 1980, 1064; FamRZ 1976, 38 (40); OLG Köln, FamRZ 1972, 264; OLG Koblenz, NJW 1989, 2201 (2202); LG Berlin, FamRZ 1969, 219.
217 *Münch-Komm/ Hinz*³, § 1671, Rdnr. 45.
218 BayObLG, FamRZ 1983, 948; KG FamRZ 1983, 1159 (1161); OLG Köln, FamRZ 1980, 1153 (1154); OLG Koblenz, NJW 1989, 2201 (2202); OLG Hamm, FamRZ 1986, 715 (716); BGH, FamRZ 1990, 392 (393).
219 BVerfG, NJW 1981, 217 (219).
220 BT - Drucksache 8/ 2788, 40, 61f.

des Kindeswillens.[221] Der Abgrenzungsmaßstab Kindeswille kann aber immer noch überall dort versagen, wo ein Kind nicht einmal eine Artikulationsfähigkeit besitzt. Im konkreten Fall kann der Kindeswille also nicht unbegrenzt einsetzbar sein. Gerade von einem Abgrenzungsmaßstab erwartet man jedoch, daß dieser einer unbegrenzten Allgemeingültigkeit unterliegt. Ein Abgrenzungsmaßstab muß die Schablone in unendlichen Einzelfällen und in aussichtslosen Situationen, also einen Garanten für eine brauchbare Lösung, darstellen können. Würde man die Abgrenzung der einzelnen Angelegenheiten innerhalb des § 1687 jedoch vom Kindeswillen abhängig machen, so ist nicht immer gewährleistet, daß ein brauchbares und vor allem eindeutiges Resultat erlangt werden kann. Beim Kleinkind scheidet Selbstbestimmungsfähigkeit aus und bei Heranwachsenden verdrängt der Gesichtspunkt der Eigenentscheidung zunehmend die Frage nach der inneren Bindung.[222] Mithin ist auch der Kindeswille kein geeigneter Maßstab, um eine konkrete Lösung für das Abgrenzungsproblem des § 1687 darzustellen, so daß ihm allenfalls eine ergänzende Wirkung im Rahmen der Entscheidungsfindung zugesprochen werden kann.

(2) Kindeswohl - Orientierung an § 1697a

Auch das Kindeswohl wurde innerhalb des § 1687 als eine zentrale Entscheidungsmaxime anerkannt.[223] Nach § 1687 Abs. 2 hat das Familiengericht immer dann eine Regelungskompetenz, wenn die Gefahr der Beeinträchtigung des Kindeswohls besteht. Aber gerade die Benutzung des Gesetzesbegriffs Kindeswohl ist mit Problemen behaftet, weil es sich um einen unbestimmten, abstrakten Formalbegriff handelt, der praktisch alle Deutungsmöglichkeiten zuläßt und keine Möglichkeit für die Entwicklung faßbarer Anweisungen und konkreter Entscheidungshilfen für den Richter bietet.[224] Es existiert also keine genaue Definition darüber, was unter dem Begriff Kindeswohl zu verstehen ist. Daher stellt sich auch die Frage, durch wen und wie wohl am Maßstab des Kindeswohls schließlich zu entscheiden ist. In Hinblick auf Sorgerechtsentscheidungen kann eine wesentliche Aussage bereits dahingehend getroffen werden, daß auch bei Verwendung des Kindeswohls als Entscheidungsmaßstab[225] das Kindesinteresse anderen Interessen gegenüber, insbesondere auch derjenigen der Eltern, den Vorrang hat.[226] Die Entscheidungen müssen also von vornherein kindzentriert gesucht und gefunden werden, wobei alle denkbaren sonstigen Gesichtspunkte

---

221 BT - Drucksache 8/ 2788, 73; BGH, NJW 1985, 1702 (1703).

222 *Staudinger/ Coester*, § 1671, Rdnr. 245.

223 BT - Drucksache 13/ 4899, 111.

224 *Coester*, Das Kindeswohl als Rechtsbegriff, 1 m.w.N; aber vgl. auch zum Problem: *Goldstein/ Freud/ Solnit*, Diesseits des Kindeswohls; *dies.*, Jenseits des Kindeswohls; *Mnookin*, FamRZ 1975, 1; *Simitis et al.*, Kindeswohl.

225 *Coester*, Das Kindeswohl als Rechtsbegriff, 439, 452.

226 *Staudinger/ Coester*, § 1671, Rdnr. 153, 154.

ihr Gewicht letztlich aus der Kindeswohlperspektive erhalten.[227] Das Gesetz genügt damit dem grundrechtlichen Anspruch des durch die Scheidung seiner Eltern ohnehin beeinträchtigten Kindes auf eine an seinem Wohle ausgerichtete Regelung.[228] Ein Vorrang des Kindesinteresses rechtfertigt sich damit nicht zuletzt aus der zentralen Betroffenheit des Kindes bei der Sorgerechtsregelung und seiner Individualität als Grundrechtsträger.[229] Letztlich soll jedoch eine Anwendung des Kindeswohls als Entscheidungsmaßstab innerhalb des § 1687 eine Entscheidung darüber ermöglichen, ob eine Angelegenheit, die im Leben des Kindes aufgetreten ist, für seine künftige Entwicklung und Sozialisation von geringer oder erheblicher Bedeutung sein wird.[230] Es soll also keine Beurteilung darüber erfolgen, ob die Erziehungskonstellation „gemeinsame Sorge“ als solche dem Kindeswohl dienlich erscheinen kann.[231] Bei einer derartigen Entscheidungsfindung verbietet es aber die Kehrseite des Kindeswohlprimats, kindesfremde Gesichtspunkte in die Abwägung, das heißt elterliche oder gesellschaftliche Interessen ohne Bezug oder gar in Widerspruch zu den Bedürfnissen des betroffenen Kindes, einzubringen.[232]

Eine nach § 1687 erfolgende Abwägung darüber, welche Wirkung die einzelne Angelegenheit auf das Kind entfalten wird, wird sicherlich zunächst durch die Eltern selbst vorgenommen werden. Sie müssen in erster Linie beurteilen, was dem Wohl des Kindes dienlich sein könnte. Erst wenn sie keine Einigung erzielen können, ist der Rechtsweg zur Entscheidungsfindung eröffnet.[233] Ziel eines jeden gerichtlichen Handelns wäre dann wiederum, dem Wohl des Kindes zu entsprechen. Das Kindeswohl hat also auch dann als zentrales Anknüpfungskriterium für Eingriffe in die elterliche Sorge zu gelten[234], denn sämtliche Detailfragen sorgerechtlicher Regelungen werden heute ausschließlich oder doch maßgeblich nach dem Kindeswohl getroffen.[235] Das Kindeswohl ist Maxime in der familiengerichtlichen Entscheidungsfindung, was auch im Gesetz durch § 1697 a zum Ausdruck kommt. Dabei ist allerdings zu berücksichtigen, daß schon in der Einleitung der Vorschrift die Nachrangigkeit gegenüber anderen Normen, die eine Konkretisierung des Kindeswohl schon enthalten, ausgedrückt wird. § 1697 a erhält so den Charakter einer Auffangvorschrift.[236] Nach § 1697 a

227 *Schwab/Motzer*, Handbuch des Scheidungsrechts, III, Rdnr. 115.
228 BVerfG, FamRZ 1982, 1179 (1184).
229 BVerfG, NJW 1981, 217 (218); BVerfGE 23, 217 (252).
230 *Staudinger/Salgo*, § 1687, Rdnr. 29.
231 *Schwab*, in: FS GAUL, 722.
232 *Staudinger/Coester*, § 1671, Rdnr. 160.
233 Vgl. VI., oben.
234 *Bäumel/Rogner*, § 1697 a, Rdnr. 2 m.w.N.
235 *Diederichsen*, in: FS ROLLAND, 93.
236 *Schwab/Motzer*, Handbuch des Scheidungsrechts, III, Rdnr. 116; *Lipp/Wagenitz*, § 1697 a, Rdnr. 1.

sind die Sorge für das Kind und damit das Wohl des Kindes nicht abstrakt, sondern stets unter Berücksichtigung der tatsächlichen Gegebenheiten und Möglichkeiten sowie die berechtigten Interessen der Beteiligten zu konkretisieren.[237] Zur Verwirklichung der Individualgerechtigkeit für das Kind sind also alle gegenwärtigen Umstände des konkreten Falls sowie die zukunftsorientierten Aspekte, die das Wohl des Kindes betreffen, unter angemessener Berücksichtigung der Interessen der an der Erreichung des Kindeswohls mitbeteiligten Personen, aufzuklären und abzuwägen, um die für das Kindeswohl bestmögliche Lösung zu erzielen. Auch innerhalb des § 1687, der keine Konkretisierung des Kindeswohlbegriffs enthält, sind sie daher ausschlaggebend dafür, welche Angelegenheit für das weitere Wohl des Kindes als erheblich zu gelten hat, genauer ob sie sich für die künftige Entwicklung und Sozialisation des Kindes als von entscheidender Bedeutung erweisen wird. Fraglich ist jedoch, welche Umstände innerhalb einer Trennungssituation der Eltern unter tatsächlichen Gegebenheiten und Möglichkeiten, sowie Interessen der Beteiligten zu subsumieren sind, die schließlich auch für eine entsprechende Einstufung einer einzelnen Angelegenheit hilfreich sein können.
Zunächst festzustellen wäre also, welche Gegebenheiten sich durch eine Trennung der Eltern tatsächlich für eine bisher intakte Familie ergeben: Primäre und sicherlich schwerwiegendste Folge ist sicherlich die Erkenntnis, daß die Trennung der Eltern als dauerhaft zu gelten hat.[238] Es entsteht die Notwendigkeit der Formierung einer Nachscheidungsfamilie. Des weiteren wird sich durch die Trennung der Eltern auch der tatsächliche Umstand ergeben, daß das Kind i.d.R. nunmehr seinen Lebensmittelpunkt bei nur einem Elternteil wiederfindet, also dauerhaft nur mit diesem auch zusammenlebt. Aber schon allein die Wahl des Lebensmittelpunktes des Kindes kann ein Problem darstellen, was eine Entscheidung am Maßstab Kindeswohl erfordert: nur bei demjenigen Elternteil, der für das Wohl des Kindes am besten sorgen kann, wird das Kind auch seinen Lebensmittelpunkt begründen. Für eine entsprechend zu treffende Abwägung wären dann wiederum die jeweiligen Möglichkeiten, die sich dem Kinde durch den Aufenthalt bei dem jeweiligen Elternteil für seine zukünftige Sozialisation nach dem Zusammenbruch der intakten Familie eröffnen, mit zu berücksichtigen.[239] Innerhalb des § 1697 a gilt es problemlos für zulässig, diese Möglichkeiten neben den tatsächlichen Gegebenheiten in eine Abwägung einzubeziehen, denn sie laufen nach dem Wortlaut des Gesetzes gleichberechtigt einher.[240] Welche Möglichkeiten der späteren Sozialisation sich jedoch konkret für ein Kind ergeben, ist nicht vorhersehbar, sondern muß vielmehr im Einzelfall bestimmt wer-

---

237 *Johannsen/ Henrich/ Jaeger*, § 1697 a, Rdnr. 1; *Lipp/ Wagenitz*, § 1697 a, Rdnr. 2.
238 *Staudinger/ Salgo*, § 1687, Rdnr. 29.
239 *Staudinger/ Salgo*, § 1687, Rdnr. 29.
240 BT - Drucksache 13/ 4899, 111.

den. Eventuelle Möglichkeiten können aber im Interesse des Kindes ausschlaggebend dafür sein, ob die Regelung einer Angelegenheit dem Kindeswohl dienlich erscheinen kann. Es kann so im Einzelfall beurteilt werden, ob eine Angelegenheit, die im Leben des Kindes aufgetreten ist, für seine zukünftige Entwicklung und Sozialisation von entscheidender Bedeutung sein wird.
Aber auch eine solche Vorgehensweise vermag das dem Begriff Kindeswohl immanente Defizit nicht auszugleichen: Die Bildung von Deutungsmöglichkeiten, wie auch die Entwicklung faßbarer Anweisungen und konkreter Entscheidungshilfen darüber, was allgemeingültig unter dem Wohl des Kindes zu verstehen ist, kann durch die Heranziehung der tatsächlichen Gegebenheiten und Möglichkeiten ebenfalls nicht erreicht werden. Mithin bleibt das Kindeswohl ein unbestimmter Rechtsbegriff, der auch im Einzelfall, etwa bei einer Abgrenzung der einzelnen Angelegenheiten innerhalb des § 1687, nur eine ergänzende Wirkung entfalten kann.

(3) Erziehungsvorstellungen der Eltern

Des weiteren könnte eine Auswertung gemeinsam durch die Eltern im Laufe der Zeit entwickelter Erziehungsvorstellungen brauchbare Ergebnisse dafür liefern, welche Angelegenheiten im Leben des Kindes als alltäglich und welche als erheblich zu gelten haben. Wie sich aus Art. 6 Abs. 2 Satz 1 GG ergibt, ist es zunächst Sache der Eltern, Erziehungsziele selbst zu wählen und diese im Sinne des Kindeswohls umzusetzen.[241] Weiterhin sind sie nach § 1626 berechtigt und verpflichtet, die persönlichen Angelegenheiten ihres Kindes zugunsten seiner Entwicklungschancen mit ihren Entscheidungen individuell zu lenken.[242] Im Gegensatz zur elterlichen Sorge aber, die nach § 1626 Abs. 1 Vermögens- und Personensorge umfaßt, ist nach § 1631 Abs. 1 für die Erziehung nur die Personensorge von Bedeutung. Erziehung bedeutet in diesem Zusammenhang meist Sorge für die sittliche, geistige und körperliche Entwicklung sowie die Bestimmung der Schul- und Berufsausbildung.[243] Fragen der Erziehung strahlen aber wiederum auf die anderen Bereiche der Personensorge, wie Pflege, Beaufsichtigung und Aufenthaltsbestimmung, aus.[244] Unter Pflege wird Ernährung, Bekleidung, Reinigung und ärztliche Betreuung des Kindes verstanden.[245] Dies bedeutet daher, daß die Erziehungsvorstellungen der Eltern als Abgrenzungsmaßstab von vornherein auch nur auf Angelegenheiten innerhalb der Personensorge anwendbar wären. Anhand dieser müßte dann im Streitfall darüber entschieden werden, ob eine konkrete Angelegenheit für das Kind eine erhebliche Wirkung entfalten kann, also ein einvernehmliches Handeln beider Eltern notwendig ist.

---

241 *Giesen*, Familienrecht, Rdnr. 619.
242 *Büdenbender*, AcP 197, 196 (219).
243 *Soergel/ Strätz*[12], § 1631, Rdnr. 4.
244 *Staudinger/ Salgo*, § 1687, Rdnr. 35.
245 *Soergel/ Strätz*[12], § 1631, Rdnr. 3.

Ihre Grundrichtung haben die gemeinsamen Erziehungsvorstellungen der Eltern schon während des familiären Zusammenlebens erhalten.[246] Dabei hat sich herausgestellt, was in ihren Augen eine erhebliche und was eine alltägliche Angelegenheit in ihrer Wirkung auf das Kind darstellen soll. Zwar hebt das Getrenntleben das Elternrecht auf Pflege und Erziehung ihrer Kinder nicht auf[247], jedoch ist von einer modifizierten Ausgangslage auszugehen: Unter den veränderten Lebensumständen können erhebliche Angelegenheiten schnell eher als unbedeutend erscheinen oder auch umgekehrt. Zwar wäre bis zu einem bestimmten Grad feststellbar, wie eine Angelegenheit einzustufen ist, jedoch läßt sich auch so nicht eindeutig festlegen, wie denn in Krisensituationen oder Grenzfällen zu verfahren ist. Was in Erziehungsfragen bei bestehender Lebensgemeinschaft von Eltern gilt, kann daher im Kontext des § 1687 nicht unbesehen den Maßstab bilden.[248] Des weiteren führen gerade Zweifelsfälle in Fragen der Erziehung zu einer Qualifizierung der einzelnen Angelegenheit als Alltagssorge im Sinne von § 1687 Abs. 1 Satz 2[249], weil ansonsten bei dauerndem Streit über Erziehungsfragen und Freizeitaktivitäten oder gar bei ständiger Einmischung des anderen Elternteils in die Erziehung des Kindes durch den Betreuungselternteil zu scheitern droht. Die dann entstehenden Verunsicherungen des Elternteils wirken sich negativ auf die künftige Sozialisation des Kindes aus und sind daher unbedingt zu vermeiden.[250] Bei der Wahl der Erziehungsvorstellungen als Abgrenzungsmaßstab innerhalb des § 1687 kann dies aber gerade nicht gewährleistet werden. Dadurch also, daß Erziehungsvorstellungen als Abgrenzungsmaßstab nur auf Angelegenheiten der Personensorge anwendbar sind und womöglich zu einer erhöhten Verunsicherung der Elternteile beitragen, sind sie nicht dazu geeignet, eindeutige Abgrenzungsergebnisse für die Praxis zu liefern.

d) Verwendung des Begriffs erheblicher und alltäglicher Angelegenheiten an weiteren Stellen im Bürgerlichen Gesetzbuch

Eine Bestimmung dessen, was als eine erhebliche oder alltägliche Angelegenheit in Bezug auf die Auswirkungen auf das Kind zu gelten hat, könnte schließlich auch durch Heranziehung von außerhalb des § 1687 existierenden Auslegungen der Begriffe alltäglich und erheblich erfolgen. Der Begriff einer Angelegenheit von erheblicher Bedeutung wird ebenfalls in § 1628 verwand: eine Übertragung eines Alleinentscheidungsrechtes auf einen Elternteil in einer einzelnen Angelegenheit oder in einer bestimmten Art von Angelegenheiten der elterlichen Sorge kann nur dann erfolgen, wenn deren Regelung für das Kind

---

246 In der Regel soweit Eltern jemals zusammengelebt haben.
247 *Schwab*, Familienrecht, Rdnr. 442.
248 *Staudinger/ Salgo*, § 1687, Rdnr. 35.
249 Vgl. Empfehlung des Deutschen Familiengerichtstages, in: FamRZ 1993, 1164.
250 *Staudinger/ Salgo*, § 1687, Rdnr. 35.

auch von erheblicher Bedeutung ist. Der Begriff einer Angelegenheit des täglichen Lebens taucht in § 1688 Abs. 1 wieder auf: der Pflegeperson wird, ähnlich dem betreuenden Elternteil in § 1687, ein Alleinentscheidungsrecht zugesprochen.

(1) § 1628 - Entscheidungsbefugnis bei Meinungsverschiedenheiten

Innerhalb des § 1628 ist es für die Übertragung eines Alleinentscheidungsrechtes auf einen Elternteil maßgeblich, daß es sich um eine Angelegenheit von erheblicher Bedeutung handelt. Der Begriff der Angelegenheit von erheblicher Bedeutung wird also hier, zumindest auf den ersten Blick, genauso verwandt wie in § 1687. Daher kann es naheliegend sein, eine eventuell existierende Auslegung des Begriffs „erheblich" und bereits ergangene Rechtsprechung zu § 1628 für eine Konkretisierung auch innerhalb des § 1687 heranzuziehen. Vom Rechtsausschuß, wie auch der in zu § 1687 verfaßten Literatur, wurde ein solches Vorgehen befürwortet. Eine Auslegung einer Angelegenheit von erheblicher Bedeutung innerhalb des § 1687 soll in Anlehnung an § 1628 erfolgen.[251] Problematisch ist jedoch, daß auch innerhalb des § 1628 keine definitorische Festlegung dahingehend erfolgt, was genau unter einer Angelegenheit von erheblicher Bedeutung zu verstehen ist. Daher kann tatsächlich auch nur auf die erfolgte restriktive Auslegung[252] und die Konkretisierung durch die Rechtsprechung Bezug genommen werden. Im Rahmen der Auslegung wurde in diesem Zusammenhang eine Angelegenheit von erheblicher Bedeutung immer dann angenommen, wenn sie für das Kind eine besondere Wichtigkeit entfaltete. Bei der Beurteilung der Wichtigkeit der einzelnen Angelegenheit wiederum, wurde stets die Wirkung der Uneinigkeit auf das Kind berücksichtigt.[253] Durch die Rechtsprechung wurden so als wichtig bzw. erheblich innerhalb des § 1628 etwa Grundsatzfragen des Religionsbekenntnisses (§ 2 Abs. 3 RKEG), der Berufsausbildung (§ 1631 a),[254] der Schulauswahl,[255] Unterbringung im Landschulheim oder im Elternhaus,[256] die Wahl des Vornamens,[257] und des Aufenthaltes[258] an-

[251] Vgl. etwa: BT - Drucksache 13/ 8511, 75; BT - Drucksache 13/ 4899, 107; IV. 2., oben; aber auch: *Bäumel/ Rogner*, § 1687, Rdnr. 11; *Greßmann*, Neues Kindschaftsrecht, Rdnr. 247; *Jauernig/ Berger*, § 1687, Rdnr. 3; *Johannsen/ Henrich/Jaeger*, § 1687, Rdnr. 3; *Keller*, Das gemeinsame Sorgerecht nach der Kindschaftsrechtsreform, 84; *Palandt/ Diederichsen*, § 1687, Rdnr. 7; *Hülsmann/ Klattenhoff/ Runge*, Band 3, § 1687, Rdnr. 1, 2; *Schwab/ Motzer*, Handbuch des Scheidungsrechts, III, Rdnr. 47; *Staudinger/ Salgo*, § 1687, Rdnr. 29.

[252] *Palandt/ Diederichsen*, § 1687, Rdnr. 3.

[253] *Palandt/ Diederichsen*, § 1687, Rdnr. 4.

[254] OLG Hamm, FamRZ 1966, 209; OLG Celle, FamRZ 1955, 213.

[255] LG Berlin 1982, 839; AG Wennigsen/ Deister, FamRZ 1955, 213.

[256] AG Hamburg, FamRZ 1961, 123.

[257] OLG Frankfurt am Main, FamRZ 1975, 55.

[258] BGHZ 20, 313; OLG Frankfurt am Main, FamRZ 1961, 273.

gesehen. Eine solche Aufzählung ließe sich anhand der schwer überschaubaren Rechtsprechung[259] beliebig fortsetzen, ohne dabei aber je dem Anspruch gerecht werden zu können, abschließend zu sein.[260] Eine abschließende Aufzählung kann aber auch schon allein deswegen nicht gelingen, weil § 1628 in der Vergangenheit zur Konfliktlösung in rechtlicher Hinsicht selten zur Anwendung kam. Die Eltern wandten sich in Konfliktfällen nicht an das Gericht, sondern trugen Meinungsverschiedenheiten in der Familie aus.[261] Mithin ist von weitaus mehr möglichen Streitfällen auszugehen, also einer Dunkelziffer, als durch die Rechtsprechung des § 1628 jemals erfaßt werden konnte.
Zu klären bleibt daher in Hinblick auf § 1687 immer noch die Frage, ob unter Zuhilfenahme dieser zu § 1628 ergangenen Rechtsprechung es möglich sein wird, allgemeingültig festzulegen, was unter dem Begriff einer erheblichen Angelegenheit zu verstehen ist. Man begibt sich daher eher auf den Weg nach der Suche einer allgemeingültigen Formel, als den Versuch zu unternehmen, eine abschließende Aufzählung vorzunehmen. Unter Zuhilfenahme des § 1628 kann jedoch nur dann tatsächlich eine allgemeingültige Ausgangsposition für § 1687 geschaffen werden, wenn auch sonst die Anwendung der jeweiligen Normen unter sich nicht unterscheidenden Voraussetzungen erfolgt.
Tatsache ist, daß bislang § 1628 immer dann Anwendung findet, wenn es sich noch um eine zusammenlebende Familie handelt.[262] Auch geht es bei § 1628 um die auf eine konkrete Situation – einer einzelnen Angelegenheit – bezogene Zuteilung einer Entscheidungsbefugnis auf einen Elternteil.[263] Hingegen findet § 1687 Anwendung, wenn die Familie bereits zerfallen ist und das Kind seinen Lebensmittelpunkt nur noch bei einem Elternteil besitzt. Auch bezieht sich das Alleinentscheidungsrecht innerhalb des § 1687 auf alle die sich bei dem betreuenden Elternteil ergebenden alltäglichen Angelegenheiten. Bei Angelegenheiten von erheblicher Bedeutung ist ein einvernehmliches Handeln erforderlich. In § 1687 reduziert sich also die Alleinentscheidungsbefugnis nicht auf eine konkrete Angelegenheit. Somit unterscheiden sich § 1687 und § 1628 in Regelungs- und Anwendungsbereich erheblich. Auch ist die Situation einer zusammenlebenden Familie mit der einer getrenntlebenden nicht vergleichbar. Schnell können Angelegenheiten, die vorher als erheblich einzustufen waren, bei einem Getrenntleben ihre Bedeutung verlieren. Einfach auf die innerhalb der Rechtsprechung zu § 1628 begründeten Beispiele Bezug zu nehmen, würde daher zu einer Verzerrung der Bedeutung einer Angelegenheit für ein Kind aus einer Trennungsfamilie führen. Zwar könnten die durch § 1628 erlangten Auslegungs- und Rechtsprechungsergebnisse Richtschnur für eine Qualifizierung einer Angele-

[259] Vgl. etwa auch OLG Stuttgart, FamRZ 1999, 39.
[260] *Staudinger/ Salgo*, § 1687, Rdnr. 27.
[261] *Schwab*, in: FS GAUL, 719 (720).
[262] *Lüderitz*, Familienrecht, Rdnr. 819.
[263] Vgl. VI. 2., oben.

genheit auch innerhalb des § 1687 sein, jedoch sind diese nicht dazu geeignet, auch in Bezug auf die sich in § 1687 ergebende Abgrenzungsproblematik brauchbare Ergebnisse für die Praxis zu erlangen. Allein aus der begrifflichen Übereinstimmung, wenn diese auch durch den Rechtsausschuß bewußt vorgenommen wurde, kann daher innerhalb des § 1687 nicht so ohne weiteres Bezug auf § 1628 genommen werden.

(2) § 1688 - Entscheidungsbefugnis bei Fremdbetreuung

In § 1688 Abs. 1 wird der Pflegeperson des Kindes in Angelegenheiten des täglichen Lebens ein generelles Alleinentscheidungsrecht sowie eine Vertretungsbefugnis gegenüber dem Inhaber der elterlichen Sorge zugesprochen. Es könnte also aufgrund der begrifflichen Übereinstimmung zu § 1687 möglich sein, daß die durch Rechtsprechung und Lehre zu § 1688 entwickelten Beispiele einer Angelegenheit von alltäglicher Bedeutung auch eine konkretisierende Wirkung auf § 1687 in der Weise zulassen, daß eine genauere Abgrenzung zwischen einer alltäglichen und einer erheblichen Angelegenheit gelingt.

Zuvor kann es sich aber für die Entwicklung dessen, was im Rahmen eines Pflegekindschaftsverhältnisses unter einer Angelegenheit des täglichen Lebens zu verstehen ist als hilfreich erweisen, die entsprechende Regelung vor dem 1. Juli 1998 zu betrachten. Vor der Kindschaftsrechtsreform war die elterliche Sorge für Kinder, die sich in Familienpflege befinden, durch die Vorschrift des § 38 SGB VIII geregelt. In Abs. 1 wurde beispielhaft aufgeführt, wann die Pflegeperson den Personensorgeberechtigten in der Ausübung der elterlichen Sorge vertreten durfte, wobei diese Formulierung so zu verstehen war, daß die Pflegeperson die Ausübung der tatsächlichen elterlichen Sorge anstelle der leiblichen Eltern vornehmen sollte:[264]

> „(1) Sofern nicht der Personensorgeberechtigte etwas anderes erklärt oder das Vormundschaftsgericht etwas anderes angeordnet hat, ist die Person, die im Rahmen der Hilfe nach §§ 33 bis 35 und 35 a Abs. 1 Satz 2 Nr. 3 und 4 die Erziehung und Betreuung übernommen hat, berechtigt, den Personensorgeberechtigten in der Ausübung der elterlichen Sorge zu vertreten, insbesondere
> 1. *Rechtsgeschäfte des täglichen Lebens* für das Kind oder den Jugendlichen abzuschließen und Ansprüche aus solchen Rechtsgeschäften geltend zu machen,
> 2. den Arbeitsverdienst eines Jugendlichen zu verwalten,
> 3. Unterhalts-, Versicherungs-, Versorgungs- und sonstige Sozialleisten für das Kind oder den Jugendlichen geltend zu machen oder zu verwalten,

[264] *Wiesner/ Kaufmann/ Mörsberger/ Oberloskamp/ Struck*[1], § 38, Rdnr. 17.

4. Im Rahmen einer Grundentscheidung des Personensorgeberechtigten Rechtshandlungen im Zusammenhang mit dem Besuch einer Tageseinrichtung oder der Schule oder mit der Aufnahme eines Berufsausbildungs- oder eines Arbeitsverhältnisses vorzunehmen,
5. Bei Gefahr im Verzug alle Rechtshandlungen vorzunehmen, die zum Wohl des Kindes oder des Jugendlichen notwendig sind; der Personensorgeberechtigte ist unverzüglich zu unterrichten."

Schon damals wurde also in dieser, sich außerhalb des Bürgerlichen Gesetzbuches befindlichen Vorschrift, der Begriff einer Angelegenheit des täglichen Lebens im Aufgabenkatalog des Abs. 1 verwendet. Die Fassung eines Aufgabenkatalogs in Abs. 1 des § 38 SGB VIII a.F. wurde vorgenommen, um so den Pflegeeltern materiellrechtlich, wenn auch außerhalb des Bürgerlichen Gesetzbuches, zumindest in den aufgeführten Fällen eine vermutete Vollmacht zur Vornahme von Handlungen zuzusprechen.[265] Vom Verfassen einer Generalklausel, etwa nach dem Vorbild des schweizerischen[266] Zivilgesetzbuches, was in Art. 300 Abs. 1[267] der Pflegeperson „unter dem Vorbehalt abweichender Vereinbarungen" der Eltern ein Vertretungsrecht in Ausübung der elterlichen Gewalt zugesteht, wurde 1990 bei Einführung des SGB VIII noch abgesehen. Der Wortlaut des schweizerischen Gesetzestextes war dabei zwar als zu generell kritisiert, dessen Idee jedoch nicht als grundlegend falsch bezeichnet worden:[268]

„Wird ein Kind Dritten zur Pflege anvertraut, vertreten sie unter Vorbehalt abweichender Anordnungen die Eltern in der Ausübung der elterlichen Gewalt, soweit es zur gehörigen Erfüllung ihrer Aufgaben angezeigt ist."

Dadurch also, daß im Unterschied zur deutschen Regelung des § 38 SGB VIII a.F., die Regelung des Art. 300 in der schweizerischen Lösung innerhalb des Zivilgesetzbuches wiederzufinden war, konnte den Pflegeeltern in der Schweiz materiellrechtlich eine generelle Vertretungsbefugnis gegenüber den leiblichen Eltern zur Ausübung der elterlichen Gewalt zugestanden werden[269]. Auch war die generelle Fassung des Art. 300 schweizerischen Zivilgesetzbuches so auch auf alle Pflegeverhältnisse anwendbar und die Benennung konkreter Beispiele in Form eines Aufgabenkatalogs nicht notwendig. Hingegen sprach die sich im Bürgerlichen Gesetzbuch befindliche Regelung des § 38 SGB VIII a.F. zugun-

---

265 *Wiesner/ Kaufmann/ Mörsberger/ Oberloskamp/ Struck*, § 38, Rdnr. 7.

266 In den Grundzügen wird die interessante schweizerische Rechtslage unter VIII., unten, aufgezeigt.

267 In der Fassung des Bundesgesetzes vom 26. 6. 1976.

268 *Schwab*, in: Schwab/ Zenz, Soll die Rechtsstellung der Pflegekinder unter besonderer Berücksichtigung des Familien-, Sozial- und Jugendrechts neu geregelt werden ?, Gutachten A zum 54. DJT, 65 (108).

269 *Hegnauer*, Grundriss des Kindesrechts, § 25 II 3, 130.

sten der Pflegeeltern lediglich eine Vollmachtsvermutung aus, die zugleich auch nur auf Pflegeverhältnisse innerhalb des Kinder- und Jugendhilferechts anwendbar war.[270]

Unter Anwendung dieses in § 38 SGB VIII a.F. enthaltenen Aufgabenkatalogs wurde schon innerhalb der früheren Rechtspraxis der Versuch gestartet zu ergründen, was denn genau unter einer Angelegenheit des täglichen Lebens zu verstehen ist. Dabei wurden beispielsweise das Abschließen von Kaufverträgen, Mitgliedschaften in Sportvereinen, Eröffnung eines Bankkontos, Geltendmachung von Gewährleistungsansprüchen als alltägliche Angelegenheiten bezeichnet.[271] Zu klären war dies nicht nur für Pflegekindschaftsverhältnisse innerhalb des Kinder- und Jugendhilferechts, sondern auch für Ausübung zivilrechtlicher Pflegekindschaftsverhältnisse, etwa nach § 1630 Abs. 3. Um aber auch diese regeln zu können, mußte man auf die außerhalb des Bürgerlichen Gesetzbuches befindliche Regelung des § 38 SGB VIII a. F. zurückgreifen. Infolgedessen wurde die Einordnung dieser Regelung in das SGB VIII vielfach auch nicht als einleuchtend bezeichnet[272].

Des weiteren war eine Änderung des systematischen Kontext des § 38 SGB VIII a. F. verfassungsrechtlich auch dadurch geboten, daß ein vehementer Unterschied zwischen sozialer Elternschaft und natürlicher Elternschaft besteht[273]. Nach der ergangenen Entscheidung des Bundesverfassungsgerichts stellt ein Pflegekindverhältnis keine Beziehung, die einer natürlichen vergleichbar wäre, zwischen Pflegeeltern und dem Kind her, so daß soziale Elternschaft, so wie natürliche Elternschaft, nicht durch Art. 6 Abs. 2 Satz 1 GG geschützt werden kann.[274] Es ist nur von einem natürlichen Recht der Eltern auf Pflege und Erziehung der Kinder auszugehen. Deshalb ist dieses Erziehungsrechtsverhältnis Dritten gegenüber einfachrechtlich in § 1626 zusätzlich dadurch abgesichert worden, daß das Sorgerecht der natürlichen Eltern als absolutes Recht ausgestaltet und verfassungsrechtlich als Institutsgarantie in Art. 6 GG im Kern verbürgt worden ist. Dieses ist nicht nur an dem überkommenden Inhalt des Instituts, sondern auch durch das im Text verwendete Adverb „zuvörderst" festzustellen.[275] Für den Gesetzgeber folgt also daraus, daß er nicht beliebig Sorgeberechtigungen Dritter einrichten darf, sondern diese einer besonderen Legitimati-

---

270 *Windel*, FamRZ 1997, 713.

271 *Wiesner/ Mörsberger/ Oberloskamp/ Struck*, § 38, Rdnr. 33.

272 *Salgo*, in: Wiesner/ Zarbock, Die Regelung der Familienpflege im KJHG, 155; *Schwenzer*, Empfiehlt es sich das Kindschaftsrecht neu zu regeln ?, Gutachten A zum 59. DJT, 83; *Windel*, FamRZ 1997, 713 (714).

273 BVerfGE 68, 176 (187).

274 BVerfGE 68, 176 (187); BVerfGE 79, 51 (60).

275 *Windel*, FamRZ 1997, 713 (714).

on bedürfen. Dieses gilt damit auch für die gesetzliche Regelung zur Ausübung eines Pflegekindschaftsverhältnisses, weil den Pflegeeltern neben oder an Stelle der leiblichen Eltern Entscheidungsrechte in Sorgerechtsfragen zufallen.
Vom Verfassen eines Aufgabenkataloges, wie in § 38 VIII SGB a.F., wurde in § 1688 auch erneut abgesehen. Es erfolgt nur eine besondere gesetzlichen Legitimation der Entscheidungs- und Vertretungsbefugnisse von nicht sorgeberechtigten Personen, in deren Obhut sich das Kind befindet. Nach Aussage des deutschen Gesetzgebers bildete Vorbild für die Fassung des § 1688 zwar wiederum der Wortlaut des Art. 300 des schweizerischen Zivilgesetzbuches.[276] Dadurch, daß sich die Vorschrift nun auch innerhalb des Bürgerlichen Gesetzbuches befindet und es sich materiellrechtlich so um eine echte Vertretungsbefugnis der Pflegeeltern handelt[277], wurde also einerseits nach schweizerischem Vorbild gehandelt. Im Unterschied zu Art. 300 des schweizerischen Zivilgesetzbuches erfolgte in § 1688 aber keine echte generalklauselartige Formulierung, wann und wie Pflegeeltern wirksam Aufgaben für ihre Schützlinge mit Bestand gegenüber den leiblichen Eltern wahrnehmen können. Statt dessen erfolgen durch den deutschen Gesetzgeber im Wortlaut des § 1688 ängstlich Präzisierungsbemühungen hinsichtlich pflegeelterlicher Befugnisse zur Verwaltung des Arbeitsverdienstes des Kindes, der Verwaltung und Geltendmachung von Unterhalts-, Versicherungs-, Versorgungs- und Sozialleistungen. Es wird so zum Ausdruck gebracht, daß solche Aufgaben nicht unbedingt zu Angelegenheiten des täglichen Lebens hinzugerechnet werden können und der Begriff einer Angelegenheit des täglichen Lebens für den Gesetzgeber innerhalb des § 1688 auch weiterhin problematisch bleibt. Auch wird im Gegensatz zu Art. 300 des schweizerischen Zivilgesetzbuches, der nur aus einem einzig generell formulierten Satz besteht, in § 1688 des Bürgerlichen Gesetzbuches einer abweichenden Anordnungsbefugnis der Eltern sowie dem Kindeswohl ein eigenständiger dritter Absatz gewidmet. Letztendlich müssen für die Vorschrift vier Absätze verfaßt werden. In § 1688 ging daher der Gedanke einer elegant formulierten Generalklausel verloren. Somit muß die mit § 1688 gefundene Lösung trotz der Präzisierungsbemühungen in Klarheit und Flexibilität weit hinter das schweizerische Vorbild zurückfallen.[278]

Im Unterschied zu § 1687 erfolgt innerhalb des § 1688 trotz der Ausführlichkeit des Paragraphen keine Niederschrift einer Legaldefinition dahingehend, was Pflegeeltern unter einer Angelegenheit des täglichen Lebens zu verstehen haben. Ausgerechnet hinsichtlich dieses Begriffes sah man also keine Notwendigkeit einer Präzisierung. Es wird vielmehr durch die einschlägige Literatur darauf

---

276 BT - Drucksache 13/ 4899, 108; vgl. Fußnote 232, oben.
277 *Staudinger/ Salgo*, § 1688, Rdnr. 7.
278 *Salgo,* FamRZ 1999, 337 (342); *Staudinger/ Salgo*, § 1688, Rdnr. 6.

verwiesen, der Definition in § 1687 Abs. 1 Satz 3 zu folgen.[279] Innerhalb der §§ 1687, 1688 kommt es daher bezüglich Auslegung und Definition des in den Normen enthaltenen Begriffes einer Angelegenheit von alltäglicher Bedeutung zu Querverweisen. Ähnlich des Verweises von § 1687 zu § 1628 für den Begriff einer Angelegenheit von erheblicher Bedeutung könnte auch hinsichtlich eines Verweises von § 1688 zu § 1687 gelten, daß eine solche wiederum ausgeschlossen werden muß, weil eben bei der Schaffung der einzelnen Normen unterschiedliche Motivationsvoraussetzungen gegeben waren. Ein Verweis des § 1688 zu § 1687, sowie umgekehrt, könnte daher zur begrifflichen Klärung einer Angelegenheit des täglichen Lebens nicht zulässig sein: Zwar sind es zwei im Bürgerlichen Gesetzbuch aufeinanderfolgende Normen, sie könnten also gesetzessystematisch eng miteinander verbunden sein und sich in nichts unterscheiden. Es ist jedoch zu beachten, daß es sich in § 1688 um Pflegeeltern handelt, die ein Entscheidungsrecht in Angelegenheiten des täglichen Lebens ausüben sollen. Wie aber bereits erwähnt, sind Pflegeeltern nicht gleichzeitig Inhaber des elterlichen Sorgerechts um die Kinder, eine soziale der natürlichen Elternschaft nicht gleichgesetzt. Pflegeeltern ist lediglich die Besorgung einzelner Angelegenheiten oder eines umschriebenen Kreises von Angelegenheiten für den Pflegling gestattet.[280] Die Pflegekindschaft ersetzt die elterliche Sorge also nur in Teilbereichen, ansonsten bleiben die Eltern weiterhin zuständig.[281] Nach § 1688 Abs. 3 haben Pflegeeltern auch jederzeit einen Entzug ihrer Berechtigung durch die Inhaber der elterlichen Sorge oder das Familiengericht zu befürchten. Leibliche Eltern können also als Inhaber des Sorgerechtes über die Kinder eigenmächtig Entscheidungen der Pflegeeltern jederzeit rückgängig machen, ohne in eine Kompetenzstreitigkeit hineinzugeraten. In § 1687 ist eine derartige Intervention durch den nicht betreuenden Elternteil bei Handlungen des betreuenden Elternteils, solange es sich eindeutig auch um eine Angelegenheit des täglichen Lebens handelt, nicht möglich. Das Alleinentscheidungsrecht ist eine dauerhafte Kompetenz des betreuenden Elternteils in allen Fragen der alltäglichen Betreuung. Außer bei Streit zwischen den Sorgeberechtigten selbst besteht keine Gefahr, daß es zu einer Begrenzung oder einem Entzug ihrer durch § 1687 zugestandenen Befugnisse kommt. In § 1687 ist daher eine differenziertere Ausgangsposition festzustellen: Es sind allein die Eltern als Inhaber des Sorgerechtes gemeinsam für das Kind zuständig.

Weiterhin unterscheidet sich die Konstellation des § 1687 zu § 1688 darin, daß das Kind nur seine leiblichen Eltern als Bezugspersonen kennt bzw. seinem gewohnten Umfeld zugeordnet wird, auch wenn es längst zu einem Zerfall der ur-

---

279 *Staudinger/ Salgo*, § 1688, Rdnr. 20; *Jauernig/ Chr. Berger*, § 1688, Rdnr. 3.

280 *Jauernig/ Berger*, Vorbemerkung zu § 1909, Rdnr. 1; *Lüderitz*, Familienrecht, Rdnr. 1165.

281 *Münder*, Kinder- und Jugendhilferecht, Band 1, 174.

sprünglichen Familie gekommen ist. Das Kind wird also nicht zwei verschiedenen Betreuungskreisen, wie bei einem längerfristigen Pflegeverhältnis[282], zugeordnet.

Schließlich könnte eine Verweisung des § 1688 auf § 1687 dadurch scheitern, daß infolge der genannten verschiedenen Grundvoraussetzungen unter Angelegenheiten des täglichen Lebens in § 1687 etwas anderes zu verstehen ist, als in § 1688. Pflegefamilien, die Kinder, womöglich auch über einen längeren Zeitraum, erziehen und betreuen, müssen sicherlich größtenteils identische Aufgaben mit einem alleinbetreuenden Elternteil erledigen. Das Kindschaftsrechtsreformgesetz hat sich daher hinsichtlich der Angelegenheiten des täglichen Lebens auch nicht für unterschiedliche Reichweiten der Befugnisse ausgesprochen.[283] In der gesetzlichen Begründung zu § 1688 heißt es, daß Pflegeeltern faktisch die Erziehung des Kindes und des Jugendlichen wahrnehmen und so in die gesetzliche Vollmachtsvermutung des § 1688 zumindest mit einbezogen werden sollten.[284] Anhaltspunkte darüber, was in § 1688 unter einer Angelegenheit des täglichen Lebens zu verstehen ist, etwa wie in § 38 Abs. 1 SGB VIII a. F., werden durch den Gesetzgeber jedoch nicht gegeben. Eine Angelegenheit des täglichen Lebens wird im Gesetz lediglich in § 1687 Abs. 1 Satz 3 definitorisch festgelegt. Was infolgedessen in § 1687 praktisch unter einer alltäglichen Angelegenheit verstanden werden kann, nämlich beispielsweise Fragen der medizinischen Versorgung bei leichten Erkrankungen, unbedeutende Fragen im Rahmen der schulischen oder beruflichen Ausbildung, Einzelentscheidungen in Umgangsfragen, wurde bereits zuvor an anderer Stelle aufgezeigt.[285] Fraglich ist hier, ob die in der Rechtsprechung zu § 1687 begründeten Einzelbeispiele auch innerhalb des § 1688 zutreffen, also auch eine genauere Umschreibung des Begriffes einer alltäglichen Angelegenheit, auch mit präzisierender Rückwirkung auf § 1687, erreicht werden kann. Eine alltägliche Lebensgestaltung des Kindes als solche wird sich sicherlich allein durch eine pflegeelterliche Betreuung anstelle der leiblichen Eltern nicht sehr viel ändern. Schulische und berufliche Verpflichtungen, etwa wie auch die Notwendigkeit einer medizinischen Versorgung müssen sich in einem solchen Verhältnis mindestens genauso ergeben. Alltägliche, wie auch Entscheidungen von einer gewissen Wichtigkeit, wiederholen sich meist stereotypisch in unzähligen Lebensläufen. Der Vielfältigkeit der sich ergebenden Lebensläufe dürften daher zumindest in Erschließung einzelner Lebensbereiche, absehbare, auch wenn nicht absolute, Grenzen gesetzt sein. Somit werden die im üblichen Sozialisationsprozess anfallenden Angelegenheiten wahr-

---

282 *Münder*, Kinder- und Jugendhilferecht, Band 1, 191.

283 *Staudinger/ Salgo*, § 1688, Rdnr. 20.

284 BT - Drucksache 13/ 4899, 155.

285 Vgl. IV. 3., oben, aber auch V. 3., unten.

scheinlich größtenteils identisch sein. Zu beachten bleibt aber, daß abgesehen davon leibliche Eltern zwar durch § 1687 und Pflegeeltern durch § 1688 eine gesetzliche Entscheidungsbefugnis erhalten [286], jedoch ist innerhalb des § 1688 stets ein Vorrang des Inhabers der elterlichen Sorge zu verzeichnen. Dieser kann die Befugnisse der Erziehungspersonen enger oder weiter ausgestalten.[287] Die leiblichen Eltern könnten also darüber befinden, ob eine Angelegenheit als alltäglich oder erheblich zu gelten hat, auch wenn sie augenscheinlich in ihrer Einstufung eindeutig gewesen wäre. Innerhalb des § 1688 kommt es also zwischen den leiblichen und erziehenden Eltern zum Abschluß eines Pflegeverhältnisses, dessen Zielrichtung immer noch durch die leiblichen Eltern bestimmt werden kann. Sie können im Vorfeld eine Angelegenheit als alltäglich oder erheblich nach ihrer individuellen Auffassung klassifizieren, also bestimmen, ob eigenmächtig durch die Pflegeeltern gehandelt werden kann, oder ob Einvernehmen notwendig ist. Angesichts dessen können Angelegenheiten, die innerhalb des § 1687 Abs. 1 Satz 3 als alltäglich zu bezeichnen sind, innerhalb des § 1688 für die Pflegeeltern leicht zu einer solchen von erheblicher Bedeutung werden. Die Pflegeeltern können dann also nicht eigenmächtig, sondern nur mit Einvernehmen der sorgeberechtigten leiblichen Eltern handeln. Eine Entscheidung der Pflegeeltern über das Vorliegen einer Angelegenheit des täglichen Lebens nach der Auslegungspraxis des § 1687 Abs. 1 Satz 3 kann daher nicht so ohne weiteres erfolgen. Es ist nämlich nicht klar, ob durch die sorgeberechtigten Eltern zuvor die konkrete Angelegenheit zu einer Entscheidung durch die Pflegeeltern freigegeben wurde, also zu einer alleinigen Entscheidung als alltägliche Angelegenheit überlassen, oder ob sie mit einer alleinigen Entscheidungsbefugnis durch die Eltern behaftet ist. Eine genaue Festlegung, was als alltägliche Angelegenheit im allgemeinen zu gelten hat, kann daher auch nicht dadurch erreicht werden, indem zwischen den einzelnen Paragraphen hin und her verwiesen wird. Die Grundvoraussetzungen und Praxis des § 1688 unterscheiden sich erheblich von der des § 1687. Zwar können die in § 1687 zu entscheidenden Fälle Richtschnur dafür bilden, was in den einzelnen Situationen als alltäglich zu gelten hat. Es kann aber mit Hilfe von Verweisen für die einzelnen Paragraphen aufeinander keine verläßliche Formel dahingehend bestimmt werden, was denn nun als alltäglich oder erheblich zu gelten hat. Für die Auslegung einer Angelegenheit von alltäglicher Bedeutung kann die Praxis des § 1687 innerhalb des § 1688 genauso wenig beitragen, wie umgekehrt.

---

286 *Wiesner/ Mörsberger/ Oberloskamp/ Struck*, § 38, Rdnr. 18.

287 *Wiesner/ Mörsberger/ Oberloskamp/ Struck*, § 38, Rdnr. 20.

d) Fazit

Abschließend verbleibt daher nach dieser soeben aufgezeigten Darstellung auch nur eine vorläufige Feststellung dahingehend, daß sich durch keinen der aufgezeigten Abgrenzungsmaßstäbe für die innerhalb des § 1687 ergebende Abgrenzungsproblematik einer in der Praxis gut anwendbarer Lösungsansatz bestimmen läßt. Ein Anspruch der Vollständigkeit bezüglich der aufgezeigten Abgrenzungsmöglichkeiten innerhalb des § 1687 kann sicherlich nicht erhoben werden. Trotzdem muß es vorerst als zweifelhaft gelten, ob der Komplexität eines kindlichen Lebens jemals durch irgendeine Abgrenzungshilfe entsprochen werden kann. Aufgrund dessen muß daher bei einem Streit um eine Qualifizierung einer einzelnen Angelegenheit innerhalb des § 1687 vorerst zwangsläufig in der Weise vorgegangen werden, daß man eine Einstufung der einzelnen Angelegenheiten nach dem „Entweder – Oder – Prinzip" vornimmt, wie auch der Vorschlag des Gesetzgebers lautete: Es muß also alles was nicht definitorisch als eine Angelegenheit des täglichen Lebens gemäß § 1687 Abs. 1 Satz 3 angesehen werden kann, als eine solche von erheblicher Bedeutung eingestuft werden. Als richtungsweisende Abgrenzungskriterien haben daher Häufigkeit des Vorkommens einer einzelnen Angelegenheit und Abänderbarkeit der durch sie auf das Kind zu erwartenden Auswirkungen zu gelten.

Ob aber ein solches Vorgehen imstande sein wird, dauerhaft befriedigende Ergebnisse für die Rechtspraxis leisten zu können, muß meiner Ansicht nach als fragwürdig erscheinen: Im Mittelpunkt steht schließlich die Suche nach der jeweils richtigen Entscheidung, die dem Wohl des Kindes am besten entspricht.[288] Es soll also nicht irgendeine beliebige Entscheidung ergehen, also alles was *per definitionem* nicht als alltäglich bezeichnet werden kann, dann schließlich als erheblich einzustufen. Gerade dieses wird aber als Resultat eines Vorgehens nach dem „Entweder – Oder – Prinzip" eintreten. Solange innerhalb der Familie auf eine solche Art und Weise nach der dem Wohl des Kindes am besten entsprechenden Entscheidung gesucht wird, könnten Auswirkungen einer Fehlentscheidung allein schon vehemente Nachteile für das Kind oder seine Familie bedeuten. Wirklich fatale Auswirkungen werden elterliche Fehlentscheidungen zumindest aber immer dann entwickeln, wenn dem zugehörigen elterlichen Handlungsakt Außenwirkung verliehen wird, und es so leicht zu einer Beeinträchtigung der Sicherheit im Rechtsverkehr kommen kann. Der Familie kann es dann nicht mehr überlassen werden, eine Lösung der Problemsituation aus eigenen Kräften herbeizuführen. Bei einer möglichen Beeinträchtigung des Rechtsverkehrs muß es vielmehr zu einer eindeutigen Lösung des elterlichen Konflikts kommen können, was eben durch eine richterliche Entscheidung darüber, was als eine erhebliche oder eine alltägliche Angelegenheit zu gelten hat, erreicht

---

[288] *Staudinger/ Salgo*, § 1687, Rdnr. 34.

werden kann. Ein verbleibendes Vorgehen nach dem vom Gesetzgeber vorgeschlagenen „Entweder – Oder – Prinzip“ würde in einer solchen Situation dann schließlich dazu führen, daß womöglich analog zu denen schon in diesem Bereich gehörten Richtern auch entsprechend viele Auffassungen dazu entstehen werden, welche Angelegenheiten als erheblich und welche als alltäglich zu gelten haben. Eine Ausgangslage ohne greifbare Orientierungspunkte würde entstehen, wobei auch der Willkür ein nahrhaftes Fundament gelegt wäre. Auch das Dilemma der Gesetzgebung in § 1687 würde dann offensichtlich werden und der Ansicht *Schwabs*, daß der Grundirrtum des Gesetzgebers in der Annahme liege, daß für das Kind das Tägliche der Gegensatz von erheblicher Bedeutung sei, könnte dann nichts mehr entgegengehalten werden.[289]
Es ist also zu überlegen, wie bei der Anwendung des § 1687 auch trotz eines Vorgehens nach dem gesetzlich vorgeschlagenen „Entweder – Oder – Prinzip“ zumindest ansatzweise eine geeignete Orientierung erreicht, und so ein gewisser Grad an Rechtssicherheit gewährleistet werden kann.

3. Fallgruppen

Eine sehr naheliegende Möglichkeit wäre, anhand der in der Praxis ergangenen Beispiele zu ergründen, welche Angelegenheiten als erheblich oder alltäglich zu bezeichnen sind und anschließend anhand der gewonnenen Einsichten eine Bildung von Fallgruppen vorzunehmen, die etwa einzelne Lebensbereiche des Kindes zusammenfassen. Eine Aufspaltung der elterlichen Sorge in konkrete Angelegenheiten, ohne den Versuch der Bildung von allgemeingültigen Lebensbereichen, soll aber nicht erfolgen. Vielmehr soll durch eine Zuordnung konkreter Angelegenheiten zu einzelnen Lebensbereichen untersucht werden, welche allgemein als erheblich oder alltäglich zu gelten haben.
Konkret läßt sich eine Bildung von Fallgruppen durch Betrachtung der Praxis, also Art und Weise der Ausübung der gemeinsamen Sorge durch die Eltern selbst und der bereits ergangenen Rechtsprechung zu § 1687, ermöglichen. Zu beachten wäre dabei jedoch, daß jeder Versuch einer sinnvollen Abgrenzung und die Bildung von Fallgruppen stets unter dem Vorbehalt stehen muß, daß im konkreten Fall aufgrund der gegebenen Umstände dann doch wiederum was anderes gelten kann. Präzisierungsbemühungen können also auf Grenzen stoßen, so daß eine Präsentierung einer magischen oder stets gültigen Formel wohl nicht möglich sein wird.[290]
Im Folgenden soll daher der Versuch unternommen werden, anhand der zu § 1687 spärlich ergangenen Rechtsprechung und der bereits vorhandenen wissenschaftlichen Publikationen Fallgruppen zu bilden, die Vorschläge zu einer Zuordnung der einzelnen Angelegenheiten darstellen könnten. Die Verwendung

---

289 *Schwab*, FamRZ 1998, 457 (469).
290 *Staudinger/ Salgo*, § 1687, Rdnr. 35.

der Begriffe erheblich und alltäglich in den §§ 1628, 1688 kann zwar, wie aufgezeigt[291], nicht zu einer identischen Auslegung auch in § 1687 führen, jedoch können die bei Anwendung dieser Paragraphen begründeten Beispiele zumindest ergänzend eine Orientierung auch in Bezug auf § 1687 darstellen. Dem Gesetzgeber sind schließlich bei Fassung einer Norm hinsichtlich der Formulierung einzelner Begriffe auch sprachliche Grenzen gesetzt. Zu beachten ist dabei jedoch, daß auch bei einem so erarbeiteten Fallkatalog nichts anderes wie auch hinsichtlich des gesetzlichen Regelungsmodell der elterlichen Sorge zu gelten hat: Abweichenden Elternvereinbarungen ist stets Vorrang einzuräumen.[292]

a) Erziehung

Im Laufe der Erarbeitung wurde bereits aufgezeigt[293], daß Erziehungsvorstellungen der Eltern zumindest ergänzend eine Abgrenzung der einzelnen Angelegenheiten zueinander ermöglichen können. Ferner wird die Wahl dieser Erziehungsmaximen grundsätzlich über Art. 6 Abs. 2 Satz 1 GG auch als eine Angelegenheit beider sorgeberechtigter Eltern angesehen.[294] Schwierigkeiten können sich aber immer dann ergeben, wenn es um Erziehung selbst, also gerade um die Ausübung dieser Erziehungsmaximen geht: Sie erfolgt meist allein durch den Elternteil, bei dem das Kind seinen Lebensmittelpunkt begründet hat. Als problematisch kann sich daher leicht erweisen, wie einzelne Angelegenheiten bei Ausübung dieser elterlichen Erziehungsvorstellungen konkret einzustufen sind. Es gilt also zu bestimmen, ob der betreuende Elternteil bei allen sich während der Ausübung ergebenden Fragen befugt ist, allein zu entscheiden, oder ob wiederum Differenzierungen deshalb vorzunehmen sind, weil sich grundsätzliche Erziehungsmaximen in dieser Fülle von Alltagshandlungen manifestieren könnten.[295]

Die Problematik erfährt also eine Verlagerung dahingehend, daß festzustellen bleibt, ob es sich bei einer konkreten Angelegenheit um eine durch Erziehungsvorstellungen geprägte Grundentscheidung der Eltern handelt. Nur dann wäre die entsprechende Angelegenheit als erheblich zu bezeichnen und ein einvernehmliches Handeln der Eltern notwendig. Während des Bestehens gemeinsamer Personensorge ist nämlich kein Elternteil berechtigt, sich eigenmächtig von den einvernehmlich festgelegten Erziehungsgrundsätzen loszusagen und einen gänzlich anderen Kurs einzuschlagen.[296] Diese Grundsätze über die elterliche Erziehungseinstellung der Kindererziehung können sich auf die körperliche, gei-

---

291 Vgl. VIII. 2. c), oben.

292 Vgl. auch VI. 3., oben.

293 Vgl. VIII. 2. b) (3), oben.

294 *Schwab/Motzer*, Handbuch des Scheidungsrechts, III, Rdnr. 48.

295 *Schwab/Motzer*, Handbuch des Scheidungsrechts, III, Rdnr. 48.

296 *Schwab/Motzer*, Handbuch des Scheidungsrechts, III, Rdnr. 48.

stige, seelische und sittliche Ausbildung des Kindes beziehen.[297] Ein Diskurs eines Elternteils in Erziehungsfragen ohne Absprache mit dem anderen Elternteil ist also grundsätzlich nicht möglich. So kann insbesondere etwa auch in Fragen der religiösen Kindererziehung, die der tatsächlichen Personensorge zugehörig ist[298] und Bestandteil des elterlichen Erziehungsrechts bildet, von grundsätzlich zu bezeichnenden Entscheidung, die einvernehmlich zwischen den Eltern zu erfolgen haben, zu sprechen sein. Schließlich wird die Tragweite solcher Entscheidungen nochmals dadurch unterstrichen, daß Eltern durch das Gesetz über die religiöse Kindererziehung in ihrem Entscheidungsrecht Grenzen gesetzt werden: Nach Vollendung des vierzehnten Lebensjahres steht dem Kinde nach § 5 RKEG die Entscheidung darüber zu, zu welchem religiösen Bekenntnis es sich halten will. Auch kann es nach Vollendung des zwölften Lebensjahres nicht gegen seinen Willen in einem anderen Bekenntnis als bisher erzogen werden. Aber auch in Hinblick auf die religiöse Kindererziehung ist eine differenzierte Betrachtungsweise anzustellen: Die Teilnahme am Gottesdienst, die Einhaltung von institutionell vorgegebenen religiösen Geboten, wie auch alle anderen mit der tatsächlichen Personensorge erfaßbaren Handlungen sind als Angelegenheiten der alltäglichen Betreuung zu bezeichnen. Es handelt sich also hier nicht um von Erziehungsvorstellungen geprägte Grundentscheidungen, die von Eltern nur gemeinsam getroffen werden können. Eine abschließende Aufzählung dahingehend, welche Aufgaben als der tatsächlichen Personensorge zufallend bezeichnet werden können, kann auch hier nicht erfolgen.[299] Hingegen sind die nach außen erkennbaren Handlungen religiöser Erziehung der Personensorgeberechtigten, wie Taufe in den christlichen Religionen und die Beschneidung nach jüdischem oder moslemischen Ritus, die Anmeldung zur Teilnahme an einem bestimmten Religionsunterricht innerhalb oder außerhalb der Schule, der Austritt aus der Religionsgemeinschaft, auch in Bezug auf weltanschauliche Gemeinschaften und Sekten, als erhebliche Angelegenheiten stets anzuerkennen.[300] Die elterliche Gesinnung findet in diesen Handlungen einen direkten Ausdruck und daher kann eine Entscheidung darüber auch nur einvernehmlich erfolgen.
Ist allerdings in einen dieser aufgeführten Erziehungsfragen starke Wankelmütigkeit oder Unzuverlässigkeit eines der Elternteile festzustellen, hält dieser sich also nicht an den Grundsatz, nur im Einvernehmen mit dem anderen Elternteil über solche Fragen entscheiden zu dürfen, so kann von einer gemeinsamen Erziehung des Kindes nicht mehr ausgegangen werden. Vielmehr hat dann eine Übertragung des Sorgerechtes auf den Elternteil, der dem Wohle des Kindes am besten entspricht, nach § 1671 Abs. 2 Nr. 2 zu erfolgen.[301]

---

297 *Staudinger/ Peschel - Gutzeit*[12], § 1626, Rdnr. 57.
298 *Staudinger/ Peschel - Gutzeit*[12], § 1626, Rdnr. 58.
299 *Staudinger/ Salgo*[12], § 1 RKEG, Rdnr. 1.
300 *Staudinger/ Salgo*, § 1687, Rdnr. 37.
301 *Staudinger/ Salgo*, § 1687, Rdnr. 36; *Schwab/ Motzer*, Handbuch des Scheidungsrechts,

b) Aufenthalt

Die Entscheidung darüber, bei wem das Kind zukünftig seinen Lebensmittelpunkt begründen wird, ist sicherlich diejenige, die auch die größte Auswirkung auf das spätere kindliche Wohlbefinden entfalten kann. Daher ist die Festlegung des gewöhnlichen Aufenthalts des Kindes als von grundsätzlicher Natur und bei gemeinsamer elterlicher Sorge als die Angelegenheit von erheblicher Bedeutung schlechthin, die nur von beiden Eltern einvernehmlich getroffen werden kann, zu bezeichnen.[302]

Eine Entscheidung bezüglich eines Aufenthaltes des Kindes muß aber nicht immer notwendigerweise in Verbindung mit der Wahl des Lebensmittelpunktes, was auch ein bevorstehender Wohnortwechsel ins Ausland sein kann, ergehen, sondern kann auch in anderen Lebenssituationen entstehen: Es kann etwa eine Entscheidung über eine Internatsunterbringung oder die Unterbringung in einem privaten Pflegeverhältnis, die Mitnahme des Kindes auf eine Auslandreise durch einen Elternteil zu treffen sein. Auch bei solchen Gelegenheiten kommt es zu einer Veränderung des Aufenthaltsortes des Kindes, womöglich für längere Zeit. Es ist also fraglich, ob in diesen genannten Fällen ebenfalls eine einvernehmliche Entscheidung der Eltern notwendig ist, oder ob eines der Elternteile darüber selbst entscheiden kann. Hilfreich könnte sich die zu diesen Bereichen ergangene Rechtsprechung erweisen, denn diese hat bereits Aussagen darüber gemacht, welche dieser Angelegenheiten als erheblich und welche als alltäglich zu bezeichnen sind:

Das OLG Hamm[303] stellte in seiner Entscheidung fest, daß es bei einer Verlagerung des Wohnortes eines Elternteils mit dem Kind in das Ausland leicht zu einer Beeinträchtigung des Kindeswohls in nachhaltig ungünstiger Weise deshalb kommen kann, weil die zukünftige Sozialisation des Kindes auch im hohen Maße von seinem Umfeld abhängt. Bei einer fehlgeschlagenen Eingliederung des Kindes in den neuen Lebensbereich kann sich daher seine Entwicklung negativ gestalten. Des weiteren wird eine Entscheidung über eine derartige Veränderung der Lebensumstände von den Eltern auch nicht häufig getroffen werden. Grundsätzlich ist daher eine beabsichtigte Verlagerung des Wohnortes mit dem Kind in das Ausland als eine erhebliche Angelegenheit anzuerkennen und daher stets zustimmungsbedürftig. Trotzdem kann aber eine Übertragung des Alleinentscheidungsrechtes auf einen Elternteil in einer solchen Situation nach Ansicht des Gerichts dann erfolgen, wenn feststellbar ist, daß die bestehende Regelung in Bezug auf die Pflicht, den Aufenthalt des Kindes gemeinsam bestimmen zu müssen, das Kindeswohl in erheblicher Weise beeinträchtigen würde. Maßstab

---

III, Rdnr. 102.

302 *Staudinger/ Salgo*, § 1687, Rdnr. 38.

303 OLG Hamm, FamRZ 1999, 394 (395).

für die Entscheidung darüber, wann eine Beeinträchtigung des Kindeswohls vorliegt, bildet § 1696.

In einer weiteren Entscheidung hatte das OLG Köln[304] darüber zu befinden, ob die Entscheidung eines Elternteils mit einem dreijährigen Kind einen zweiwöchigen Ferienaufenthalt in einem afrikanischen Land (Sharm - el - Sheik/ Ägypten) zu verbringen, eine Angelegenheit des täglichen Lebens betrifft. Beurteilungsmaßstab bildete auch hier wiederum das Kindeswohl. Zu einer Beeinträchtigung dessen könnte es nach Ansicht des Gerichts bei einer Reise eines dreijährigen Kindes in ein solches Ferienland allein dadurch kommen, daß sich das Kind dann zwangsläufig in einem fremden Kulturkreis wiederfindet und bei einer Trennung von dem entsprechenden Elternteil, hier der Mutter, so keine Möglichkeit der Verständigung habe. Weiterhin ist für ein Kleinkind in einem solchen Land von erheblichen gesundheitlichen Gefahren auszugehen: Das Leitungswasser, mit dem das Kind etwa beim Zähneputzen in Berührung kommen kann, oder das Baden im Roten Meer können zu schweren medizinischen Infektionen führen, die auch einer sofortigen medizinischen Behandlung bedürfen. Ob eine solche dann schließlich bei Notwendigkeit auch erfolgen kann, wurde hier nicht zuletzt deshalb als fragwürdig bezeichnet, weil sich der Urlaubsort 18 km außerhalb des Stadtzentrums von Sharm - el - Sheik befand. Das Vorhandensein einer medizinischen Station im Urlaubsort selbst wurde bezweifelt. Auch die Tatsache, daß die Familie in der Vergangenheit des öfteren Fernreisen unternahm und sich dabei bei auftretenden Erkrankungen gegenseitig zu unterstützen verstand, also auch eine gewisse Routine bei der Mutter vorhanden war, konnte das Gericht nicht davon abhalten, diese Ägyptenreise als eine Angelegenheit von erheblicher Bedeutung, welche bezüglich des Reiseantritts ein gegenseitiges Einvernehmen der Eltern erfordert, einzustufen. Eine Entscheidung zur Vornahme einer solchen Reise wird schließlich auch weder häufig gefaßt, noch kann sichergestellt werden, daß sie für ein dreijähriges Kind ohne ernsthafte Auswirkungen bleibt. Mithin zählen zu den Angelegenheit des täglichen Lebens gemäß § 1687 Abs. 1 Satz 2 Fernreisen der beschriebenen Art bei Kleinkindern nicht, weil sie aus den genannten Gründen erhebliche Auswirkungen auf die Gesundheit des Kindes haben können.

Hingegen hat das OLG Naumburg[305] in seiner Entscheidung eine mehrstündige Flugreise nach Kanada deswegen als eine Angelegenheit des täglichen Lebens bezeichnet, weil von dem Flug selbst aufgrund der ausreichend vorhandenen Bewegungsmöglichkeiten an Bord und eines speziellen Kinder - Sleeping - Bag, sowie dem Bestimmungsland keine ernsthafte Auswirkungen für die Person des Kindes oder dessen Gesundheit zu befürchten sind.

---

304 OLG Köln, FamRZ 1999, 249.

305 OLG Naumburg, EZFamRaktuell 2000, 2.

Zusammenfassend kann nach diesen Entscheidungen deshalb festgestellt werden, daß die Mitnahme des gesunden Kindes auf Auslandsreisen (etwa bis zu einem Monat) in der Regel als eine Angelegenheit des täglichen Lebens bezeichnet werden kann, sofern dabei nicht von dauerhaften Nachteilen für das Kind auszugehen ist, etwa wie bei Abenteuerreisen, Reisen in völlig abgelegene Gebiete mit politischen Unruhen oder ohne medizinische Versorgung, aber auch die Gefahr einer Kindesentführung ausgeschlossen werden kann.[306]
Die noch zuvor beispielhaft aufgezählte Internatsunterbringung oder etwa auch die Unterbringung in einem privaten Pflegeverhältnis führt dazu, daß das Kind für längere Zeit einem festen Umfeld zugeordnet wird und an die in diesem Umfeld geltenden Verhaltensregeln sich auch anpassen muß. Diese Verhaltensregeln, etwa geltende Hausordnungen, sind nicht individuell auf die Bedürfnisse des einzelnen Kindes ausgerichtet, sondern gelten allgemeinverbindlich für alle in dieser Form untergebrachten Kinder. Der individuellen Freiheit des Kindes werden also Grenzen auferlegt. Auch wird eine Entscheidung der Eltern zu einer außerhalb der Familie liegenden Unterbringung in einem kindlichen Leben nicht allzu oft vorkommen. Auch stellt es einen erheblichen Unterschied für die kindliche Persönlichkeitsbildung und seine zukünftige Sozialisation dar, ob das Kind in seiner natürlichen Umgebung zusammen mit seinen Eltern oder losgelöst von ihnen in einem Internat oder gar in einer Pflegefamilie aufwächst. Solche Unterbringungen sind also im Leben des Kindes nicht häufig auftretende Entscheidungen, die erhebliche Auswirkungen auf die Entwicklung des Kindes haben können und sind daher als Angelegenheiten von grundsätzlicher Bedeutung einzustufen. Zu ihrer Vornahme bedarf es stets eines elterlichen Einvernehmens.[307]

c) Umgang

Aber auch bezüglich des Umgangs können sich Kompetenzstreitigkeiten zwischen den Elternteilen ergeben: Zu einer Störung des gewöhnlichen Eltern - Kind - Verhältnisses, das ein Zusammenleben des Kindes mit beiden Eltern innerhalb der Familie vorsieht, kann es dadurch kommen, daß nach Auflösung des Familienbandes das Kind nur noch zur Mutter oder zum Vater oder gar in eine Pflegefamilie gegeben wird. Durch die Eltern muß in einer solchen Situation dann eine Regelung über Art und Häufigkeit des Umgangs des mit dem Kind nicht mehr zusammenlebenden Elternteil oder anderen berechtigten Personen erfolgen. Dieses wird daher nicht selten Anlaß zum Streit sein. Wie eine entsprechende Umgangsregelung dann vorzunehmen ist, also wann sie einvernehmlich zwischen den Eltern zu ergehen hat, muß im folgenden erneut untersucht werden:

---

306 *Staudinger/ Salgo*, § 1687, Rdnr. 40.

307 *Schwab*, FamRZ 1998, 457 (469); *Staudinger/ Salgo*, § 1687, Rdnr. 39.

Zunächst ist zu erwähnen, daß nicht selten bei Trennungs- und Scheidungskindern beobachtet wurde, daß mangelnde Kontakte zu dem jeweiligen abwesenden Elternteilen auch zunehmend eine Entfremdung zu diesem verursachen.[308] Nach § 1626 Abs. 3 gehört daher zum Wohl des Kindes in der Regel auch der Umgang mit beiden Elternteilen oder mit anderen umgangsberechtigten Personen. Nicht zuletzt deshalb wurde daher den Eltern durch § 1684 und anderen möglichen Personen durch § 1685 ein Umgangsrecht mit dem Kind gesetzlich zugesprochen. Weitere als die leiblichen Eltern zum Umgang mit dem Kind berechtigte Personen können nach § 1685 Großeltern, Geschwister, neue oder frühere Ehegatten eines Elternteils und schließlich Personen, bei dem das Kind längere Zeit in Familienpflege war, sein. Eine Einschränkung oder Ausschließung dieser zugestandenen Umgangsbefugnisse kann durch das Familiengericht nur erfolgen, wenn dies durch das Kindeswohl auch geboten ist. Der Umgang zwischen Kind und des in der Familie nicht mehr lebenden Elternteils wird in der Regel durch zeitlich begrenzte Kontakte, wie gemeinsame Wochenenden, Tages- oder Halbtagsbesuche, Telefonate, Briefe, gemeinsame Reisen oder sonstige Unternehmungen, festgelegt. Die Art und Weise, wie auch die Häufigkeit des Umgangs wird dabei zuvor durch elterliche Absprachen geregelt sein.
Zu beachten bleibt jedoch, daß das Umgangsrecht in allen seinen Fallgestaltungen auch voraussetzt, daß der Umgang mit den einzelnen Personen dem Wohl des Kindes dient. Es kann also unter Umständen allein darüber zu befinden sein, ob der Umgang mit einer einzelnen Person zugelassen, oder anders formuliert, ob dies dem Kindeswohl in der jeweiligen Situation auch entspricht. Eine solche Entscheidung wird bei gemeinsamer elterlicher Sorge wohl zunächst ohne familiengerichtliche Hilfe durch die Eltern selbst vorgenommen werden. Es hat also innerhalb des § 1687 zu einer erneuten Abwägung darüber zu kommen, ob es sich um eine häufig vorkommende Angelegenheit, mit keinen nachhaltigen Auswirkungen auf das Kind handelt. Bezüglich Umgangsregelungen läßt sich sicherlich nachvollziehbar vertreten, daß diese einschneidende Auswirkungen auf das Kind haben können. Es ist von erheblicher Bedeutung, ob dem Kind der Umgang mit einem berechtigten Elternteil oder anderen Personen verwehrt oder gestattet wird. Des weiteren ist wahrscheinlich auch von einer nicht geringen Auswirkung auf die Persönlichkeitsentfaltung des Kindes auszugehen, wenn diesem ein Sammeln von Erfahrungswerten mit Bindungspersonen, also auch etwa mit dem abwesenden Elternteil, gestattet wird. In der Literatur wird daher der Standpunkt vertreten, daß es sich bei dem Umgang mit dem anderen Elternteil und mit gemäß § 1685 berechtigten Personen, um zwischen den Eltern einvernehmlich zu regelnde Grundentscheidungen bei gemeinsamer elterlicher Sorge handelt.[309] Hingegen wird der Umgang mit Freunden des Kindes, Nach-

308 Vgl. II. 4., oben.
309 *Staudinger/ Salgo*, § 1687, Rdnr. 41.

barn und Schulkameraden als weniger prägend angesehen und als Einzelentscheidungen im täglichen Vollzug bezeichnet, die durch den Betreuungselternteil allein vorgenommen werden können.[310] Sie sind als alltägliche Entscheidungen gemäß § 1687 Abs. 1 Satz 3 anzuerkennen.

d) Tagesbetreuung

Außer bei dem betreuenden Elternteil kann das Kind auch je nach Altersstufe in einer Tageskrippe, einem Kindergarten, einem Hort oder bei einer Tagesmutter untergebracht sein. Rechtliche Grundlage solcher voneinander abweichender Formen der Tagesbetreuung bildet das Kinder- und Jugendhilfegesetz in den §§ 22 bis 26. In diesen Vorschriften werden jedoch nur die Rahmenbedingungen solcher Pflegeformen geschaffen. Zwar kann schon allein daraus, daß der Gesetzgeber eine Notwendigkeit darin sah, die einzelnen Formen der Tagesbetreuung gesetzlich zu regeln, auch abgeleitet werden, daß diesen dann auch eine entsprechende Erheblichkeit bzw. Wichtigkeit in Bezug auf das Kind zugesprochen werden kann. Tatsächlich werden die den Personensorgeberechtigten nach dem KJHG zustehenden „Hilfen zur Erziehung", die unmittelbare Auswirkungen auf das Kind haben, längerfristig sind und mit einer Fremdplazierung des Kindes verbunden sind, als von grundsätzlicher Bedeutung für das Kind und somit als erhebliche Angelegenheiten anerkannt.[311] Es kann dadurch aber keine direkte Aussage darüber abgeleitet werden, wie Eltern zu entscheiden haben, wenn es um die allgemeine Frage geht, ob eine Tagesbetreuung des Kindes erfolgen soll. Eine solche Entscheidung ist diesen vielmehr noch allein überlassen. Bei dieser Entscheidung wird es grundsätzlich aber nicht viel anders sein, als bei den übrigen zuvor genannten Bereichen: Die Frage, ob denn nun eine Betreuung des Kindes durch einen Dritten zu erfolgen hat, ist sicherlich wiederum keine sehr häufig vorkommende Entscheidung, ohne irgendwelche unerheblichen Auswirkungen auf die Entwicklung des Kindes. Vielmehr ist es von gravierender Bedeutung, welche Auswahl bei der Tagesmutter erfolgt und ob das Kind beispielsweise etwa einen gesinnungsgeprägten oder unabhängigen Kindergarten oder ähnliches besuchen soll. Schließlich kann die Erziehung des Kindes und die damit verbundene Persönlichkeitsentfaltung dadurch einschneidende Prägungen erfahren. Somit ist bei einer solchen zu treffenden Entscheidung grundsätzlich von einer für das Kind erheblichen auszugehen. Anders kann es hingegen bei der durch die betreuenden Personen zu treffenden Entscheidungen, die innerhalb dieser alltäglichen Betreuungsformen erfolgen, aussehen.[312] Dabei ist aber sicherlich zweifelsfrei nach der Definition des § 1687 Abs. 1 Satz 2 zu verfahren:

---

310 *Schwab*, FamRZ 1998, 457 (469); *Keller*, Das gemeinsame Sorgerecht nach Scheidung, 87.

311 *Staudinger/ Salgo*, § 1687, Rdnr. 46.

312 Vgl. dazu auch VIII. 2. c) (2), oben.

Handelt es sich um eine häufig, mit geringer Auswirkung auf die Entwicklung des Kindes, vorkommende Angelegenheit, so ist der gerade betreuenden Person des Kindes ein Alleinentscheidungsrecht zuzusprechen, es sei denn, daß unter den Eltern etwas anderes vereinbart wurde.

e) Schule

Auch innerhalb des Bereiches Schule ist zu differenzieren, um welche Art von Angelegenheiten es sich handelt: Beispielsweise kann es sich einerseits um eine grundlegende Entscheidung darüber handeln, welche Schule[313] das Kind besuchen oder ob ein Schulwechsel auf eine weiterführende Schule[314] erfolgen soll. Andererseits kann es sich aber auch um solche Entscheidungen handeln, die sich im schulischen Alltag, etwa das Schreiben von Entschuldigungen, Belegung von Fächern und Leistungskursen, Teilnahme an schulischen Sonderveranstaltungen (Theatergruppe, zusätzliche Fächerangebote, Computerkurse, etc.), Ausflügen oder mehrwöchigen Klassenfahrten, Entscheidung über die Inanspruchnahme einer Nachhilfe, ergeben. Bei einer Entscheidungsfindung der Eltern nach § 1687 Abs. 1 Satz 2 wäre dann von Neuem danach zu differenzieren, ob die entsprechende Angelegenheit eine im schulischen Alltag des Kindes häufig oder eher selten vorkommende ist und welche Art von Auswirkungen sie auf das Kind entfalten wird.

Um eine grundlegende Entscheidung wird es sich unzweifelhaft bei der Wahl der Schulart wie auch der Entscheidung darüber, ob das Kind eine weiterführende Schule besuchen soll, handeln. Diese sind für die spätere persönliche Entwicklung des Kindes insofern bedeutend, als daß sie auch über die Möglichkeiten der Berufswahl und daher auch der späteren Lebensqualität des Kindes entscheiden werden. Daher ist ein einvernehmliches Handeln der Eltern geboten. Bei dem größten Teil der im Schulalltag anzutreffenden Entscheidungen wird es sich aber um solche handeln, deren Auswirkungen auf die Entwicklung des Kindes eher als gering zu bezeichnen sind und daher von einem Elternteil allein getroffen werden können. Problematisch kann eine alleinige Entscheidungsbefugnis aber dann werden, wenn eine einzelne Angelegenheit sich in ihrer Bedeutung durch verändernde Umstände verstärkt, etwa wenn die inländische einwöchige Klassenfahrt nun urplötzlich mehrere Wochen ins Ausland verlegt wird oder das Kind ohne erfolgende Nachhilfe in seiner Versetzung gefährdet ist. Die Veränderung einzelner Umstände kann also dazu führen, daß eine Angelegenheit sich urplötzlich zu einer solchen, die einschneidende Auswirkungen auf die spätere Entwicklung des Kindes haben kann, entwickelt. Die spätere Entwicklungsmöglichkeit des Kindes kann dann beeinträchtigt sein. Es kommt daher nur ein einvernehmliches Handeln der Eltern in Betracht.

---

313 OLG München, FamRZ 1999, 111 (112).

314 BayObLG, FamRZ 1959, 293 (294); LG Berlin, FamRZ 1982, 839 (841).

Zwar darf nicht übersehen werden, daß das in der Bundesrepublik Deutschland vorherrschende Schulsystem bei verfehlter Berufs- und Schulwahlentscheidung spätere Korrekturmöglichkeiten zuläßt:[315] So kann beispielsweise auch ein nicht erlangtes Abitur im Wege des zweiten Bildungsweges, etwa auf dem Abendgymnasium, nachgeholt werden. Dieses ist aber wiederum mit erheblichem Mehraufwand verbunden. In einem solchen Fall müssen Eltern schon im vorhinein versuchen, Einigkeit bezüglich der zu treffenden Grundentscheidung herzustellen. Gelingt ihnen das nicht, so kann nach § 1628 in einer konkreten Angelegenheit das Familiengericht „angerufen" werden.

f) Beruf

Ein berufllicher Werdegang ist sicherlich mit dem der schulischen Laufbahn in den einzelnen Entscheidungsstufen vergleichbar, so daß ähnliches wie bei der schulischen Ausbildung auch innerhalb der beruflichen Ausbildung zu gelten hat: Auch hier wird zwischen Grundsatzentscheidungen, wie etwa die Berufswahl, Auswahl der konkreten Ausbildungsstelle und gegebenenfalls Abschluß eines Ausbildungsvertrages, und sich im Rahmen des Alltags ergebende Entscheidungen zu differenzieren sein. Daher kann auch hier nichts anderes gelten, als daß Entscheidungen, die sich in erheblichen Maße auf die spätere Entwicklung des Kindes auswirken und in der Regel auch nur einmalig getroffen werden, als solche von erheblicher Bedeutung verstanden werden, was auch auf die eben aufgeführten Beispiele von Grundsatzentscheidungen zutrifft.[316] Es kann dem betreuenden Elternteil kein Alleinentscheidungsrecht nach § 1687 Abs. 1 Satz 3 zugesprochen werden.

g) Medizinische Versorgung

Auch die medizinische Versorgung eines Kindes kann sich vielschichtig gestalten: Es kann zu einem routinemäßigen Arztbesuch, einer Verschreibung von gewöhnlichen Medikamenten, zu Schutzimpfungen, Entfernung von Warzen, Behandlung von Infektionskrankheiten, die übliche zahnärztliche Untersuchung, aber auch zu größeren oder komplizierteren Behandlungen, wie etwa Operationen, zur Verschreibung von Antibiotika, eilbedürftigen Bluttransfusionen, langwierige medizinische Behandlungen, Unterbringung in einer Kinder- und Jugendpsychiatrie, in einem Krankenhaus, in einem Sanatorium, langandauernde Kiefer- und Zahnregulierungen, kommen, wobei eine abschließende Aufzählung aller medizinischen Angelegenheiten wiederum niemals möglich wäre. Daher gilt es auch hier allgemein zu formulieren, was innerhalb des Bereichs der medizinischen Versorgung eines Kindes als eine von beiden Eltern zu entscheidende Angelegenheit oder als eine solche, die von jedem Elternteil ohne Einvernehmen

---

315 *Staudinger/ Salgo*, § 1687, Rdnr. 43.
316 BT - Drucksache 13/ 4899, 107.

selbständig vorgenommen werden kann, zu verstehen ist. Ein Vorgehen nach § 1687 Abs. 1 Satz 3 wird jedoch letztendlich wiederum dazu führen, daß man im Bereich der medizinischen Versorgung Kategorien von Grundsatzentscheidungen und alltäglichen Entscheidungen bilden wird. Die Merkmale Häufigkeit und Abänderbarkeit werden auch dann alleinigen Maßstab bilden. Daher kann auch hier allgemein gesagt werden, daß in medizinischen Grundsatzentscheidungen, die also erhebliche Auswirkungen auf die körperliche oder geistige Entwicklung des Kindes haben und für seine weitere Entwicklung von einschneidender Bedeutung sein werden, als von erheblicher Bedeutung zu bezeichnen sind. Zwar kann auch ein routinemäßiger Arztbesuch eine Verbesserung oder Verschlechterung des Allgemeinzustandes eines Menschen hervorrufen, jedoch wären dabei die tatsächlichen Auswirkungen für die jeweilige Person absehbar. Es wäre dann das Vorliegen einer von einem Elternteil zu entscheidenden alltäglichen Angelegenheit gemäß § 1687 Abs. 1 Satz 3 anzunehmen.
Anders kann es in Not- und Eilfällen aussehen: Dabei kann es durch die (Unfall)- Situation bedingt zur Vornahme von Behandlungsmethoden kommen, die als erheblich zu gelten haben, folglich vor deren Inanspruchnahme grundsätzlich also die Zustimmung des anderen Elternteils abzuwarten ist. In Fällen der Dringlichkeit bzw. bei Gefahr in Verzug kommt es jedoch nach § 1687 Abs. 1 Satz 5 zu einer Anwendung des § 1629 Abs. 1 Satz 4, wodurch dann jeder Elternteil allein berechtigt ist Handlungen vorzunehmen, die zum Wohl des Kindes notwendig sind.

h) Status- und Namensfragen

Zu einem Konflikt zwischen beiden Elternteilen hinsichtlich Status (Familiennamensgebung) oder (Vor-)Namen des Kindes kann es etwa dann kommen, wenn keine Einigung getroffen werden kann oder ein Elternteil den von dem anderen vorgeschlagenen Namen für das gemeinsame Kind ablehnt[317]. Ein Recht der Eltern zur selbständigen Namensgebung wird aus dem Elternrecht des Art. 6 Abs. 2 GG hergeleitet[318] und auch als Ausfluß des Sorgerechts verstanden.[319] Die Wahl eines Namens für das Kind kann keineswegs nur als eine Frage des ästhetischen Geschmacks verstanden werden, sondern ist vielmehr von Bedeutung für das ganze Leben seines Trägers. Der Name gilt als wichtigstes Zuordnungsmerkmal des Menschen, was mit fortschreitendem Alter dazu führt, daß dieser oft zu einem emotionsbesetzten Identifikationsmerkmal und Teil des eigenen Persönlichkeitsrechtes werden kann. Daher ist ein Name, wenn er erst

317 Vgl. OLG Frankfurt am Main, FamRZ 1957, 55; AG München, StAZ 1961, 168.
318 *Schwab*, Familienrecht, Rdnr. 496.
319 *Palandt/ Diederichsen*, § 1616, Rdnr. 10.

einmal erworben wurde, auch nur schwer abänderbar (§ 3 NamÄndG[320]). Auch bildet er maßgebliches Identifikationsmerkmal einer Person in der Gesellschaft. Die Festlegung eines Kindesnamens muß daher durch die Eltern wohl bedacht und kann nicht als eine unwesentliche Angelegenheit bezeichnet werden. Nach § 1687 Abs. 1 können daher Eltern diesbezüglich grundsätzlich auch nur einvernehmlich entscheiden, wobei dieses sowohl für eine Familien-, als auch eine Vornamensgebung zu gelten hat.[321] Ein alleiniges Bestimmungsrecht bezüglich des Kindesnamens kann einem Elternteil nach § 1617 Abs. 2 ausnahmsweise durch das Familiengericht nur dann übertragen werden, wenn binnen eines Monats nach Geburt des Kindes durch die Eltern keine Entscheidung getroffen wurde.

i) Vermögenssorge

Die elterliche Sorge umfaßt gemäß § 1626 Abs. 2 Satz 2 neben der Personensorge auch die Sorge um das Vermögen des Kindes. Als Ziel der elterlichen Vermögenssorge wird dabei primär die Erhaltung, Verwendung und Vermehrung des Vermögens im Kindesinteresse verstanden.[322] Der Vermögensbegriff als solches umfaßt die Summe aller wirtschaftlichen (geldwerten) Güter.[323] Innerhalb der Sorge um das Kind gilt es also zu differenzieren, welche Angelegenheiten dem Bereich der Vermögenssorge zuzuordnen sind, also erhebliche Bedeutung besitzen, und welche als vergleichsweise unbedeutende Angelegenheiten zu gelten haben. Als zur Vermögensbildung weniger beitragend und deshalb als vergleichsweise unbedeutende Angelegenheiten, die von dem betreuenden Elternteil selbständig wahrgenommen werden können und zur Alltagssorge zugehörigen Vermögensangelegenheiten, sind etwa die Verwaltung von denen dem Kind gemachten kleineren Geldgeschenken, die Gewährung und Bemessung der Höhe des Taschengeldes anzusehen. Hingegen ist bei allen anderen Angelegenheiten, wie Anlage und Verwaltung des Kindesvermögens und auch genehmigungspflichtigen Rechtsgeschäften nach § 1643, die geeignet sind real das Vermögen des Kindes zu vermehren oder zu erhalten von solchen auszugehen, bei denen auch ein gegenseitiges Einvernehmen der Eltern notwendig ist.[324]

---

320 Vom 05. 01. 1938, RGBl. I 9, mit Verwaltungsvorschrift vom 11. 08. 1980, BAnz. Nr. 153 vom 20. 08. 1980: wichtiger Grund.

321 *Staudinger/ Salgo*, § 1687, Rdnr. 47.

322 *Schwab*, Familienrecht, Rdnr. 606.

323 *Lackner*, StGB – Kommentar, § 263, Rdnr. 33.

324 *Staudinger/ Salgo*, § 1687, Rdnr. 48.

j) Unterhalt

Unterhaltszahlungen, zu denen die Familienmitglieder untereinander verpflichtet sind, sind als von grundsätzlicher Natur zu bezeichnen, setzen also Einvernehmen voraus.[325] Trotzdem kann aber nach § 1629 Abs. 2 Satz 2 der betreuende Elternteil des Kindes eine Privilegierung dahingehend erfahren, daß er Unterhaltsansprüche des Kindes gegen den abwesenden Elternteil selbständig geltend machen kann. Diesem Elternteil steht also dann auch ein Alleinvertretungsrecht des Kindes gegen den anderen Elternteil zu, obwohl immer noch eine gemeinsame Sorgeberechtigung besteht. Der Grundsatz eines einvernehmlichen Handelns in Fragen des Unterhaltes kann also ohne eine gerichtliche Zuweisung eines sorgerechtlichen Alleinentscheidungsrechtes auf den entsprechenden Elternteil durchbrochen werden. Gleichzeitig kann aber auch durch eine solche Privilegierung des betreuenden Elternteils verhindert werden, daß die Übertragung elterlicher Alleinsorge allein aus der Motivation heraus, kindliche Unterhaltsansprüche gegen den anderen Elternteil geltend machen zu können, beauftragt wird. Dies wurde nicht zuletzt deshalb so geregelt, weil es nicht selten als unwahrscheinlich gelten kann, daß es aufgrund offener Unterhaltsansprüche nicht auch zu einem zerbrechen der elterlichen Sorge kommen kann. Für das Kind ist dann der Verlust zumindest eines Elternteils mögliche Folge eines stattfindenden unterhaltsrechtlichen Streits. Welche Auswirkungen dann für seine spätere Sozialisation zu befürchten wären, wurde bereits dargestellt.[326] Nach § 1629 Abs. 2 Satz 2 wird also in Fällen kindlichen Unterhaltsanspruches gegen den nicht betreuenden Elternteil zu dessen Geltendmachung dem betreuenden Elternteil ein Vertretungsrecht des Kindes eingeräumt und kein Einvernehmen der gemeinsam sorgeberechtigten Eltern gefordert sein.

4. Fazit

Auch wenn der soeben aufgezeigte Fallkatalog wiederum nicht als eindeutige Lösung hinsichtlich der sich in § 1687 ergebenden Abgrenzungsproblematik verstanden werden kann, so kann jedoch zumindest einmal die Möglichkeit einer Darstellung, welche Lebensbereiche sich für ein Kind ergeben können und wie dann mit darin aufkommenden einzelnen Angelegenheiten hinsichtlich ihrer Qualifikation zu verfahren ist, eröffnet werden. Die sich innerhalb dieser einzelnen Lebensbereiche wiederfindenden konkreten Beispiele konnten anhand der Rechtsprechung zu §§ 1687, 1628 zusammengetragen werden. Zu beobachten ist dabei, daß innerhalb Rechtsprechung, Praxis und Literatur eine stets gleichbleibende Systematik Anwendung findet: Zuerst erfolgt eine Einschätzung dahingehend, ob die konkrete Angelegenheit als alltäglich im Sinne der in § 1687 Abs. 1 Satz 3 enthaltenen Legaldefinition angesehen werden kann. Maßgebliche

---

325 *Staudinger/Salgo*, § 1687, Rdnr. 49.

326 Vgl. II., oben.

Kriterien bilden einerseits stets die in Satz 3 enthaltenen Begriffe der Abänderbarkeit und Häufigkeit des Vorkommens einer einzelnen Angelegenheiten, aber auch das Kindeswohl. Ist Ergebnis der Abwägung, daß es sich um keine leicht abänderbare und häufig vorkommende Angelegenheit handelt, so ist dann im Umkehrschluß zwangsläufig von einer Angelegenheit mit erheblicher Bedeutung auszugehen. Zweifelsfälle führen dazu, daß zugunsten des betreuenden Elternteils eine Angelegenheit des alltäglichen Lebens angenommen wird, nicht zuletzt deshalb, damit unnötige familiengerichtliche Konfliktlösungen verhindert werden können. Im Ergebnis wird also bei der Anwendung des § 1687 Abs. 1 so verfahren, wie es der Gesetzgeber auch vorgeschlagen hat: Es erfolgt die Anwendung eines „Entweder – Oder – Prinzips". Ob dieses jedoch dadurch geschieht, weil nur so die einzig richtige und dem Kindeswohl entsprechende Entscheidung gefunden werden kann, oder ob es vielmehr einen Akt der Ratlosigkeit über eine adäquate Anwendung des § 1687 widerspiegelt, bleibt ungeklärt.

IX. Verfahrensrecht

Verfahren in Angelegenheiten der elterlichen Sorge, in Personensorgerechtsangelegenheiten werden vor Gericht üblicherweise nur bei Konflikten durchgeführt: Die Eltern können sich bei Ausübung einer gemeinsamen Sorgeberechtigung nach § 1687 nicht einigen (§ 1628), es geht als solches um die elterliche Sorge nach Trennung und Scheidung (§ 1671), um den Umgang (§§ 1684, 1685), um gerichtliche Maßnahmen bei Kindeswohlgefährdung (§ 1666) oder um die Abänderung einer gerichtlichen Entscheidung (§ 1696). Bei diesen Möglichkeiten handelt es sich also um unterschiedliche Streitfälle im Zusammenhang mit der elterlichen Sorge, wobei auch spezifische verfahrensrechtliche Bestimmungen Anwendung finden. Im Folgenden soll vornehmlich jedoch nur eine kurze Darstellung der im Zusammenhang mit § 1687 Abs. 1 Satz 1 und 2 gültigen Verfahrensgrundsätze erfolgen.

1. Allgemeine Grundsätze

Wie bereits dargestellt[327], handelt es sich bei einer Feststellungsentscheidung darüber, ob eine Angelegenheit von erheblicher oder alltäglicher Bedeutung vorliegt, nicht um ein Verfahren im Rahmen der §§ 1628, 1671, sondern um ein isoliertes Qualifizierungsverfahren gemäß § 1687 Abs. 1 S. 1 und 2.

Innerhalb eines solchen isolierten Verfahrens soll es zur Wiederherstellung der Funktionsfähigkeit gemeinsamer elterlicher Sorge durch Zuordnung eines im Streit befindlichen Gegenstandes (Angelegenheit) der elterlichen Sorge kommen

[327] Vgl. VI., oben.

und damit die Wahrung des Kindeswohls durch Elterntrennung versucht werden.[328]

Die dabei anzuwendenen Verfahrensregeln richten sich nach den Grundsätzen des FGG, §§ 621a Abs. 1 S. 1 ZPO, 35ff. FGG. Allgemeine Grundsätze des Verfahrensrechts, wie der Amtsermittlungsgrundsatz aus § 12 FGG, die Vermittlungspflicht aus § 52 FGG, sowie die Anhörungspflicht aus § 50a – 50b FGG sind bei Entscheidungsfindung daher unmittelbar zu beachten.

Die Nichtbeachtung eines dieser Grundsätze stellt folglich einen Verfahrensfehler dar, der zur Aufhebung des Urteils in der Rechtsbeschwerdeinstanz führen kann. Es erfolgt also auch eine Zuweisung des isolierten Qualifizierungsverfahrens aus § 1687 zu den jeweiligen Verfahrensvorschriften der ZPO und des FGG. Mithin ergibt sich auch die Zuständigkeit der Familiengerichte nach bisher vertrautem, vor 1998 bereits gültigem, Verfahrensrecht. Das Kindeswohl hat ebenfalls als bei Entscheidungsfindung stets zu berücksichtigende Maxime zu gelten.[329]

2. Sachliche Zuständigkeit der Familiengerichte

Im Rahmen der Kindschaftsrechtsreform wurde die bisherige – teilweise – komplizierte Vorgehensweise in Sorgerechtsverfahren, die in die Zuständigkeit der Familiengerichte fallen, vereinfacht. Nach § 621 Abs. 1 Nr. 1 ZPO liegt die sachliche Zuständigkeit für eine Feststellungsentscheidung nach § 1687 Abs. 1 beim Familiengericht als Abteilung des Amtsgerichts, §§ 23a Nr. 1 GVG, 64 Abs. 1 FGG. Nach §§ 23b Abs. 1 Satz 2 Nr. 2 GVG, 621 Abs. 1 Nr. 1 ZPO wird dem Familiengericht nunmehr eine ausschließliche Zuständigkeit für sämtliche die elterliche Sorge betreffenden Verfahren zugesprochen.[330] Isolierte Sorgeregelungsverfahren fallen also grundsätzlich in die Zuständigkeit der Familiengerichte. Auch die bisher der Zuständigkeit der Familiengerichte entzogene Regelungsbefugnis einzelner Angelegenheiten, wie die Genehmigung der Unterbringung des Kindes (§ 1631b), die Genehmigung bestimmter Rechtsgeschäfte (§ 1643 Abs. 1 und 2), die Überlassung von Vermögen an das Kind (§ 1644) sowie den Beginn eines neuen Erwerbsgeschäfts (§ 1645), die vielmehr den Vormundschaftsgerichten im Hinblick auf ihre größere Erfahrung und Sachkunde vorbehalten bleiben sollten, wurden schließlich auf Anregung des Bundesrates[331] den Familiengerichten übertragen.

Insoweit kann daher auch das im Kontext des § 1687 Abs. 1 Satz 1 und 2 stattfindende Verfahren als ein isoliertes Qualifizierungsverfahren angesehen wer-

---

328 Staudinger/ *Salgo*, § 1687, Rdnr. 56.

329 Vgl. Staudinger/ *Salgo*, § 1687, Rdnr. 58.

330 *Greßmann*, Neues Kindschaftsrecht, Rdnr. 452.

331 BT – Drucksache, 13/ 4899, 159.

den[332], an dessen Ende eine familiengerichtliche Feststellung per Entscheidung darüber, ob denn von einer Angelegenheit mit erheblicher Bedeutung auszugehen ist, stehen wird.[333] Eine solche Entscheidung hinsichtlich der Qualifikation einer einzelnen Angelegenheit ergeht auf Antrag eines Elternteils durch den Richter, § 14 Abs. 1 RPflG. Ziel des Verfahrens wird es sein, Funktionsfähigkeit gemeinsamer elterlicher Sorge durch Zuordnung eines im Streit befindlichen Gegenstandes der elterlichen Sorge und damit die Wahrung des Kindeswohls trotz Elterntrennung zu erreichen.[334]
Eine Kompetenzentscheidung kann aber auch während der Anhängigkeit einer Ehesache bei einem Gericht notwendig werden. Dann hat folgendes zu gelten: Nach § 621 Abs. 2 2. Halbsatz Nr. 1 ZPO kann das jeweilige Gericht gleichzeitig für die Regelung von Sorgerechtsangelegenheiten für ein gemeinschaftliches Kind einschließlich der Übertragung der elterlichen Sorge oder eines Teils der elterlichen Sorge auf einen Elternteil, Vormund oder Pfleger dann sachlich zuständig sein, sofern andernfalls eine Gefährdung des Kindeswohls zu befürchten wäre. Die Beachtung des Kindesinteresses – als Element des Kindeswohls verstanden – erfordert nämlich, Kinder vor Belastungen, die jedes Gerichtsverfahren mit sich bringt, insbesondere wenn von einer zeitlichen Verzögerung dessen auszugehen ist, weitgehend zu schützen. Die Durchführung eines isolierten Sorgerechtsverfahren nach § 1687 Abs. 1 Satz 1 könnte daher unter Umständen bei einer bereits bestehenden Gefährdung des Kindeswohls nicht nur eine zeitliche Verlängerung der Entscheidungsfindung in der Sorgerechtsfrage, sondern auch aufgrund des unterschiedlichen kindlichen Zeitempfindens zu dem eines Erwachsenen eine außerordentliche zusätzliche Belastung für das Kind mit sich bringen, gerade weil Kinder oftmals keine Fähigkeit besitzen, Zeitspannen einordnen und ein Ende des laufenden Verfahren absehen zu können.[335] Alle am Verfahren professionell beteiligten Personen müssen dafür Sorge tragen, daß es nicht zu Verfahrensverzögerungen kommt.

3. Örtliche Zuständigkeit des jeweiligen Familiengerichts

Die örtliche Zuständigkeit hängt davon ab, ob das Sorgerechtsverfahren während eines Scheidungsprozesses geführt wird (§ 623 Abs. 3 ZPO) oder als isoliertes Sorgerechtsverfahren. Bei fehlender Anhängigkeit einer Ehesache richtet sich die örtliche Zuständigkeit nach § 621 Abs. 2 Satz 2 ZPO, also nach allgemeinen FGG – Vorschriften, §§ 43 Abs. 1, 36 Abs. 1 FGG. Der demnach maßgebliche Wohnsitz des Kindes besteht bei getrennt lebenden Eltern mit gemein-

---

332 *Staudinger/ Salgo*, § 1687, Rdnr. 56.

333 *Johannsen/ Henrich/ Jaeger*[3], § 1687, Rdnr. 6; *Palandt/ Diederichsen*[59], § 1687, Rdnr. 34.

334 *Staudinger/ Salgo*, § 1687, Rdnr. 56.

335 *Heilmann*, Kindliches Zeitempfinden und Verfahrensrecht, Teil 1, B. II. 2.

samer elterlicher Sorge bei beiden Eltern, §§ 11 Satz 1, 7 Abs. 2 FGG.[336] Die örtliche Zuständigkeit des jeweiligen Gerichts zur Durchführung einer entsprechenden Sorgerechtsverhandlung ergibt sich nach § 606 ZPO aus dem gemeinsamen gewöhnlichen Aufenthaltsort beider Ehegatten, sofern ein solcher nicht existiert, aus dem Aufenthaltsort des Ehegatten, bei dem sich die gemeinsamen minderjährigen Kinder befinden.[337] Wenn bereits eine sogenannte Ehesache anhängig ist, dann soll eine Entscheidung über vorhandene sorgerechtliche Fragen vor dem Gericht der Hauptsache gefunden werden, § 621 Abs. 2 ZPO. Ziel einer derartigen Zusammenfassung aller Verfahren aus dem Umfeld der Ehesache in die Hand eines Richters soll es dabei sein, dem allgemeinen Interesse zur Herbeiführung einer rationalen und sachgerechten Entscheidung entsprechen zu können. Eine derartige Leitzuständigkeit der Ehesache auch für andere Familiensachen soll aber trotzdem nur für solche Verfahren bestehen, die mit der Ehesache zusammenhängen können, weil durch sie die Ehegatten oder deren Kinder in direkter Weise betroffen sind und diese wiederum in bestimmten Fällen zu Folgesachen werden können.[338]

4. Förderung eigenständiger Konfliktlösung

Vornehmliche Pflicht des in Anspruch genommenen Familiengerichts ist, soweit es sich um eine die Person des Kindes betreffende Angelegenheit gem. § 52 FGG handelt, auf ein Einvernehmen der Beteiligten unter Beachtung der Maxime des § 1697 a, also des Kindeswohls, hinzuwirken.[339] Im Zentrum dieser Bemühungen steht das Kindesinteresse, also der Schutz des Kindes vor vermeidbaren Verfahrensbelastungen, aber auch – darüber hinausgehend – sein Interesse an befriedenden, stabilen, und kooperationsfördernden Vereinbarungen der Eltern.[340] Des weiteren wird dem Gericht in § 52 Abs. 2 FGG die Verpflichtung auferlegt, auf Beratungs- und Hilfsmöglichkeiten der Jugendhilfe hinzuweisen und gegebenenfalls, soweit auf dieser Ebene eine Konfliktlösung möglich erscheint, das Sorgerechtsverfahren auszusetzen. Eine Aussetzung des Verfahrens soll im Kontext des § 52 FGG aber nicht nur dann erfolgen, wenn die Beteiligten bereit sind, außergerichtliche Beratung in Anspruch zu nehmen, sondern auch dann, wenn das Gericht nach eigener, freier Überzeugung der Meinung ist, daß Aussicht auf ein Einvernehmen der Beteiligten besteht. Eine Aussicht auf Einvernehmen der Beteiligten innerhalb eines Verfahrens nach § 52 FGG kann lediglich dann nicht mehr durch das Gericht erhofft werden, wenn die Beteilig-

336 BGH, FamRZ 1990, 35, 36; *Johannsen/ Henrich/ Sedemund – Treiber*, § 621 ZPO, Rdnr. 7.
337 *Münder*, Kinder- und Jugendhilferecht, Band 1 , 145.
338 *Johannsen/ Henrich/ Sedemund – Treiber*, § 621 ZPO, Rdnr. 7.
339 *Staudinger/ Salgo*, § 1687, Rdnr. 58.
340 *Staudinger/ Coester*, § 1671, Rdnr. 271.

ten bereits zuvor eigenständig im Wege der Beratung erfolglos eine Einigung versucht haben.
Solche durch § 52 FGG dem Gericht auferlegte Hinweis- und Hinwirkungspflichten gehen jedoch über die bisher vorgeschriebenen Verpflichtungen, wie Anhörung der Beteiligten, hinaus. Schnell könnte es daher dazu kommen, daß dem Gericht nunmehr auch eine Doppelrolle, nämlich als Mediator und – hilfsweise – als justizielles Entscheidungsorgan zugewiesen wird. Die Wahrnehmung der Rolle eines Mediators durch das Gericht muß jedoch schon allein daran scheitern, daß abgesehen von kaum lösbaren Rollenkonflikten Familienrichter kraft Ausbildung kaum in der Lage sind, eine qualitativ befriedigende Mediationstätigkeit zu entfalten. Schon der institutionelle Rahmen, das Stattfinden der Mediationstätigkeit im Rahmen einer Gerichtsverhandlung, kann kontraproduktiv wirken. Im Rahmen der durch das Gesetz gestellten Forderungen würden sich Richter bei Ausübung ihrer Tätigkeit jedoch bewegen, wenn sich diese auf Information über kindgerechte Lösungen und externe Hilfsmöglichkeiten, autoritatives Anmahnen verantwortungsvollen Elternverhaltens, Sich – Anbieten als Einigungshelfer beschränken. Das Familiengericht hat somit nicht nur als Schalt- und Vermittlungsstelle zwischen Eltern und Jugendamt zu fungieren, sondern auch Einwirkungs- und Überzeugungstätigkeit flankierend zu den jugendhilferechtlichen Beratungs- und Hilfsansätzen zu leisten.
In diesem dem Gericht auferlegten Bemühen, zwischen den Eltern Einvernehmen herzustellen, wird jedoch nicht gleichzeitig auch eine Hinwirkungsverpflichtung dahingehend statuiert, die gemeinsame elterliche Sorge auch dauerhaft beizubehalten. Welche Sorgerechtsform für die Familie während des Getrenntlebens am besten geeignet ist, also ob eventuell von denen in § 1687 gemachten Vorgaben abgewichen werden soll, soll diese vielmehr selbst bestimmen. Die Zwecke des § 52 FGG sind schließlich auch gewahrt, wenn Einvernehmen über Alleinsorge eines Elternteils oder Sorgerechtsaufteilungen erzielt wird, das sich dann in einem Antrag nach § 1671 Abs. 1, Abs. 2 Nr. 1 wiederfindet.[341] Der Richter kann während des Verfahrens allenfalls ansprechen, daß ideal verstandene Elternschaft auch die Fortführung einer gemeinsamen Elternverantwortung bedeutet.
Ein Bemühen des Gerichts um Einvernehmen hat lediglich immer dann zu entfallen, wenn kindesschutzrechtliche Eingriffe gem. §§ 1671 Abs. 3, 1666 geboten sind.[342] Eine Verpflichtung zur Erörterung der vorliegenden Problematik mit den Eltern und zur familieninternen Konfliktlösung kann sich dann allenfalls noch aus dem Grundsatz der Verhältnismäßigkeit ergeben.[343] In Verbindung mit dem Gefahrenabwendungsprimat der Eltern (§ 1666 Abs. 1) ergibt sich dann die

341 *Johannsen/ Henrich/ Jaeger*, § 1671, Rdnr. 37.
342 BT – Drucksache 13/ 4899, 69.
343 *Staudinger/ Coester*, § 1671, Rdnr. 276.

Pflicht auf Erörterung der Lage mit den Eltern wie auch nach einer familieninternen Konfliktlösung zu suchen. Besonders einschneidende Maßnahmen des Familiengerichts sind subsidiär beziehungsweise *ultima ratio* gegenüber einem familienstützenden Interventionsansatz oder milderen Eingriffen.

5. Gerichtliche Feststellung im Rahmen des § 1687

Das Verfahren im Rahmen des § 1687 Abs. 1 und 2 endet, nachdem alle gerichtlichen Vermittlungsbemühungen gescheitert sind, mit einer gerichtlichen Feststellung über die Qualifizierung der im Streit befindlichen Angelegenheit.[344] Gelingt eine Beilegung des Streits über eine Angelegenheit des täglichen Lebens nicht, so bleibt dies für die weitere Ausübung der elterlichen Sorge deswegen ohne Bedeutung, weil von einem alleinigen Entscheidungsrecht des betreuenden Elternteils auszugehen ist. Es ist in einem solchen Fall unerheblich, wie Eltern über die entsprechende Angelegenheit befinden. Handelt es sich hingegen um eine Angelegenheit von erheblicher Bedeutung, wobei also auch mit schwer abzuändernden Auswirkungen auf die Entwicklung des Kindes zu rechnen wäre, so besteht für Eltern die Möglichkeit, sich nunmehr zu einigen oder einen Antrag gemäß § 1628 zu stellen. Es ist dann von einem neuen, gegenüber dem Feststellungsverfahren des § 1687 selbständigen, Verfahren auszugehen.

6. Anhörungspflichten

Um der in § 12 FGG gebotenen Sachverhaltsaufklärung, also etwa der Erforschung für eine Entscheidung psychologisch bedeutsamen Umstände, sowie des verfassungsrechtlich geschützten Elternrechts nachkommen zu können[345], hat das Gericht nach § 50a FGG die Eltern[346] und nach § 50b FGG das Kind persönlich anzuhören. Bei gleichzeitigem Scheidungsverfahren hat eine Elternanhörung durch das Gericht aus § 613 Abs. 1 Satz 1 und 2 ZPO zu erfolgen. Obwohl im isolierten Verfahren gemäß § 1687 die Neigungen, Bindungen oder der Wille des Kindes gem. § 50b FGG nicht im Vordergrund stehen, muß das Kind in der Regel dennoch angehört werden, wenn die sich im Streit befindlichen Angelegenheiten unmittelbare Auswirkungen auf das Kind bzw. seine Entwicklung entfalten können.[347] Eine Orientierung an § 50b FGG bleibt aufgrund der in der ZPO enthaltenen Verweise daher zulässig. Die durch das neue Recht gestärkte Verantwortung der Eltern setzt nämlich voraus, daß diese das Wohl ihrer gemeinsamen Kinder nicht aus den Augen verlieren, sondern sich bewußt und in Kenntnis der rechtlichen Gestaltungsmöglichkeiten entscheiden, welche Ent-

344 Vgl. VI. 2., oben.
345 OLG Hamm, FamRZ 1999, 36.
346 OLG Oldenburg, FamRZ 1999, 35.
347 Staudinger/ *Salgo*, § 1687, Rdnr. 61.

scheidung sie in Sorgerechtsangelegenheiten treffen wollen.[348] Andererseits sind die Gerichte aber auch dazu verpflichtet, sich von den gegebenen Umständen einen persönlichen Eindruck zu verschaffen.[349] Besonderer Bedeutung ist daher stets der Anhörung des Kindes beizumessen, weil nur so effektiv dessen Interessen und Bedürfnisse genau abgeklärt werden können. Nur so kann auch dem verfassungsrechtlichen Gebot entsprochen werden, bei Sorgerechtsentscheidungen – zu denen im verfassungsrechtlichen Sinne wohl auch eine Kompetenzentscheidung zu zählen ist – den Willen des Kindes zu berücksichtigen, soweit dies mit dem Wohl des Kindes vereinbar ist.[350] Einem heranwachsenden Kind wird also eine eigenständige Beschwerdefähigkeit für die Verfahrensinstanz zuerkannt.[351] Um dies gewährleisten zu können, haben die Familiengerichte im Einzelfall ihre Verfahrensweise unter Berücksichtigung des Alters des einzelnen Kindes, seines Entwicklungsstandes und vor allem seiner häufig durch die Auseinandersetzung zwischen den Eltern besonders angespannten seelischen Verfassung so zu gestalten, daß sie möglichst zuverlässig die Grundlagen einer am Kindeswohl orientierten Entscheidung erkennen können. Die Anhörung muß in einer Weise erfolgen, die auf das Alter und die psychische Lage des Kindes Rücksicht nimmt. Die Erzeugung von Irritationen und Spannungen ist zu vermeiden. Es steht im Ermessen des Gerichts, die Anhörung in Abwesenheit der Eltern und ihrer Prozeßbevollmächtigten durchzuführen[352], sofern das Kind dadurch nicht geängstigt wird. Geschieht die Anhörung ohne die Eltern, so hat das Gericht das Ergebnis den Beteiligten mitzuteilen und ihnen Gelegenheit zur Stellungnahme zu geben.[353] Unter keinem Umständen darf dem Kind dabei die Rolle des Schiedsrichters zwischen Vater und Mutter aufgedrängt werden. Das Anhörungsverfahren setzt vielmehr ein hohes Maß an psychischem Feingefühl voraus, das durch das Studium psychologisch bewährter Praktiken ergänzt, nicht aber ersetzt werden kann.[354] Das Ergebnis und der Erfolg einer persönlichen Anhörung des Kindes durch das Gericht werden allerdings entscheidend davon abhängen, in welchem Maß der Richter die Fähigkeit zur Einfühlung in die besondere psychologische Situation des Kindes besitzt und ob es ihm gelingt, mit dem Kind in ein Gespräch zu kommen.[355]
Vereinzelt wird im juristischen Schrifttum gegen eine Kindesanhörung aufgeführt, daß eine Anhörung für Kinder regelmäßig auch eine erhebliche Belastung

---

348 *Greßmann*, Neues Kindschaftsrecht, Rdnr. 462.
349 BGH, FamRZ 1985, 169.
350 BVerfGE 55, 171 (182).
351 BT – Drucksache 8/ 2788, 73.
352 BGH, FamRZ 1986, 895 (896); KG, FamRZ 1980, 1156; OLG Hamm, Rpfleger 1985, 27.
353 BGH, FamRZ 1986, 895 (896).
354 BVerfG, FamRZ 1981, 124 (126).
355 BVerfG, FamRZ 1981, 124 (126).

bedeuten kann[356], so daß eine solche bei elterlicher Einigkeit nur dann erfolgen sollte, wenn Anhaltspunkte für eine mögliche Kindeswohlgefährdung bestehen. Von einer erhöhten Belastung für das Wohl des Kindes ist nach Ansicht des Bundesverfassungsgerichts[357] aber nur dann auszugehen, wenn die Durchführung einer Anhörung Nachteile für die weitere Entwicklung und Erziehung des Kindes bedeutet. So kann schon eine mit der Würde des Kindes unvereinbare Form der Anhörung, die schließlich auch Grundlage einer im Anschluß ergehenden Entscheidung bilden wird, dazu führen, daß von einer Verletzung individueller Kindesrechte auszugehen ist. Beispielsweise kann ein solcher Verstoß gegen Formvorgaben bei Durchführung einer Anhörung dann angenommen werden, wenn dem beauftragten Richter notwendige persönliche und sachliche Kompetenzen oder Unabhängigkeit um einen Anhörungstermin durchführen zu können fehlen würden. Dem Grundsatz auf Gewährung rechtlichen Gehörs nach Art. 103 Abs. 1 GG kann dann nicht mehr in einer dem Kind gebotenen Weise entsprochen werden.

Schließlich ist nach den Absätzen 3 der §§ 50a, b FGG von den zwingend vorgeschriebenen Anhörungen auch nur aus schwerwiegenden Gründen abzuweichen. Dabei muß es sich wiederum um triftige, das Wohl des Kindes nachhaltig berührende Gründe handeln. Solche liegen in der Regel vor, wenn das Kind durch die Anhörung aus seinem seelischen Gleichgewicht gebracht werden kann und eine Beeinträchtigung seines Gesundheitszustandes zu befürchten ist.[358] Bei der Beantwortung der Frage, ob schwerwiegende Gründe gegeben sind, ist eine Feststellung der einzelnen Tatumstände zwar dem einzelnen Tatrichter vorbehalten, die Frage aber, ob die Umstände in ihrer Gesamtheit die Merkmale schwerwiegender Gründe erfüllen, stellt eine eigenständige Rechtsfrage dar, deren unrichtige Beantwortung gleichzeitig auch eine Gesetzesverletzung bedeutet.[359] Mithin ist bei der Subsumtion der einzelnen Tatumstände unter das Gesetz Obacht geboten, zumal die einmal durch den Richter ermittelten Umstände für den weiteren Verlauf des Verfahrens auch als bindend gelten müssen.

Letztlich wäre noch zu erwähnen, daß nach überwiegender Ansicht auch ein übereinstimmender Elternvorschlag die gesetzliche Anhörungspflicht des Gerichtes nicht aufheben kann.[360] Es verbleiben oftmals Fälle, in denen Eltern Nei-

---

356 BVerfG, FamRZ 1981, 124 (126); BT – Drucksache 8/ 2788, 74; *Lidle – Haas*, Das Kind im Sorgerechtsverfahren nach der Scheidung, 95ff. m.w.N.; a.A.: *Lossen*, FuR 1997, 100 (103).

357 BVerfG, FamRZ 1981, 124 (126).

358 OLG Hamm, FamRZ 1999, 37.

359 OLG Hamm, FamRZ 1999, 37.

360 *Luthin*, FamRZ 1981, 1149 (1150); *Fehmel*, DAVorm 1981, 171; *Keidel/ Kuntze/ Winkler*, § 50 b FGG, Rdnr. 9; *Schwab*, Handbuch des Scheidungsrechts, III, Rdnr. 50; a.A.: AG Kamen, FamRZ 1981, 705: Die Anhörung eines Kleinkindes ist dann nicht notwendig, wenn ein gemeinsamer Elternvorschlag die Billigung der beteiligten Jugen-

gungen und tiefere Bindungen des Kindes nicht ermessen können oder wollen. Die Gefahr, daß das Kind dann schnell zu einem bloßen Dispositionsgegenstand innerhalb eines so von sich gehenden Verfahrens werden wird, ist groß.[361] Eine Anhörungspflicht des Gerichts trotz bestehendem übereinstimmenden Elternvorschlages zur Regelung und Ausübung der gemeinsamen elterlichen Sorge muß sich aber nicht zuletzt schon daraus ergeben, daß ein solcher nach § 1671 Abs. 3 ohnehin der Kontrolle des Gerichts unterliegt. Innerhalb einer dann erfolgenden Anhörung ist die Zielrichtung daher wie folgt zu formulieren: Sie hat sich darauf zu beschränken, sicherzustellen, daß der gemeinsame Elternvorschlag nicht auf einen tiefverwurzelten Widerstand des Kindes stößt. Den Kindesinteressen kann dann nämlich nicht mehr entsprochen werden. Bei einer bestehenden Abweichung von dem bereits gemachten Elternvorschlag hat das Gericht seinerseits zur Beurteilung die Kriterien des § 1671 Abs. 2 anzuwenden, die sich wiederum an den Grundsätzen des § 50b Abs. 1 FGG orientieren.

7. Vorläufiger Rechtsschutz

Auch in einem isolierten Sorgerechtsverfahren nach § 1687 kann es notwendig werden, daß das Gericht eine Entscheidung im Verlaufe eines Rechtsstreites noch vor dem endgültigen Abschluß der Verhandlungen darüber zu treffen hat, ob es sich bei dem möglichen Kompetenzstreit der Eltern um eine alltägliche Angelegenheit oder um eine solche von erheblicher Bedeutung handelt. Dieses kann durch Situationen geboten sein, in denen kein Aufschub bis zu einer gerichtlich einwandfrei ergangenen Qualifikationsentscheidung, also nach umfangreichen Ermittlungen und Anhörungen, gewährt werden kann.[362] Es muß also ein dringendes Regelungsbedürfnis bestehen, das es im Kindesinteresse verbietet, bis zum Zeitpunkt der Endentscheidung zu warten.[363] Vor Anhängigkeit einer Ehesache kann eine gesetzliche Regelung der streitigen Rechtslage nur durch eine vorläufige Anordnung erfolgen. Dabei genügt es jedoch nicht, daß eine vorläufige Anordnung dem Kindeswohl dienlicher ist als ihr Unterbleiben, vielmehr muß ohne sie das Kindeswohl auch ernsthaft beeinträchtigt sein.[364] Solche Entscheidungen in Form von vorläufigen Anordnungen haben sich wiederum nach allgemeinen FGG – Grundsätzen zu richten.[365] Für einen Teilbe-

---

dämter gefunden hat und sich der Elternvorschlag ferner als am Kindeswohl ausgerichtet erweist.

361 Vgl. AG Kamen, FamRZ 1981, 705; früher auch *Luthin*, FamRZ 1979, 986; ders., FamRZ 1981, 113.

362 *Staudinger/ Peschel – Gutzeit*, § 1628, Rdnr. 40.

363 KG FamRZ 1984, 1143 (1144); OLG Düsseldorf, FamRZ 1978, 604; OLG Karlsruhe, FamRZ 1987, 78 (79); OLG Thüringen, FamRZ 1997, 573; OLG Zweibrücken, FamRZ 1983, 1162 (1163).

364 OLG Karlsruhe, FamRZ 1990, 304 (305).

365 *Staudinger/ Salgo*, § 1687, Rdnr. 62.

reich, nämlich Aussetzung des Sorgerechtsverfahrens wegen außergerichtlicher Beratungs- und Einigungsbemühungen, ist diese Befugnis in § 52 Abs. 3 FGG ausdrücklich genannt. Eine Aussetzung des Verfahrens darf in diesen Fällen nur erfolgen, wenn die dadurch verursachte Verfahrensverzögerung nicht ihrerseits dem Kindeswohl widerspricht. Sich dann aus einer Verfahrensverzögerung ergebende Probleme, wie etwa Aufenthalt des Kindes, kann nach § 52 Abs. 3 FGG mit einer einstweiligen Anordnung Rechnung getragen werden.[366] Die einstweilige Anordnung unterscheidet sich jedoch zu der vorläufigen dahingehend, als deren Zulässigkeit erst nach Anhängigkeit einer Ehesache gegeben und diese auch gesetzlich geregelt ist, wie auch ein elterlicher Antrag nach Maßgabe des § 1671 notwendig.[367] Vor Anhängigkeit eines Eheverfahrens bzw. in einem isolierten Verfahren nach § 1687 kann ein derartiges Vorgehen daher nicht verfolgt werden.

Daher wurde dem Elternteil, bei dem eine Rechtshandlung notwendig wird, ohne Einschaltung des Gerichts, also dem Ausspruch einer einstweiligen Anordnung, nach §§ 1687 Abs. 1 Satz 5, 1629 Abs. 1 Satz 4 bei Gefahr im Verzug ein Notvertretungsrecht gewährt.

Trotz dieser eindeutigen Rechtslage kann es jedoch zu Konkurrenzfragen kommen, wenn die Durchführung eines Verbundverfahrens aus Gründen des Kindeswohls – unabhängig des die Ehesache betreffenden Verhandlungsstandes – als notwendig zu erachten ist. In einem solchen Verbund ist aus Sicht des juristischen Schrifttums der Regelungsmöglichkeit nach § 620 Nr. 1 ZPO, also einer einstweiligen Anordnung, Vorrang einzuräumen.[368] Für bereits eingeleitete Verfahren auf vorläufige Anordnungen gilt, daß sie entweder weitergeführt werden, oder aber auch auf § 620 ZPO umgestellt werden können. Wird das Sorgerechtsverfahren hingegen isoliert neben der Ehesache geführt, so besteht freie Konkurrenz zwischen beiden vorläufigen Rechtsschutzmöglichkeiten.[369]

8. Rechtsmittelzug

Mit der Erweiterung der Zuständigkeit der Familiengerichte wurde der in Familiensachen geltende Instanzenzug auch auf Sorgerechtsstreitigkeiten übertragen. Der für Familiensachen gültige Instanzenzug richtet sich nach der ZPO. Für die Beschwerden sind damit an Stelle der Landgerichte, wie in den anderen Familiensachen, bei isolierten Sorgerechtsstreitigkeiten die Oberlandesgerichte zuständig. Die Beschwerdefrist beträgt einen Monat nach Zustellung der Entscheidung, sonst fünf Monate nach Verkündung, §§ 621 e Abs. 3 S. 2, 516 ZPO. Ge-

---

366 OLG Hamm, FamRZ 1999, 393 (394).

367 *Staudinger/ Coester*, § 1671, Rdnr. 293.

368 *Staudinger/ Coester*, § 1671, Rdnr. 293; *Johannsen/ Henrich/ Sedemund – Treiber*, § 620 ZPO, Rdnr. 7, m.w.N.

369 OLG Frankfurt am Main, FamRZ 1983, 191; OLG Hamburg, FamRZ 1982, 722f.; OLG Stuttgart, FamRZ 1982, 1235.

gen diese Beschwerdeentscheidung des OLG kann weitere Beschwerde (Revision) zum BGH eingelegt werden, wenn das OLG diese zugelassen oder die Beschwerde zuvor als unzulässig verworfen hat, §§ 621 e Abs. 2 ZPO, 133 Nr. 2 GVG. Hinsichtlich der Frist bei einer Revision gilt das gleiche wie bei der Beschwerde, §§ 621 e Abs. 3 Satz 2, 552 ZPO. Weiterhin finden auch innerhalb eines isolierten Sorgerechtsverfahrens die Zulassungsbeschränkungen der freiwilligen Gerichtsbarkeit Anwendung, § 621 e Abs. 2 ZPO.
Berechtigt zur Einlegung einer Beschwerde als Rechtsmittel sind nach §§ 20, 57, 64 FGG die Eltern des Kindes, das über 14 Jahre alte Kind selbst, § 59 FGG, der Ehegatte des Mündels bei rechtlichem Interesse, § 64 Abs. 3 Satz 4 FGG, und das Jugendamt im Interesse des Kindeswohls, §§ 57 Abs. 1 Nr. 9, 64 Abs. 3 Satz 3 FGG. Das Beschwerderecht des Kindes kann auch durch einen Verfahrenspfleger nach § 50 FGG ausgeübt werden, wobei ihm bei jüngeren Kindern auch ein Beschwerderecht aus § 57 Abs. 1 Nr. 9 FGG zuerkannt werden soll, mit dem er die Verletzung des Kindeswohls geltend machen kann. Dem älteren Kind hingegen erwächst eine eigenständige Beschwerdebefugnis aus § 59 FGG, die auch die Beauftragung eines Rechtsanwalts umfaßt.[370] Für eine vorliegende Beschwerdeberechtigung muß es aber weiterhin auch Voraussetzung sein, daß eine unmittelbare individuelle Rechtsbeeinträchtigung des Beteiligten durch die jeweilige Entscheidung zu befürchten ist. Eine solche kann nach Ansicht der Rechtsprechung bereits auch ohne eine Beteiligung am Verfahren vorliegen[371], allerdings folgt sie nicht bereits aus der Stellung als Antragsteller[372] oder als materiell Beteiligter im erstinstanzlichen Verfahren.[373]

370 BayObLG, FamRZ 1985, 738 m.w.N.

371 BGH, FamRZ 1980, 989 (990): zwar in Verbindung mit der Regelung eines Versorgungsausgleichs nach § 1587 b Abs. 2, jedoch wurde dieses durch den BGH als ein allgemein gültiger Grundsatz formuliert.

372 BGH, FamRZ 1991, 678 (679).

373 BGH, FamRZ 1981, 132 (133).

X. Zusammenfassung

Anhand der erfolgten Abhandlung ist festzustellen, daß die momentan gültige Fassung des § 1687 zur Regelung der Ausübung einer gemeinsamen elterlichen Sorge bei Getrenntleben eher zu Verwirrung und Unsicherheit, als zu Klarheit und Rechtssicherheit beiträgt: Zwar sieht der Gesetzgeber nach Abwägung der Argumente hinsichtlich Chancen und Risiken einer gemeinsamen Sorgeberechtigung getrennt lebender Eltern einen klaren Vorteil in dieser Sorgerechtsform. Die Ausgestaltung des Wortlautes in § 1687 erweist sich jedoch deshalb als äußerst problematisch, weil darin lediglich die Definition einer Angelegenheit des täglichen Lebens getroffen, zugleich aber auch eine Angelegenheit von erheblicher Bedeutung erwähnt wird. Bezüglich letzterem wird aber durch den Gesetzgeber im Normtext keine Formulierung dahingehend gegeben, was darunter zu verstehen ist. Folglich kann sich für betroffene Eltern eine zu treffende Entscheidung über eine einzelne Angelegenheit äußerst schwierig gestalten und zu zusätzlichen Problemen in der Trennungszeit führen.

Betrachtet man § 1687 im System der gemeinsamen Sorge nach Trennung der Eltern, so soll dieser in seiner Zweckbestimmung aber gerade dahingehen verstanden werden, daß Eltern die Ausübung eines gemeinsamen Sorgerechts für ihre Kinder kraft Gesetzes problemlos ermöglicht wird, gerade so als hätte sich an der familiären Situation nichts geändert. Es sollen also nicht absichtlich Situationen geschaffen werden, die sich im Ergebnis konfliktverschärfend auswirken. Ob dieses jedoch durch die vorliegende Ausgestaltung des § 1687 tatsächlich auch erreicht werden kann, muß gerade aufgrund der darin verwandten Terminologie als äußerst fragwürdig gelten, zumal bezüglich ihrer Auslegung auch erhebliche Schwierigkeiten zu erwarten sind:

Zur Klärung dessen, was im Rahmen des § 1687 konkret unter einer Angelegenheit des täglichen Lebens oder einer Angelegenheit von erheblicher Bedeutung zu verstehen ist, wurde durch Rechtsprechung und Literatur eine Empfehlung dahingehend ausgesprochen, bereits existierende Auslegungen bezüglich der in § 1687 verwandten Terminologie, die sich aus einer Anwendung der §§ 1628, 1688 herleiten lassen könnte, heranzuziehen. Derart eine Lösung der sich in § 1687 ergebenden Abgrenzungsproblematik zu erreichen, muß jedoch daran scheitern, daß den einzelnen Normen zueinander unterschiedliche Regelungs- und Zweckbestimmungen zugrunde liegen. Aufgrund dieser unterschiedlichen Ausgangspositionen führt eine Heranziehung bereits vorhandener Auslegungsergebnisse zu verfälschten Ergebnissen. Allein durch das Vorliegen einer gleichlautenden Terminologie kann gleichzeitig nicht angenommen werden, daß trotz verschiedener Zusammenhänge auch immer tatsächlich eine identische Auslegung der Begriffe beabsichtigt wird.

Nicht zuletzt deshalb kann § 1687 im sorgerechtlichen Gesamtsystem auch als eine völlig neuartige, vorher noch nicht dagewesene Regelung bezeichnet wer-

den, die insbesondere auch in Bezug auf die im Gesetz enthaltene Regelung des § 1671 – also gegenüber der Alleinsorge – nicht in einem Regel – Ausnahme – Verhältnis zu verstehen ist. In Bezug auf § 1628 ist eine unterschiedliche Regelungs- und Zweckbestimmung deshalb anzuerkennen, weil es sich innerhalb dieses § 1628 um eine Regelung von Entscheidungskompetenzen bezüglich konkreter Angelegenheiten innerhalb einer intakten bzw. noch zusammenlebenden Familie handelt. In § 1687 ist hingegen von einer getrennt lebenden Familie auszugehen, die eine Organisation ihres gesamten Tagesablaufs beabsichtigt.
Seitens des Gesetzgebers wurde als Möglichkeit zur Beantwortung der Frage, wie innerhalb des § 1687 geeignete Abgrenzungsergebnisse erlangt werden können, die Empfehlung ausgesprochen, allein nach der in § 1687 Abs. 1 Satz 3 enthaltenen Legaldefinition vorzugehen. Alleiniger Maßstab für eine zutreffende Abgrenzung soll daher Häufigkeit und Abänderbarkeit der jeweiligen Angelegenheit bilden. Eine Angelegenheit also, die häufig vorkommt und keine schwer abzuändernden Auswirkungen auf das Kind entfaltet, kann stets als alltäglich bezeichnet werden. Ein Vorliegen einer Angelegenheit von erheblicher Bedeutung soll hingegen immer dann angenommen werden, wenn die genannten Maßstäbe gerade nicht erfüllt sind. Im Ergebnis würde ein Vorgehen nach dieser gesetzlichen Empfehlung die Anwendung eines Entweder – Oder – Prinzips bedeuten, wonach also eine Lösung für die sich innerhalb des § 1687 ergebenden Abgrenzungsproblematik auch nur die darin genannten beiden Möglichkeiten in Betracht kommen können. Was aber konkret unter den einzelnen Angelegenheiten zu verstehen ist und wie in Zweifelsfällen oder bei Angelegenheiten aus Grenzbereichen zu verfahren ist, kann auch nicht durch eine derartige Vorgehensweise festgelegt werden.
Als zweifelhaft muß es daher gelten, ob mit einer so verfaßten Regelung einer gemeinsamen Sorge getrennt lebender Ehegatten dem Ziel der Gesetzgebung, nämlich das Kindeswohl auf bestmögliche Art und Weise zu fördern und dabei gleichzeitig die Rechtspositionen der Eltern zu stärken und vor unnötigen Eingriffen zu schützen, auch entsprochen werden kann. Dieses sich aufgrund des Wortlautes des § 1687 ergebende Dilemma führte schon im Vorfeld der Kindschaftsrechtsreform zu kontroversen Debatten um Art und Weise der Regelung einer gemeinsamen Sorgeberechtigung getrennt lebender Ehegatten. Es wurden dabei zahlreiche Vorschläge zur Gestaltung eines praxistauglichen § 1687 gemacht.
Es wäre daher nicht auszuschließen, daß unter Umständen dem Ziel der Gesetzgebung hätte besser entsprechen werden können, wenn eine Annahme eines der im Rahmen der Diskussion um die Regelung von elterlichen Entscheidungsrechten bei gemeinsamer Sorge im Falle des Getrenntlebens gemachten zahlreichen anderen Vorschläge erfolgt wäre. Denn auch Versuche durch den Anwender, wie etwa Fallbeispiele bezüglich der Qualifizierung einzelner Angelegenheiten zu schaffen, können ebenfalls nicht die ganze Problematik der Abgren-

zung der einzelnen Angelegenheiten zueinander erfassen, weil sie aufgrund der Komplexität des Alltags auch niemals als abschließend gelten können.
Der ursprüngliche Entwurf der Bundesregierung sah vor, den Begriff einer Angelegenheit von erheblicher Bedeutung im Gesetzestext des § 1687 nicht zu verwenden, sondern vielmehr den Begriff von grundsätzlich zu treffenden Entscheidungen einzuführen. Hinsichtlich einer derartigen Fassung des Gesetzestextes ließe sich zunächst positiv bemerken, daß durch eine Verwendung unterschiedlicher Begrifflichkeiten innerhalb der durch § 1687 bezweckten Regelungsbereiche, nämlich einerseits eine alleinige Entscheidungskompentenz des betreuenden Elternteils hinsichtlich Angelegenheiten des täglichen Lebens und andererseits die Pflicht zum einvernehmlichen Handeln bei grundsätzlich zu treffenden Entscheidungen, eine Doppeldefinition eines einzigen Begriffs, nämlich des einer Angelegenheit, vermieden wird. Im geltenden § 1687 wird nämlich allein durch die Tatsache, daß dem Begriff Angelegenheit als solches unterschiedliche Bedeutungen auferlegt wird, der einer alltäglichen und der einer erheblichen Angelegenheit, für zusätzliche Verwirrung des die gemeinsame Sorge ausübenden Elternteils gesorgt. Dieses kann auch gerade durch Verwendung des Begriffs einer grundsätzlichen Entscheidung dadurch vermieden werden, weil so Tragweite und Wichtigkeit einer einzelnen Entscheidung im Leben eines Kindes besser hervorgehoben werden können. Es wird ersichtlicher, daß es sich eben tatsächlich um eine schwerwiegende Entscheidung handelt und eben nicht bloß um eine Angelegenheit, die beiläufig eventuell noch erhebliche Auswirkungen auf das Kind entfalten könnte. Durch eine derartige Wortwahl im Gesetzestext ist eine eindringlichere Formulierungsweise möglich. Eltern kann der Stellenwert ihrer Entscheidung bewußt vorgehalten werden. Bei einer bloßen Verwendung des Begriffs Angelegenheit kann dies schon allein deswegen niemals möglich sein, weil dieser von seinem Verständnis her im alltäglichen Sprachgebrauch zu oberflächlich besetzt ist. Unter den Begriff einer Angelegenheit läßt sich im alltäglichen Sprachgebrauch viel subsumieren, so daß dieser Begriff in seiner Bedeutung schon fast überzogen scheint. Dieses hat schließlich den Gesetzgeber auch dazu verleitet, eine weitere begriffliche Konkretisierung innerhalb des § 1687 vorzunehmen, um genau sein Anliegen, nämlich eine alltägliche von einer erheblichen Angelegenheit abzugrenzen und elterliche Entscheidungskompetenzen diesbezüglich zu formulieren, erreichen zu können.
Ein weiteres fürsprechendes Argument wäre, daß anders als bei wiederholter Anwendung schon im Gesetzbuch verwandter Begrifflichkeiten, wie alltäglich und erheblich, bei Verwendung einer neuartigen Terminologie, wie grundsätzlich zu treffende Entscheidungen, es möglicherweise vermieden werden kann, daß Rechtsprechung und Literatur ohne die Berücksichtigung der eigenen Zweckbestimmung der Norm schon ergangene Auslegungen heranziehen. Die Bildung einer künstlichen Schnittmenge zwischen Normen, deren Ausgangsbereiche verschiedentlich sind, kann so verhindert werden. Zwar kann es bei Aus-

übung eines so gestalteten § 1687 ebenfalls zu erheblichen Schwierigkeiten aufgrund fehlender Definitionen kommen, jedoch wird so zumindest gewährleistet sein, daß es zur Bildung einer eigenständigen, auf den Zweck der Norm abgestimmten, Auslegungspraxis kommen kann.
Schließlich könnte auf diesem Wege auch dem in § 1687 erfolgten gesetzestechnischen Lapsus entgegengewirkt werden, nämlich daß es lediglich zu einer definitorischen Festlegung einer Angelegenheit des täglichen Lebens und nicht einer Angelegenheit von erheblicher Bedeutung gekommen, der Aufgabenbereich der gemeinsam sorgeberechtigten Eltern also nur positiv umschrieben worden ist. Vielleicht wäre es anhand eines derart gestalteten § 1687 auch möglich, dem gesetzgeberischen Ziel um die Schaffung einer generellen Regelung zur Ausübung einer gemeinsamen elterlichen Sorge bei Getrenntleben eher entsprechen zu können.
Nicht zuletzt kann dann auch durch die so geschaffene Tatsache, daß es innerhalb des Entwurfes der Bundesregierung weder zu einer definitorischen Festlegung einer Angelegenheit des täglichen Lebens noch der einer grundsätzlichen Entscheidung kommen soll, dem Prinzip der Elternautonomie eher entsprochen werden. Eltern wären nämlich so zwangsläufig gehalten selbständig zu entscheiden, was ihrer Ansicht nach eine in Bezug auf das Kind grundsätzlich zu treffende Entscheidung und was eher als eine alltägliche Angelegenheit gelten soll. In diesem Moment könnte sich dann auch die Tatsache einer schärferen Wortwahl, wie es bei einer Verwendung des Begriffs einer grundsätzlichen Entscheidung der Fall wäre, als nützlich erweisen.
Die Klärung dessen aber, was innerhalb eines so gestalteten § 1687 unter einer grundsätzlichen Entscheidung oder einer Angelegenheit von alltäglicher Bedeutung *in concreto* zu verstehen ist, muß auch bei Bevorzugung des durch die Bundesregierung gemachten Vorschlages erst im Rahmen einer entsprechenden Auslegungspraxis erfolgen, was sich unter Umständen als langwierig erweisen kann. Letzteres läßt sich aber grundsätzlich bei Schaffung einer völlig neuen Regelung selten vermeiden.

In dem durch die SPD – Fraktion eingereichten Vorschlag zu § 1687 sollte es ebenfalls zu einer Verwendung einer abweichenden Terminologie kommen, nämlich von im Zusammenhang mit Kindern regelmäßig vorkommenden Entscheidungen. Bei diesem Vorschlag sollte also der Begriff einer Angelegenheit des täglichen Lebens durch den einer regelmäßig vorkommenden Entscheidung ersetzt werden. Nach Ansicht der SPD – Fraktion kann nur durch eine derartige Wortwahl gewährleistet werden, daß Eltern bei ihren Entscheidungen in Reichweite eines normalen Lebensalltags gelangen. Des weiteren soll die Verwendung des Begriffs einer elterlichen Verantwortung erfolgen, um eingehender darstellen zu können, daß Elternrecht und –pflicht unlöslich miteinander verbunden sind. In der Begründung der SPD – Fraktion zu ihrem Vorschlag heißt es

dazu, daß auch elterlichen Sorgerechtsvereinbarungen zukünftig nur so eine stärkere Gewichtung zugesprochen werden kann. Nur so können Entwicklungsinteressen des Kindes ausreichend Rechnung getragen werden. Schon allein aus Art. 6 Abs. 2 GG ist elterlichen Vereinbarungen nämlich Vorrang vor jeder staatlichen bzw. gerichtlichen Intervention einzuräumen. Demzufolge sei auf gerichtliche Entscheidungen immer dann zu verzichten, wenn Eltern eigenständig die Ausübung ihres Sorgerechts überlassen werde und diese auch im übrigen keine besondere Gefährdung des Kindeswohls zu befürchten haben.
Hinsichtlich eines solchen Vorschlages läßt sich jedoch bemerken, daß es auch bei dem durch die SPD – Fraktion zu § 1687 gemachten Vorschlages keine eindeutige Bestimmung dahingehend erfolgt, wann Entscheidungen in Kindesangelegenheiten ein gegenseitiges Einvernehmen der Eltern benötigen. Es erfolgt wiederum nur eine einseitige Festlegung dahingehend, wann Eltern befugt sind, eigenständig Handlungen ohne Rücksprache mit dem anderen Elternteil vorzunehmen. Zur Konkretisierung dessen, was unter einer regelmäßig vorkommenden Angelegenheit zu verstehen ist, werden lediglich Fallbeispiele aufgeführt. Aber auch schon allein die bloße Verwendung des Begriffs regelmäßig im Gesetzestext muß sich deshalb als problematisch erweisen, weil dieser eine Prägung durch den alltäglichen Sprachgebrauch erfahren hat und es so hinsichtlich seiner Auslegung zu erheblichen Abweichungen kommen kann, sofern ihm keine juristische Bedeutung im Sinne einer Definition – was ja gerade nicht erfolgt – zugeteilt wird. Es entstehen so unterschiedliche Ansichten der Eltern darüber, was im einzelnen unter einer regelmäßig vorkommenden Entscheidung verstanden werden kann. Aber nicht nur zwischen den Elternteilen selbst, sondern auch im Verhältnis einzelner Familien zueinander werden unterschiedliche Auffassungen darüber entstehen, was unter einer regelmäßig vorkommenden Entscheidung zu verstehen ist. Beispielsweise kann innerhalb einer Familie ein und dieselbe Entscheidung öfters und in der anderen Familie so gut wie nie zur Disposition stehen, also die jeweilige Angelegenheit dann auch als regelmäßig oder eher selten verstanden werden. Eine einheitliche Auslegung und Anwendung der Norm kann daher bei einer derartigen Wortwahl nicht immer gewährleistet werden. Aber auch das Aufstellen eines Fallkataloges hinsichtlich regelmäßig vorkommender Entscheidungen vermag dieses Problem aus den bekannten Gründen nicht zu lösen. Ein Fallkatalog kann keine Gewißheit darüber verschaffen, wie mit Angelegenheiten zu verfahren ist, die darin gerade nicht wiederzufinden sind, also womöglich nicht als regelmäßig vorkommend bezeichnet werden können. Es wird vielmehr stillschweigend vorausgesetzt, daß im Umkehrschluß von einem gegenseitigen einvernehmlichen Handeln der Eltern auszugehen ist.

Die Bündnis '90/ Grüne – Fraktion unterbreitete den Vorschlag, keine Formulierung eines eigenständigen Paragraphen zur Regelung der Ausübung einer gemeinsamen Sorgeberechtigung getrennt lebender Ehegatten vorzunehmen. Es

sollte vielmehr nur eine Umformulierung des bereits vorhandenen § 1671 in seinen Absätzen 1 bis 3 erfolgen. Im Falle der Scheidung der Eltern soll das Familiengericht über die gemeinsame Sorge entscheiden, sofern kein übereinstimmender Elternantrag vorliegt. Welche Regelung dabei für die kindliche Entwicklung als vorteilhaft zu gelten hat, soll anhand des Kindeswohls und der Bindungen des Kindes an seine Eltern und Geschwister bestimmt werden.
Bei einem derartigen Vorgehen, also lediglich eine Streichung und Umformulierung der durch das Bundesverfassungsgericht für verfassungswidrig erklärten Passagen in § 1671 Abs. 1 bis 3, setzt sich der Gesetzgeber jedoch der Gefahr aus, keine eindeutigen Grenzen zwischen Alleinsorge und gemeinsamer Sorge mehr zuzulassen. Vor allem aber würde ein so gestalteter § 1671 erst dann Anwendung finden, wenn die Ehe der Eltern schon tatsächlich geschieden und nicht mehr zu retten ist. Die besondere Lage getrennt lebender Ehegatten kann keine Berücksichtigung finden.
Des weiteren wird zwar das Vorliegen eines übereinstimmenden Elternantrags zur Regelung der Sorgerechtsverhältnisse vorausgesetzt, jedoch wird eine gemeinsame elterliche Sorge nur dann anerkannt, wenn sie ausdrücklich auch zum Inhalt der Sorgevereinbarung durch die Eltern erklärt worden ist. Anders als beim momentan gültigen § 1687 würde die gemeinsame elterliche Sorge einen sekundären Stellenwert gegenüber der Alleinsorge erlangen. Die gemeinsame Sorge tritt nach Scheidung der Ehegatten nicht kraft Gesetzes ein, sondern muß in einer Elternvereinbarung gesondert festgelegt werden. In diesem Zusammenhang könnte also in der Rechtsprechung und Literatur erneut Streit darüber entfachen, ob eine gemeinsame Sorge der Eltern nach Scheidung eher als Ausnahme oder die Regel zu verstehen ist.
Positiv zu bewerten ist jedoch die Tatsache, daß es im Wortlaut zu einer gesonderten Berücksichtigung von Elternvereinbarungen kommt, was in der gültigen Fassung des § 1687 nicht der Fall ist. Auch würde dadurch eine Beibehaltung des Verbundverfahrens erfolgen, so daß in diesem Zusammenhang Vor- und Nachteile der Durchführung eines Verfahrens im Verbund zu diskutieren wären.

Die Fraktion der PDS machte zwar selbst keinen konkreten Formulierungsvorschlag bezüglich einer Regelung zur gemeinsamen Sorge getrennt lebender Ehegatten, jedoch stellte auch sie konkrete Anforderungen, wie denn eine solche zu verfassen wäre:
- keine Bevorzugung einer bestimmten Sorgerechtsform,
- Eltern haben frei und entsprechend ihrer persönlichen Bedingungen zu entscheiden,
- auch Mischformen sollen zulässig sein,
- Eltern sind gehalten, einen einvernehmlichen Sorgerechtsvorschlag zu unterbreiten.

Als begrüßenswert in diesem Zusammenhang erscheint lediglich der Aspekt, daß übereinstimmenden Elternvereinbarungen Vorrang einzuräumen ist. Die Tatsache jedoch, daß hinsichtlich der Sorgerechtsform keine klare Aussage getroffen wird, sondern unter anderem Mischformen ebenfalls Zulässigkeit erlangen sollen, läßt eine Ableitung eindeutiger Direktiven zur Ausübung einer gemeinsamen elterlichen Sorge nach Trennung oder Scheidung nicht zu.

Durch den Bundesrat erfolgte der konkrete Vorschlag, im Wortlaut des § 1687, ähnlich dem ursprünglichen Entwurf der Bundesregierung, den Begriff der Entscheidungen von grundsätzlicher Bedeutung anstelle des Begriffes einer Angelegenheit von erheblicher Bedeutung zu verwenden.
Im Unterschied zum Entwurf der Bundesregierung sollte nach Ansicht des Bundesrates jedoch zusätzlich die Einführung von Fallbeispielen bezüglich Angelegenheiten von grundsätzlicher Bedeutung vorgenommen werden. Die sich im Zusammenhang mit im Gesetzestext enthaltenen Fallbeispielen ergebende Problematik ist bereits erläutert worden und muß an dieser Stelle nicht wiederholt werden. Nennenswerte Abweichung ist jedoch, daß nach Ansicht des Bundesrates eine Alleinentscheidungsbefugnis zugunsten den das Kind betreuenden Elternteil grundsätzlich als Regel bezeichnet werden sollte. Lediglich Entscheidungen von grundsätzlicher Bedeutung sollen ausgenommen sein. Auf welche Angelegenheiten dabei konkret das Alleinentscheidungsrecht des betreuenden Elternteils Anwendung finden soll, wird wiederum nicht erwähnt. Vielmehr verkommt die so erfolgte Zusprechung eines Alleinentscheidungsrechts zugunsten eines Elternteils zu einer generellen Ausführung, ohne begriffliche Eingrenzungen vorgenommen zu haben. Es ist also möglich, daß ein Elternteil allein aus der Tatsache, daß er das Kind betreut, auch ein Alleinentscheidungsrecht bezüglich der sich dabei ergebenden Entscheidungen ableitet. Im Grunde genommen ergeben sich alle Entscheidungen auch immer nur im Zusammenhang mit der Betreuung eines Kindes. Das Problem dabei wird jedoch weiterhin sein, zu unterscheiden, wann eine alltägliche und wann eine grundsätzliche Angelegenheit anzunehmen ist. Ob also durch Befolgung des durch den Bundesrat gemachten Vorschlages eine Entspannung der Lage um die Ausübung einer gemeinsamen Sorge nach Elterntrennung bzw. – scheidung erreicht werden kann, bleibt weiterhin fragwürdig.
Im weiteren Verlauf der Erarbeitung wurden notwendige Voraussetzungen zur Ausübung einer gemeinsamen Sorge bei Getrenntleben formuliert: Das Vorhandensein einer gemeinsamen Sorgeberechtigung, ein nicht nur vorübergehendes Getrenntleben und das Vorliegen einer Angelegenheit des täglichen Lebens. Besonders problematisch kann sich in diesem Zusammenhang die Formulierung eines Getrenntlebens erweisen. Vielfach wird aufgrund der zwischen § 1687 und § 1671 identischen Wortwahl dieses Tatbestandmerkmals auf die zu § 1567 gemachten Abhandlungen verwiesen, also vom Kindschafts- zum Scheidungs-

recht. Das Auffinden von praktikablen Lösungen sich im Zusammenhang mit § 1687 ergebenden Problemen kann aber bei einer solchen Vorgehensweise immer noch dadurch erschwert werden, daß es bei Anwendung scheidungsrechtlicher Definitionen im Kindschaftsrecht zu einer Verschiebung der für die Problemlösung angebrachten Betrachtungsweisen kommt, kurz elternzentriert statt kindzentriert. Für die Beurteilung dessen, wann es zu einem Getrenntleben der Eltern des Kindes kommt und schließlich auch eine Festlegung elterlicher Entscheidungskompetenzen notwendig wird, kann ein innerer Trennungswille der Ehegatten – wie er schließlich im Scheidungsrecht vorausgesetzt wird – niemals maßgeblich sein. Es kommt auf eine elternzentrierte Betrachtungsweise ja gerade nicht an. Vielmehr ist nach der dem Wohl des Kindes am besten entsprechenden Lösung gefragt, also kindzentriert. Begriffliche Herleitungen aus dem Scheidungsrecht innerhalb des Kindschaftsrechtes führen vielmehr zwangsläufig zu verfälschten Ausgangspositionen, die lediglich eine Verlagerung und keine Lösung von Konflikten bedeuten.

Im Folgenden wurde die Unterscheidung zwischen einer Angelegenheit des täglichen Lebens und einer solchen von erheblicher Bedeutung versucht. Der zu diesem Zweck vom Gesetzgeber vorgeschlagene Weg, nämlich allein nach denen in § 1687 Abs. 1 Satz 3 aufgeführten Maßstäbe der Häufigkeit und Abänderbarkeit einer Entscheidung zu entscheiden, wurde deswegen als völlig ungenügend abgelehnt, da einer solchen Vorgehensweise nicht entnommen werden kann, wie denn nun mit Angelegenheiten aus Grenzbereichen zu verfahren ist. Auch kann einer solchen Vorgehensweise nicht entnommen werden, wie denn nun mit Angelegenheiten aus Grenzbereichen zu verfahren ist. Eine Angelegenheit im Leben eines Kindes kann schnell aus dem Bereich der Alltagssorge in den einer erheblichen Angelegenheit umschlagen. Es läßt sich keine konkrete Aussage darüber treffen, welche Angelegenheiten denn nun als erheblich und welche schließlich als alltäglich zu bezeichnen sind. Daher wurde der Versuch gestartet, nach weiteren möglichen Abgrenzungsmaßstäben innerhalb des § 1687 zu suchen. Eine Möglichkeit einer grundsätzlichen Unterscheidung wurde in einer Orientierung an objektiven und subjektiven Maßstäben gesehen. Eine unterschiedliche Betrachtungsweise der Problembereiche könnte dadurch gewährleistet werden. Ein Vorgehen nach objektiven Abrenzungsmaßstäben – die sich nach den Grundsätzen des gesetzlichen Sorgerechts zu richten haben – mündet jedoch im Ergebnis wiederum in eine beispielhafte Kasuistik. Eine solche kann, wie bereits mehrfach erwähnt, aufgrund der Vielgestaltigkeit und Komplexität kindlichen Lebens niemals als abschließend gelten und daher auch nicht zur Fassung allgemein gültiger Abgrenzungskriterien geeignet sein. Es kann nicht wirksam festgelegt werden, welche Angelegenheiten konkret eines elterlichen Einvernehmens bedürfen und welche durch einen Elternteil allein durchgeführt werden können. Aber auch ein Vorgehen nach subjektiven Ab-

grenzungsmaßstäben, wie Kindeswille oder Erziehungsvorstellungen der Eltern, hat sich als wenig hilfreich erwiesen. Hinsichtlich der Auslegung einzelner Angelegenheiten nach dem Willen des Kindes, also einer kindzentrierten Betrachtungsweise ist festzustellen, daß eine solche Vorgehensweise immer dann zum Scheitern verurteilt ist, falls das Kind aufgrund seines Entwicklungsstandes nicht in der Lage sein kann, sich adäquat zu der einzelnen Problematik zu äußern. Der Abgrenzungsmaßstab Kindeswille ist also nicht in jedem Fall auf jedes Kind anwendbar, kann also daher auch nicht als allgemein gültig bezeichnet werden.
Schließlich wurden die Erziehungsvorstellungen der Eltern als weiteres mögliches subjektives Abgrenzungskriterium aufgeführt: Aus Art. 6 Abs. 2 Satz 1 GG ergibt sich, daß es zunächst Sache der Eltern ist, Erziehungsziele selbst zu wählen und diese im Sinne des Kindeswohls auch umzusetzen. Nach § 1626 sind sie auch berechtigt und verpflichtet, die persönlichen Angelegenheiten des Kindes zugunsten seiner Entwicklungschancen mit ihren Entscheidungen individuell zu lenken. Zwar wäre so bis zu einem gewissen Grad die Möglichkeit gegeben festzulegen, welche Entscheidungen als erheblich oder alltäglich zu gelten haben, jedoch kann wiederum nicht bestimmt werden, wie denn nun in Krisensituationen oder Grenzfällen zu verfahren ist.
Abschließend wurde zwar das Wohl des Kindes, welches in § 1697a zu einem in Kindesangelegenheiten zu berücksichtigenden Maßstab erklärt wurde, als eine noch verbleibende Möglichkeit zur Erzielung von Abgrenzungsergebnissen innerhalb des § 1687 aufgeführt. Dadurch jedoch, daß die Gegebenheiten des Einzelfalls in die Bewertung um jede einzelne Angelegenheit einzubeziehen sind, sich es bei dem Begriff des Kindeswohls jedoch um einen solchen unbestimmter Rechtsnatur handelt, kann das Primat des Kindeswohls als solches auch nicht als allgemein gültiger, sondern allenfalls nur als ergänzender, Abgrenzungsmaßstab herangezogen werden.

Für die Abgrenzung einzelner Angelegenheiten zueinander innerhalb des § 1687 ist es also nicht möglich, einheitliche Abgrenzungskriterien zu entwickeln.

Trotzdem – womöglich aus einem Akt der Verzweiflung heraus – kam es durch die Rechtspraxis zu einer Heranziehung der in diesem Zusammenhang ergangenen Rechtsprechung und Literatur, was dazu führte, daß eine Bildung von Fallgruppen vorgenommen wurde, die richtungsweisend dafür gelten soll, welche Angelegenheiten als erheblich und welche als alltäglich zu bezeichnen sind. Als erheblich wurden dabei die Bereiche der Erziehung, des Aufenthalt, des Umgangs, einzelne Bereiche der Tagesbetreuung, der medizinischen Versorgung, der Ausbildung, Status- und Namensfragen, der Vermögenssorge, des Unterhalts bezeichnet. Maßgebliches Kriterium dafür, ob eine einzelne Angelegenheit als erheblich zu gelten hat, bildete Häufigkeit und Abänderbarkeit einer einzelnen

Entscheidung. Es wurde also unter Rückgriff auf die vom Gesetzgeber entwikkelten Kriterien, die in Form einer Legaldefinition in § 1687 Abs. 2 Satz 3 wiederzufinden sind, gearbeitet. Ob es aber so zu einer dem Kindeswohl adäquaten Entscheidungsfindung kommen kann, bleibt, aufgrund der dargestellten Problematik eine Kasuistik abschließend zu gestalten, weiterhin fragwürdig.

Teil B
Entscheidungsrecht bei gemeinsamer elterlicher Sorge getrennt lebender Ehegatten in Australien[1], unter Berücksichtigung englischen Rechts (UK)

I. Einleitung

Für eine Lösung des sich innerhalb des § 1687 Abs. 1 BGB ergebenden Dilemmas, nämlich daß keine eindeutigen Maßstäbe zur Abgrenzung der sich in einem kindlichen Leben ergebenden Angelegenheiten zueinander bestimmbar sind, könnte sich eine Betrachtung ausländischen Rechts als hilfreich erweisen. Die Tendenz, in einer gemeinsamen Sorgeberechtigung getrennt lebender Eltern einen Vorteil für die weitere Entwicklung des Kindes anzuerkennen, fand in jüngster Zeit nicht nur klaren Zuspruch durch die deutsche Gesetzgebung, sondern wurde auch unter anderem innerhalb der australischen und englischen Gesetzgebung (UK) aufgenommen und unterstützt.[2] Beispielhaft soll im Folgenden insbesondere eine Darstellung der Rechtslage in Australien, unter Berücksichtigung englischen Rechts, erfolgen. Ein derartiger Vergleich läßt sich zunächst dadurch begründen, daß innerhalb des australischen Kindschaftsrechtes das Kindesinteresse zur hauptsächlichen Entscheidungsmaxime erklärt wurde[3], und nicht wie in Deutschland[4] und Großbritannien[5] Entscheidungen unter Berücksichtigung des Kindeswohls zu ergehen haben.[6] Dem australischen Gesetzgeber war es möglich, eindeutige Maßstäbe dafür zu entwickeln, wann eine Entscheidung als im Kindesinteresse stehend bezeichnet werden kann.[7] Für Gerichte, aber vor allem für Eltern ist es also eindeutig, wie einzelne Entscheidungen im Leben des Kindes zu werten sind, also auch, ob sie eventuell

---

1 Soweit nicht anders bemerkt, handelt es sich in diesem Abschnitt um Vorschriften des Family Law Reform Act 1995 (Cth). Der Abkürzung „Cth" ist die Bedeutung Commonwealth of Australia, d.h. Gültigkeit des entsprechenden Gesetzes auf dem gesamten federalistischen Staatsgebiet, welches durch den Commonwealth of Australia Constitution Act 1900 gegründet wurde, zuzuordnen. Bestehende Regelungen innerhalb der einzelnen Bundesstaaten des Verbundes sind den Regelungen auf Bundesebene (Cth) untergeordnet und erlangen keine Wirkung.

2 Vgl. dazu *Douglas/ Perry* (1996) 8 Child and Family Law Quarterly 121.

3 Section 65 E: the best interest´s of a child as the paramount consideration.

4 § 1697 a BGB, aber auch die bereits gemachten Ausführungen, insbesondere kritische Äußerungen zum Kindeswohl als Entscheidungsmaßstab, VIII. 2. b) (2), oben.

5 Section 2 Children Act 1975 (UK): welfare of a child as the paramount consideration.

6 Zum Verständnis der einzelnen Begriffe innerhalb australischer Gesetzgebung vgl. V. 7., unten.

7 Section 68 F: determining child´s best interest.

erhebliche Auswirkungen auf die weitere Entwicklung des Kindes haben könnten.
Gerade dies ist aber aufgrund der Verwendung des unbestimmten Kindeswohlbegriffs als Abgrenzungsmaßstab nach deutschem - aber auch englischem - Recht nicht so ohne weiteres möglich. Die Benutzung des Kindeswohlbegriffs ist vielmehr, wie bereits aufgezeigt[8], mit Problemen behaftet, weil er als abstrakter Formalbegriff praktisch alle Deutungsmöglichkeiten zuläßt und für die Entwicklung faßbarer Anweisungen und konkreter Entscheidungshilfen keinen Ansatz bietet.[9] Es lassen sich keine eindeutigen Entscheidungskriterien dafür ableiten, wann eine Entscheidung unter Wahrung des Kindeswohls ergeht.
Um konkrete Anhaltspunkte dafür liefern zu können, wie eine Entscheidung unter Wahrung des Kindesinteresses zu ergehen hat, wurden in Australien die bisher gültigen Regelungen des Family Law Act 1975 (Cth)[10] in Hinblick auf das Kind aufgegriffen und unter dem Family Law Reform Act 1995 (Cth)[11] neu gefaßt. Zwar fand in Großbritannien fast gleichzeitig unter dem Family Law Reform Act 1996 (UK)[12] ebenfalls eine Novellierung des Children Act 1975 statt, jedoch eben unter Beibehaltung des Kindeswohlprinzips als maßgebliches Entscheidungskriterium in Kindesangelegenheiten. Das englische Recht - insbesondere auch die dort ergangene Rechtsprechung - hatte bei Bildung der in Australien vorherrschenden Begriffe und Regelungen aber trotzdem erheblichen Einfluß[13], so daß auch eine stellenweise Berücksichtigung dessen in der anschließenden Darstellung erfolgen soll.

---

8 Vgl. Teil A, VIII. 2. b) (2), oben.
9 *Staudinger/ Coester*, § 1671, Rdnr. 153, 154.
10 Im Folgenden als FLA 1975 bezeichnet.
11 Im Folgenden als FLRA 1995 bezeichnet.
12 Der Family Law Reform Act 1996 (UK) wurde zwar verabschiedet, aber noch nicht in Kraft gesetzt. Trotzdem erscheint es interessant zu berücksichtigen, was den englischen Gesetzgeber zu einer Änderung des Gesetzes, jedoch unter Beibehaltung der bestehenden Gesetzesterminologie, bewogen hat.
13 Vgl. etwa *Gillick v West Norfolk and Wisbech Health Authority* (1985) 3 AllER 402 und *Secretary, Department of Health and Community Services v JMB and SMB* (1992) 15 FamLR 392.

II. Regelung von Streitigkeiten in Bezug auf das Kind vor dem FLRA 1995

Vor dem Inkrafttreten des FLRA 1995 wurde unter dem FLA 1975 jeder der Elternteile für sich als ein Vormund (guardian) eines minderjährigen Kindes angesehen, aber nur beiden Eltern gemeinsam eine Sorgeberechtigung zugesprochen.[14] Die elterliche Sorgeberechtigung umfaßte dabei das Recht des jeweils mit dem Kinde zusammenlebenden Elternteils in alltäglichen Angelegenheiten eigenständige Entscheidungen zu treffen. Lediglich Angelegenheiten, die längerfristige Auswirkungen auf das Kind haben könnten, wurden dem Institut der Vormundschaft zugeordnet, wodurch stets eine zwischen den Eltern einvernehmliche Entscheidung zu ergehen hatte.[15] Diese Rechtslage konnte jedoch auch jederzeit durch eine Entscheidung des Familiengerichts[16] dahingehend abgeändert werden, daß einem Elternteil ein alleiniges Sorgerecht über das Kind und ein damit in Verbindung stehendes Alleinentscheidungsrecht und dem anderen Elternteil nur ein Umgangsrecht zugesprochen wurde. In den überwiegenden durch die Rechtsprechung entschiedenen Fällen wurde zumeist der Mutter des Kindes ein alleiniges Sorgerecht und dem Vater lediglich das Umgangsrecht zugeteilt.[17] Eine Abänderung der durch das Vormundschaftsrecht zugestandenen Kompetenzen erfolgte hingegen eher selten.[18] Für eine Entscheidung der zwischen den Elternteilen stattfindenden Streitigkeiten bezüglich zukünftiger Pflege des Kindes wurde unter dem alten FLA das Kindeswohl als maßgebliches Entscheidungskriterium anerkannt.[19] Innerhalb des alten Part VII des FLA waren dazu einige wichtige Aspekte aufgeführt, die bei einer Entscheidungsfindung einen erheblichen Einfluß darauf ausüben konnten, welche Vorgehensweise als dem Wohl des Kindes entsprechend bezeichnet werden konnte (welfare – checklist): Die individuellen Wünsche des Kindes,[20] der Grad der Verbundenheit des Kindes zu dem jeweiligen Elternteil,[21] eine

---

14 Section 63F(1), FLA 1975.

15 Section 63 E; *Harrison and Woollard* (1995) 18 FamLR 788; *Newberry and Newberry* (1977) 2 FamLR 11, 652; *Morrison and Morrison* (1995) FLC 92 - 639, worin Entscheidungen über die religiöse Kindererziehung vor dem Reform Act stets von dem Recht auf Vormundschaft umfaßt wurden.

16 Family Law Act 1975 (Cth), Section 69 J, 69 N.

17 *Bordow* (1994) 8 AJFL 252; Aber auch innerhalb der englischen Rechtsprechung war dies als herkömmliche Vorgehensweise zu erkennen: *Collier*, Masculinity, Law and the Family, (1995), 178.

18 *Harrison and Woollard* (1995) 18 FamLR 788.

19 Family Law Act 1975 (Cth), Section 64 (1)(a).

20 Family Law Act 1975 (Cth), Section 64 (1)(b).

21 Family Law Act 1975 (Cth), Section 64 (1)(bb)(i).

Berücksichtigung der bei Abänderung der gegebenen Sorgeregelungen entstehenden Auswirkungen auf das Kind,[22] sowie die ständig gegebene Notwendigkeit das jeweilige Kind vor Mißbrauch zu schützen.[23] Zusätzlich zu der im Gesetz enthaltenen Leitlinien wurden aber auch innerhalb der Rechtsprechung noch weitere Prinzipien (case – law – principles) dazu entwickelt, wie bei einer zu ergehenden Entscheidung dem Kindeswohl am besten entsprochen werden kann, also wie bei Streitigkeiten um die Pflege des Kindes entschieden werden soll.
Wie ein jeweiliges Gericht mit denen im Gesetz aufgestellten Prinzipien eine dem Wohl des Kindes entsprechende Entscheidung treffen kann, wurde durch den Full Court[24] im Fall *Smith and Smith* gezeigt:

> „...the preferable approach to be adopted is to consider each of the matters referred to in the section separately and having regard to the evidence touching upon each of those matters make findings in relation to them. In the course of this exercise, the trial judge should consider, weigh and access the evidence touching upon each of the relevant matters adduced on behalf of the parties. After a consideration of all of those matters, a trial judge should then indicate to which of those matters he or she attaches greater significance and how all of those matters balance out."[25]

Bei der Frage also, welche Regelung im Einzelfall dem Wohl des Kindes am besten entsprechen wird, wurden durch die Gerichte schon im Vorfeld zum FLRA 1995 die in der Gesellschaft vorhandenen Standards und Auffassungen bei einer Entscheidungsfindung mit berücksichtigt.[26]

---

22 Family Law Act 1975 (Cth), Section 64 (1)(bb)(iii).

23 Family Law Act 1975 (Cth), Section 64 (1)(bb)(va).

24 Section 4 (1) Definitions: *„Full Court means* (a) 3 or more Judges of the Family Court sitting together, where a majority of those Judges are members of the Appeal Division; or (b) in relation to particular proceedings (i) 3 or more Judges of the Family Court sitting together, where, at the commencement of the hearing the proceedings, a majority of those Judges were members of the Appeal Divison; (ii) 2 Judges of the Family Court sitting together, where those Judges are permitted, by sub-section 28 (4), to complete the hearing and determination, or the determination, of those proceedings."; Vgl. auch zu den Instanzenzügen innerhalb der australischen Familiengerichtsbarkeit: *Bechthold,* Das australische Familiengericht: eine Darstellung mit Bezügen zur Familiengerichtsbarkeit der Bundesrepublik Deutschland, (1986).

25 *Smith and Smith* (1994) FLC 92 – 488, 81, 084; *A and A: Relocation Approach* (2000) FLC 93 – 035, 105-107, aber vgl. auch 82.

26 *Macmillan and Jackson* (1995) 19 FamLR 183, 192 (193): In diesem Fall wurde die Sorge für einen Jungen den Großeltern seitens der Mutter zugesprochen und nicht dem antragstellenden Vater. Dieser wollte bis zum Erreichen des Schulalters seines Sohnes von einer beruflichen Beschäftigung absehen und sich ausschließlich der Sorge und Erziehung seines Sohnes widmen. Dieses würde nach Ansicht des Gerichtes jedoch zu

Auch durch den High Court[27] wurden beispielsweise schon vor Inkrafttreten des FLRA 1995 im Rahmen seiner Rechtsprechung case – law – principles entwickelt, wie etwa, daß die bisher vorherrschende Auffassung, daß Eltern stets ein Recht zur Sorge oder Umgang bezüglich ihrer Kinder zustehen muß[28], angesichts der gesellschaftlichen Entwicklungen nicht zu berücksichtigen und durch eine abweichende Rechtsprechungspraxis zu verwerfen ist, wobei eine derartige Vorgehensweise im Anschluß schließlich auch durch den Full Court aufgenommen und fortgeführt wurde:[29] Es soll Eltern die Verbreitung der Ansicht, daß lediglich die Zusprechung eines Umgangsrechtes zu ihrem leiblichen Kind sich für dessen Entwicklung als erheblichen Nachteil erweisen kann, nicht gestattet werden. Trotzdem wurde aber auch weiterhin die zwischen Eltern und Kindern bestehende Bindung besonders berücksichtigt und diese nicht ohne Begründung aus ihrem Umfeld herausgezogen. *Prima facie* stand es auch weiterhin im Interesse des Kindes und seiner zukünftigen Entwicklung, eine Verbindung zu beiden Elternteilen aufrechtzuerhalten.[30] Die in der Vergangenheit in diesem Zusammenhang ergangene Rechtsprechung hat zur Schaffung einer Reihe von Kriterien beigetragen, die zukünftig zu einer Ablehnung eines Umgangsrechtes zu Lasten eines Elternteiles führen können: In *M and M*[31] vertrat der High Court die Ansicht, daß ein Umgangsrecht nicht ausgesprochen werden sollte, falls das Kind dadurch in ein nicht akzeptables Risiko eines Mißbrauches gebracht wird, nämlich dann, wenn dem Interesse des Kindes auf Umgang mit einem Elternteil kein entsprechender Nutzen für seine spätere Entwicklung zugeordnet werden kann.

Im Fall *Bieganski*[32] entschied der Full Court dahingehend, daß es Aufgabe der Rechtsprechung nicht allein sein kann, Kinder nur vor körperlichen Mißbrauch zu bewahren, sondern daß auch seelische Schäden von ihnen fernzuhalten sind. Ein unter Aufsicht stehender Umgang des jeweiligen Elternteils mit dem Kinde wäre daher nicht abzulehnen.

In anderen Fällen wurde die Entscheidung darüber, ob die Gewährung eines Umgangsrechts zugunsten eines Elternteils auch im Interesse des Kindes[33] zu sehen ist, davon abhängig gemacht, wie die Art und Weise der Beziehung der

---

unabsehbaren finanziellen Schwierigkeiten führen und die Familie in eine unsichere, an Armut grenzende, Situation versetzen. Vgl. dazu auch den Fall *Gronow and Gronow* (1979) 144 CLR 513, 526–29.

27 High Court (of the Family Court): Oberstes (Zivil)Gericht (in Familiensachen). Im FLRA 1995 wurde diesbezüglich keine Definition gegeben.

28 *M and M* (1988) 166 CLR 69 (76).

29 *Brown and Pederson* (1991) 15 FamLR 173.

30 *M and M* (1988) 166 CLR 69 (76).

31 *M and M* (1988) 166 CLR 69.

32 *Bieganski and Bieganski* (1993) 16 FamLR 353 (368).

33 *Grant and Grant* (1994) FLC 92 – 506, 81,259; *Irvine and Irvine* (1995) 19 FamLR 374.

Elternteile vor ihrer Trennung beschaffen war. Demzufolge wurde ein Umgang zu einem der Elternteile immer dann verwehrt, wenn seitens des Kindes ein stärkeres Verlangen nach Ruhe und Frieden im elterlichen Haushalt als nach Kontakt mit beiden Elternteilen bestand.[34] Dieses war vor allem dann, wenn häusliche Gewalt vorhanden war, der Fall. Im Zusammenhang mit häuslicher Gewalt galt es nach der vor der Reform schon ergangenen Rechtsprechung aber schon als ausreichend, wenn nur eine potentielle Gefahr der Gewaltausübung auf das Kind bestand, es also noch nicht zu Übergriffen durch die Eltern gekommen war, wobei seelische Gewalt schon als ausreichend galt.[35]

III. Hintergründe der Reform, FLRA 1995

Bedenken hinsichtlich des gespaltenen Systems von Sorge und Umgang in Bezug auf das Kind wurden schon im Vorfeld der Diskussion um eine Reform des FLA 1975 geäußert. Es wurden Argumente für und gegen die Aufhebung des zu dieser Zeit geltenden Rechts ausgetauscht.[36] Für eine Aufhebung des bisher praktizierten gespaltenen Systems von Sorge und Umgang wurde aufgeführt, daß es andernfalls zwangsläufig dazu kommen wird, daß das Kind zwischen zwei Haushalten hin und her geschoben werden wird und daß dies womöglich auch zu einer inneren Zerrissenheit des Kindes führen kann.[37] Als Argument für eine Beibehaltung des zweidimensionalen Systems von Sorge und Umgang wurde hingegen aufgeführt, daß Ausübung einer gemeinsamen Sorgeberechtigung die ohnehin schon stark stressbelastete Situation zwischen den Elternteilen nur noch verschlimmern und auch die letzte Möglichkeit zur Kommunikation zerstören würde. Schließlich wurde noch angemerkt, daß zwei Menschen, die schon mit ihrer Ehe nicht zurecht kamen, erst recht nicht ein gemeinsames Entscheidungsrecht bezüglich ihrer Kinder zugemutet werden kann. Nicht zuletzt wird auch der durch ein gemeinsames Sorgerecht auferlegte Zwang, nicht in die unerreichbare Ferne ziehen zu dürfen, die Eltern in ihrer persönlichen Mobilität stark einschränken und sie an ihrer persönlichen Weiterentwicklung hindern.[38]

---

34 *Sedgley and Sedgley* (1995) 19 FamLR 363 (371).

35 *Jaeger and Jaeger* (1994) 18 FamLR 126; *JG and BG* (1994) 18 FamLR 255; *Patsalou and Patsalou* (1995) 18 FamLR 426.

36 Vgl. dazu im einzelnen die nachfolgende Darstellung.

37 *Family Law Council*, Access - Some Options for Reform, (1987).

38 *Australian Law Reform Commission*, Multiculturalism and the Law, Report No 57, (1992).

1. Family Law Council

Als richtungsweisend für die Einführung einer gemeinsamen Sorgeberechtigung und gegen die Beibehaltung des bisherigen zweidimensionalen Systems, können vor allem die Äußerungen des Family Law Council, die schon 1987 in einem Bericht veröffentlicht wurden, bezeichnet werden.[39] Darin wurde das bisherige Sorge- und Umgangsrechtsmodell als Nährboden dafür bezeichnet, daß die einzelnen Parteien eine Gewinner/ Verlierer - Mentalität innerhalb des Sorgerechtsstreites entwickeln konnten. Bei den dabei zwischen den Eltern entstehenden Streitigkeiten, die regelmäßig mit Bitterkeit und Enttäuschung hinsichtlich des Partners verbunden sind, kann das Kind leicht instrumentalisiert und jeweils gegen den anderen Elternteil verwendet werden. Auch wird, nach Auffassung des Council, durch dieses zweigeteilte System die bei ohnehin schon vielen Eltern existierende Ansicht, daß jeder von ihnen *prima facie* das Recht zum Umgang mit seinem Kind besitzt, noch weiter verbreitet.[40] Folge eines solchen Standpunktes sind regelmäßig verheerende Auswirkungen für das Kind, denn viele Eltern scheuen nicht davor zurück, die Kinder gegeneinander auszuspielen und sie für einen Zuspruch eines ihnen obliegenden Umgangsrechtes zu mißbrauchen.[41] Einhalt diesbezüglich wird dann, wie die erfolgte Praxis gezeigt hat, auch nicht durch die Gerichte geboten.[42] Vielmehr bestand seitens der Rechtsprechung in diesem Zusammenhang die Tendenz, das Umgangsrecht zu einer Art Trostpreis für den im Sorgerechtsstreit unterliegenden Elternteil zu degradieren. Die Erteilung eines Umgangsrechtes erfolgte daher auch grundsätzlich unter in Bezugnahme der zu der Sorgerechtsentscheidung verfaßten Begründung. Bezüglich des Umgangsrechtes wurde also nicht die Mühe einer losgelösten Betrachtung oder gar Begründung unternommen. Ein im Sorgerechtsstreit erfolgloser Elternteil konnte also davon ausgehen, daß ihm zumindest ein Umgangsrecht gewährleistet wurde, ohne daß es zwangsläufig zu einer Untersuchung darüber kommt, was denn wirklich dem Kindesinteresse zugute kommen würde (*best interests of the child*). Nicht allein schon aus diesem Aspekt heraus wäre es nach Ansicht des Council geboten, die im Gesetz enthaltene und durch die Rechtsprechung praktizierte strikte Trennung des Umgangsrechtes von dem Recht auf Sorge oder gar Vormundschaft über ein Kind aufzuheben. Nur so könne der bei den Elternteilen etablierten Denkweise entgegengewirkt werden, daß sie ein *prima facie* Recht zum Umgang mit ihren Kindern besitzen.

Diese durch den Family Law Council in seinem ersten Bericht dargelegte Sicht der Dinge wurde durch einen später verfaßten Bericht, im Jahre 1992, erneut

---

39 *Family Law Council*, Access - Some Options for Reform, (1987).

40 *Family Law Council*, Access - Some Options for Reform, (1987), 29.

41 *Harrison/ Graycar* (1997) 11 AJFL 327 (328), m.w.N.

42 Vgl. etwa *Pavey and Pavey* (1976) 1 FamLR 11, 358.

bestätigt.[43] Es wurde erneut die Wichtigkeit der Aufrechterhaltung eines Kontaktes der Kinder zu beiden Elternteilen nach deren Trennung erkannt, nicht zuletzt deswegen, um es Kindern zu ermöglichen, die sich durch die Elterntrennung ergebenden psychischen Belastungen besser bewältigen zu können. Begründet und unterstrichen wurde diese Position zunächst durch verschiedene Untersuchungsergebnisse: Bei längerer Abwesenheit eines Elternteils konnten nachteilige Auswirkungen auf die Entwicklung der Persönlichkeit des Kindes, trotz bestehenden Umgangsrechtes des abwesenden Elternteils, festgestellt werden. Ein eingeräumtes Umgangsrecht stelle keinen Garanten dafür dar, daß zugunsten des Kindes tatsächlich auch vermehrter Kontakt zum abwesenden Elternteil bestehe. Im Laufe der Zeit sei vielmehr ein Rückgang des Kontaktes zum abwesenden Elternteil zu beobachten gewesen. Einer Beibehaltung der strikten Spaltung in Sorge- und Umgangsberechtigungen nach Trennung/ Scheidung der Eltern sei also auch weiterhin nicht zu befürworten. Das zwischen Eltern bestehende nacheheliche Verhältnis wäre dann vielmehr von „Besitzkämpfen“ um das Kind, als von kooperativer Elternschaft geprägt.

Aufgrund vorstehender Überlegungen, sowie Betrachtung der in Verbindung mit dem Children Act 1989 gemachten positiven Erfahrungen im Vereinten Königreich[44], spricht das Council schließlich eine Empfehlung dahingehend aus, die Sorge/ Umgangsrechts – Terminologie (custody/access) abzuschaffen und den auch weiterhin notwendigen Begriff der Vormundschaft (guardianship) neu zu definieren. Auch sei an die Einführung von Sorgerechtsplänen zu denken (parenting plan). Nur so könne eine kooperative Elternschaft besser gefördert und durch Eltern auch auf den Einzelfall zugeschnitten bestimmt werden, welchen Grad an Verantwortung sie nach ihrer Trennung für das Kind übernehmen möchten.

2. Australian Law Reform Commission

Diese von dem Family Law Council in seinen Berichten gemachten Vorschläge wurden schließlich der Australian Law Reform Commission vorgelegt, die sich ihrerseits wiederum in Form eines Berichtes dazu äußerte.[45] Unter Kenntnisnahme der im bisherigen Recht enthaltenen Defizite und nach Abwägung der aufgeführten Argumente war die Law Reform Commission zu

---

43 *Family Law Council*, Patterns of Parenting After Separation, (1992).

44 England, *Law Commission*, Review of Child Law: Guardianship and Custody, Report No 172, (1988), para 4.5; *Family Law Council*, Letters of Advice to the Attorney-General on the Operation of the (UK) Children Act 1989, (1994), ii.

45 *Australian Law Reform Commission*, Multiculturalism and the Law, Report No 57, (1992).

diesem Zeitpunkt jedoch nicht davon überzeugt, daß es auch durch einen Austausch der im bisherigen Gesetzestext verwandten Terminologie zu einer erheblichen Veränderung elterlichen Verhaltens nach vollzogener Trennung in Bezug auf das Kind kommen wird. Die Law Reform Commission trägt vielmehr vor, daß sie sich bis zum Vorbringen klarer wissenschaftlicher Beweise über die bessere Geeignetheit eines so verfaßten Gesetzes zur Bewältigung von Sorge/ Umgangsrechtsstreitigkeiten gegen einen solchen gesetzestechnischen Schritt aussprechen wird. Nach Ansicht der Commission stammen viele Probleme sowieso vom mangelnden Verständnis der rechtlichen Vorschriften durch die einzelnen Parteien. Weitaus sinnvoller sei es daher eine noch detailliertere Erklärung der bereits vorhandenen sorge-/ umgangsrechtlichen Bestimmungen vorzunehmen, was auch durch die Gerichte erfolgen kann, statt Gesetzesveränderungen anzustreben.

3. Attorney´s General Department

Nach Ansicht der australischen Generalstaatsanwaltschaft[46] hätte eine völlig abweichende Regelung getroffen werden sollen. Eine Aufteilung der elterlichen Sorge anhand von parenting order, die sich wiederum in residence, contact und specific issue order unterscheiden, könnte sich womöglich als ineffizient erweisen. Man sollte vielmehr anhand von Überlegungen darüber, wie sich das kindliche Leben tatsächlich gestaltet, eine praxisorientierte Aufteilung wählen. Danach wäre eine längerfristige elterliche Verantwortung eher einer Vormundschaft und die alltägliche Pflege des Kindes einer elterlichen Sorgerechtszuweisung zuzuordnen. Bezüglich der Einführung von contact orders wurde bemerkt, daß statt dessen eher über visiting orders nachgedacht werden sollte. Durch sie solle dem jeweils momentan betreuenden Elternteil des Kindes ein Entscheidungsrecht in einer Angelegenheit der täglichen Betreuung zugestanden werden können, soweit dies gerade notwendig wäre. Im Umkehrschluß sei bei nicht alltäglichen (Betreuungs)angelegenheiten eine Übereinkunft mit dem abwesenden Elternteil zu erzielen:

> „Visiting parental responsibility would mean that subject to any contrary order of the court, the person who had a visiting parental responsibility order would have responsibility for the daily care of the child while the child was in their care and visiting."

[46] Views of the Attorney – General´s Department, FLRA 1995, (1995); Beachte: Attorney General ist *Member of Parliament* und berät dieses in Rechts(Gesetzgebungs)fragen.

4. United Nations Convention on the Rights of the Child (UNCROC)[47]

Ein weiterer wichtiger Impuls für die Durchführung einer neuen Gesetzgebung war die Ratifizierung der UN Kinderrechtskonvention durch Australien im Dezember 1990. Durch Berücksichtigung dieser innerhalb nationalen Rechts – Section 47 (1) des Human Rights and Equal Opportunity Commission Act 1986 – konnte die Kinderrechtskonvention seit dem 13. Januar 1993 schließlich auch Wirkungskraft entfalten. Zwar konnte sie so nicht eine spezielle gesetzliche Anerkennung erfahren, jedoch bemerkten Nicholson CJ und Fogarty J im Fall *Murray v Director Family Services ACT* dazu:

> „It (the Convention) can thus be used to resolve ambiguities in domestic primary and subordinate legislation. If we are correct, it can also be used to fill lacunae in such legislation and to resolve ambiguities and lacunae in the common law. As such, it may well have a significant role to play in the interpretation of the Family Law Act 1975 and in the common law relating to children."[48]

Der Einfluß der UNCROC auf den Family Law Reform Act kann allein deswegen als beachtlich bezeichnet werden, weil schon innerhalb des ersten Entwurfs zum Family Law Reform Bill (No 2) ein Bezug hergestellt wurde. Im Verlauf der zweiten Lesung des Gesetzesentwurfes im November 1994 im House of Representatives, äußerte sich der zuständige Minister wie folgt:

> „In December 1990 Australia ratified the UN Convention on the Rights of the Child. That convention contains a number of basic rights in the raising and development of children towards adulthood. The objects clause to the new part VII of this bill gives recognition to such rights by specifying a number of such rights that should be observed in any agreements or decisions concerning children."[49]

Während der folgenden Lesungen bezüglich des Gesetzesentwurfes im Zeitraum zwischen November 1994 und November 1995 wurde zwar kein expliziter Bezug zur Kinderrechtskonvention mehr hergestellt oder ein solcher erwähnt, jedoch läßt sich bei Betrachtung des Section 60 B (2) ein bezeichnender Einfluß der Konvention klar erkennen.[50]

---

47 Der englische Volltext zur UN - Kinderrechtskonvention ist unter http://wwwl.umn.edu/humanrts/instree/k2crc.htm abrufbar.

48 *Murray v Director Family Services ACT* (1993) FLC 92 – 416, 80, 256.

49 *Hansard*, in: House of Representatives, Family Law (Consequential Amendments) Bill 1995, (1994), 2759 (3957).

50 Vgl. VI., unten; *B and B* (Family Law Reform Act 1995) 21 FLR 676; *Re Lynette* (1999) FLC 92 - 863.

5. Government Response

Die durch die Regierung während des Gesetzgebungsverfahrens verfaßte Stellungnahme ließ eine Befürwortung des Standpunktes des Family Law Council's erkennen, also einer Übernahme der Entwicklungen aus dem Vereinigten Königreich.[51] Der dort gültige Children Act 1989 (UK) brachte positive Erfahrungen mit der Änderung der gesetzlichen Terminologie. Der Standpunkt der australischen Generalstaatsanwaltschaft wurde deshalb als ungenügend abgelehnt, weil er nicht als sonderlich abweichend von der bisherigen Rechtslage gelten kann. Die Beibehaltung der Aufspaltung der elterlichen Verantwortung in Sorge und Umgang kann nicht zur Lösung des bisherigen Problems, nämlich daß man nicht jedem einzelnen Fall aus der jeweiligen Familie heraus gerecht werden kann, beitragen. Dieses sollte aber gerade Regelungsabsicht des Gesetzesvorschlages zur Neuregelung der elterlichen Verantwortung nach erfolgter Trennung der Eltern sein.[52]

Der geltende FLA 1975 solle daher soweit abgeändert werden, daß die Grundsätze einer elterlichen Verantwortung (parental responsibility), ähnlich dem englischen Children Act 1989, auch im Reformrecht enthalten sein sollen. Das Konzept dieser elterlichen Verantwortung soll seine Gültigkeit auch nach einer erfolgten Elterntrennung beibehalten. Anweisungen in Bezug auf das Kind sollen allein in Form von parenting order möglich sein, namentlich residence, contact und specific issue orders. Kritische Äußerungen und Mahnung zur Vorsicht wurden lediglich hinsichtlich des im englischen Children Act 1989 geltenden no – order – principles[53] gemacht, wonach ein Gericht keine Anweisungen erlassen soll, auch wenn es für das Wohl des Kindes angezeigt wäre. Dieses no – order – principle ist nach australischer Ansicht aber deshalb als zu inflexibel zu bezeichnen, weil das Gericht so den individuellen Interessen des Kindes nicht nachkommen kann. Es kann durchaus aufgrund des individuellen Kindesinteresses gerade auch geboten sein, gerichtliche Anweisungen zu erlassen und nicht dem no – order – principle zu folgen. Zustimmung fand hingegen der ebenfalls gemachte Vorschlag des Council innerhalb der Entscheidungsfindung vom Kindeswohlprinzip abzuweichen (welfare of a child) und allein nach den kindlichen Interessen vorzugehen (best interest of a child). Es kann so eine Anwendung der zu dem Begriff Kindeswohl ergangenen und eher verwirrenden Auslegung vermieden werden. Nicht zuletzt

---

51 Government Response – Family Law Act 1975 – Directions for Amendment: Government Response to the Report by the Joint Select Committee on Certain Aspects of the Operation and Interpretation of the Family Law Act 1975, 11.

52 *Parliament of the Commonwealth of Australia*, Report by the Senate Legal and Constitutional Legislation Committee, (1995), 8.

53 Section 1 (5), Children Act 1989 (UK); *Bailey – Harris/ Barron/ Pearce* (1999) 11 Child and Family Law Quarterly 53.

kann so innerhalb des Kindschaftsrechtes auch eine Anpassung der an die Kinderrechtskonvention gemachten Vorgaben erreicht werden.

IV. Änderungen innerhalb der Gesetzgebung durch FLRA 1995

Der FLRA 1995 verursachte mit seinem Inkrafttreten am 11. Juni 1996 substanzielle Änderungen bezüglich des bislang im FLA 1975 enthaltenen Kindschaftsrechtes.
Der bisherige Part VII – Children – wurde unter Beibehaltung seiner Bezeichnung völlig neu verfaßt. In Section 60 B erfolgte die Formulierung der diesem Abschnitt maßgeblich zugrundeliegenden Absichten und diese unterstützenden Prinzipien. Diese wurden durch den Gesetzgeber eindeutig in Subsection 2 benannt, nämlich daß Kinder in Zukunft ein eigenständiges Recht auf Kenntnis ihrer beiden Eltern und ein Recht auf Sorge eben durch beide Elternteile haben sollen. Eine Einschränkung dies den Kindern grundsätzlich zugestandenen Anspruches soll immer nur dann erfolgen, falls dies auch durch das Kindesinteresse geboten wäre, (Section 65 E).[54] Das Kindesinteresse wird zur Entscheidungsmaxime in allen sich in Bezug auf das Kind ergebenden Angelegenheiten erklärt.
Als weitere zentrale Veränderung hat die Novellierung des bisher gültigen dreigeteilten Systems von Vormundschaft (guardianship), Sorge (custody) und Umgang (access) zu gelten. Im neuen FLRA 1995 wird eine solche begriffliche Unterscheidung nicht mehr getroffen, sondern es erfolgt – unter Beibehaltung des Begriffs guardianship – eine Vereinigung der Begriffe custody und access unter den neuen Begriff der elterlichen Verantwortung (parental responsibility). Des weiteren sollen die sich bei Ausübung der elterlichen Verantwortung ergebenden Fragen im voraus, soweit möglich, durch einen Sorgerechtsplan (parenting plan) individuell durch die Eltern selbst festgelegt werden. Erst in Fällen, in denen die elterlichen Parteien bezüglich eines parenting plan zu keiner Einigung kommen können, soll es gerichtliche Anweisungen zur Wahrnehmung der individuellen elterlichen Verantwortung geben (parenting orders). Diese Anweisungen können sich im speziellen auf den Wohnort des Kindes (residence order), den Umgang (der Begriff `access´ wurde gleichzeitig durch den bloßen Begriff `contact´ ersetzt), aber auch auf alle anderen Aspekte, die sich bei Wahrnehmung der elterlichen Verantwortung ergeben können (specific issue order), beziehen.

---

54 Dazu näher VI. 7., unten.

V. Bestrebungen des FLRA 1995

Mit den australischen Veränderungen innerhalb des FLA wurden folgende Verbesserungen beabsichtigt:
Primär und hauptsächlich sollte ein Wechsel der gesellschaftlichen Ansichten in einzelnen Lebensbereichen erreicht werden.[55] Insbesondere galt es eine Veränderung der Einstellung der Eltern gegenüber ihren Kindern nach Aufhebung der elterlichen Beziehung herbeizuführen.[56] Insbesondere wurde die Hoffnung aufgestellt, beide Elternteile zu einer gemeinsame Pflege des Kindes nach Trennung ermutigen zu können, so daß eine gemeinsame elterliche Verantwortung für das Kind auch in Zukunft bestehen bleiben wird.[57]
Des weiteren sollte eine Reduzierung des elterlichen Konfliktpotentials im Sorgerechtskampf dadurch erreicht werden, indem man eine Eliminierung der Denkweise um einen Besitzanspruch bezogen auf das Kind vornimmt. Dieses kann insbesondere durch einen Wechsel der psychologischen Einstellung dahingehend, daß eine gleichwertige Wichtigkeit der Elternteile im Leben eines Kindes besteht, erreicht werden. Nicht von Bedeutung soll sein, bei wem das Kind seinen dauerhaften Aufenthalt begründet hat, oder wer mit der alltäglichen Pflege und Erziehung des Kindes betraut wurde.
Als drittes Ziel wird angeführt, beim Verfassen von elterlichen Vereinbarungen nach Trennung bezüglich ihnen obliegenden Entscheidungskompetenzen in

---

55 So auch in den im englischen Rechtsbereich (UK) durchgeführten Reformen: England, *Law Commission*, Review of Child Law, Guardianship and Custody, Report No 172, (1998), 2.4.

56 *Hansard*, in: House of Represenatitives, Family Law Reform (Consequential Amendments) Bill 1994, (1995), 3957; *Chisholm* (1996) 10 AJFL 177, 184.

57 Family Law Act 1975 (Cth) Section 60 B (2)(a) und (c); *Hansard*, in: House of Representatives, Family Law Reform (Consequential Amendments) Bill 1994, (1995), 3303; *Senate Legal*, Family Law Reform Bill 1994, Explanatory Memorandum, (1994), para 5; Vgl. auch: *Family Law Council*, Letter of Advice to the Attorney – General on the Operation of the (UK) Children Act 1989, (1994), 13: Die Stellungnahme des Council läßt erkennen, daß elterliche Verantwortung für Kinder nicht mit Trennung der Eltern ein Ende findet, sondern daß das Kindesinteresse (best interest´s of the child) eine Aufrechterhaltung des Kontaktes zu beiden Elternteilen und eine sich ergänzende Erziehung verlangt. Diese Entwicklung bezüglich der Sichtweise elterlicher Verantwortung nach deren Trennung wurde aber auch schon in der Gesetzgebung anderer Länder ebenso berücksichtigt, wie beispielsweise: United States, *Commission on Child and Family Welfare*, Parenting our Children: In the best Interest of the Nation, (1996), Recommendation 17, welche die Empfehlung aussprach, daß alle Regierungen in jeder Hinsicht das Ziel, dem Kinde nach Zusammenbruch der intakten Familie beide Elternteile zu erhalten, verfolgen sollten. Ein dazu notwendiger Wechsel in der gesetzlichen Terminologie würde dann nicht zur Vermehrung des Konfliktpotentials, sondern vielmehr zur besseren Wahrnehmung einer gemeinsamen elterlichen Verantwortung beitragen.

einzelnen kindlichen Angelegenheiten stets eine direkte Betrachtung von Kindesrechten und – interessen vorzunehmen. Bedürfnisse und Ansichten der Eltern haben als nachrangig zu gelten. Durch die gesetzlichen Veränderungen soll also nachdrücklich betont werden, daß Kindern spezielle Rechte zugestanden werden können, denen durch die elterliche Verantwortung Rechnung getragen werden soll.
Viertens wird betont, daß Eltern zur Erstellung privater Übereinkünfte bezüglich der zukünftigen Pflege und Erziehung ihrer gemeinsamen Kinder angehalten und nach Möglichkeit von gerichtlichen Lösungen abgesehen werden soll.[58] Eine Berücksichtigung zusätzlicher Einrichtungen zu einer außergerichtlichen Konfliktlösung, wie Mediations - oder Beratungsverfahren, hat ebenfalls zu erfolgen.
Als fünfter und abschließender Punkt ist zu nennen, daß bei Erlaß von parenting orders stets eine Berücksichtigung der konkreten familiären Situation, insbesondere das Vorhandensein von häuslicher Gewalt, zu erfolgen hat.[59]

VI. Maßgebliche Grundsätze des Part VII des FLRA 1995

Als maßgeblicher Grundsatz innerhalb des Part VII des FLRA 1995 hat Section 60 B zu gelten. Section 60 B (1) beabsichtigt zugunsten eines jeden Kindes die Zusicherung einer adäquaten und gebührenden Erziehung, welche zur Entfaltung der kindlichen Persönlichkeit beitragen und gleichzeitig auch sicherstellen soll, daß Eltern ihrer Verantwortung bezüglich Pflege, Wohlergehen und Entwicklung des Kindes gerecht werden. Zu diesem Zweck werden in Subsection 2 des Section 60 B noch weitere, diesen Grundsatz unterstützende, Prinzipien aufgestellt. Danach wird einem minderjährigen Kind ein Anspruch auf Pflege und Erziehung durch beide Eltern gleichzeitig, unabhängig davon, ob deren persönlicher Status als verheiratet, getrennt oder unverheiratet zu gelten hat, zugestanden. Des weiteren wird dem Kinde auch ein grundsätzliches Recht auf Umgang mit beiden der Elternteile und dritten Personen, denen ein prägender Einfluß hinsichtlich Pflege, Wohlergehen und Entwicklung des Kindes zugesprochen werden kann, gewährt:

---

58 Family Law Act 1975 (Cth) Subsection 14, Section 60 B (2) (d), 63 B (a), 65 F (2) (a); *Senate Legal*, Family Law Reform Bill 1994, Explanatory Memorandum, November 1994, paras 4, 5; Vgl. auch: *Family Law Council*, Patterns of Parenting after Separation, para 3.

59 Family Law Act 1975 (Cth) Divison 11; *Senate Legal*, Family Law Reform Bill 1994, Explanatory Memorandum, November 1994, paras 6, 7.

„60 (B) (1) The object of this Part is to ensure that children receive adequate and proper parenting to help them achieve their full potential, and to ensure that parents fulfil their duties, and meet their responsibilities, concerning the care, welfare and development of their children.
(2) The principles underlying these objects are that, except when it is or would be contrary to a child's best interest:
(a) children have the right to know and be cared for by both their parents, regardless of whether their parents are married, separated, have never married or have never lived together; and
(b) children have a right of contact, on a regular basis with both their parents and with other people significant to their care, welfare and development; and
(c) parents share duties and responsibilities concerning the care, welfare and development of their children; and
(d) parents should agree about the future parenting of their children."

Die Entwicklung dieser in Section 60 B enthaltenen Grundsätze läßt sich nicht unbedingt auf eine entsprechende Regelung innerhalb des englischen Children Act 1989 – ähnlich manch anderer im FLRA 1995 enthaltenen Regelung – zurückführen, zumal innerhalb dessen auch keine vergleichbare Regelung enthalten ist. Vielmehr bildete alleinige Grundlage und Orientierungsmaßstab die von den Vereinten Nationen am 20. November 1989 verfaßte Kinderrechtskonvention, wobei insbesondere die Artikel 2, 7, 9, 3 und 18 der Konvention zu nennen wären.[60]
Bei genauerer Betrachtung des Section 60 B ergeben sich jedoch einige grundlegende Aspekte, die in weiteren Vorschriften des Part VII aufgegriffen und näher entwickelt wurden: Diese beinhalten vor allem den Wechsel weg von Elternrechten hin zu einer elterlichen Verantwortung, die Anerkennung von Kinderrechten – der Anspruch des Kindes auf Pflege und Erziehung durch beide Eltern –, sowie des Modells einer gemeinsamen Elternschaft, unabhängig der Situation um die elterliche Beziehung als solches.[61] Auch wird, nicht zuletzt um Sorgerechtsstreitigkeiten vor Gericht zu minimieren, den Eltern dazu geraten, die ihnen zustehende Autonomie hinsichtlich der kindlichen Erziehung in Form von Elternvereinbarungen (parental agreements) wahrzunehmen und auszuüben.[62] Innerhalb der Institution Familie können schließlich Kindesinteressen am besten wahrgenommen und umgesetzt werden. Dieses soll aber, im Gegensatz zu dem im englischen Recht enthaltenen no – order – principle, nicht dazu führen, daß im Zweifel von gerichtlichen Anweisungen

60 *Nygh* (1997) 11 AJFL 5; *Otlowski/ Tsamenyi* (1997) 11 AJFL 137.
61 *Bailey – Harris* (1996) 18 Adelaide Law Review 83 (84).
62 Section 63 B, FLRA 1995 (Cth): „The parents of a child are encouraged to agree about matters concerning the child....."

abgesehen und die Familien sich selbst überlassen werden. Dieser im englischen Recht enthaltene Grundsatz wurde in Australien nicht in geltendes Rechts umgesetzt.
Eine Schlüsselrolle zur Interpretation der in Part VII enthaltenen Grundsätze soll vielmehr allein Section 60 B zugerechnet werden.[63]

1. Elterliche Verantwortung - parental responsibility

> „61 B In this Part, parental responsibility, in relation to a child, means all the duties, powers, responsibilities and authority which, by law, parents have in relation to children."

Zentrales Konzept innerhalb der Reformen bildete dies der parental responsibility, was das bisher praktizierte System von Sorge und Vormundschaft (custody and guardianship) ersetzen soll. Der Begriff parental responsibility, welcher dem englischen Children Act 1989 entnommen wurde, wird in Section 61 B definiert: Danach soll dieser alle kraft Gesetzes auferlegte Pflichten, zugestandene Rechte, Verantwortungselemente, wie auch sonstige autoritative Berechtigungen der Eltern in Bezug auf das Kind umfassen.
Die in Section 61 B enthaltene Definition könnte jedoch auch auf eine gewisse Art und Weise leicht als eine Art Anti – Definition[64] bezeichnet werden, weil sie keine spezielle Aussagen darüber trifft, was genau für spezielle Verpflichtungen oder Rechte die Eltern in Bezug auf ihr Kind wahrnehmen müssen oder besitzen können. Vielmehr wird auf Common Law and Statute Law, also auf die nicht kodifizierte Rechtsdogmatik und Rechtsprechungspraxis, verwiesen. Eine derartige Vorgehensweise in Bezug auf den Begriff der parental responsibility war jedoch durch den australischen Gesetzgeber beabsichtigt worden, zumal eine solche auch schon bei Entwicklung des Children Act 1989 (UK) durch die englische Law Reform Commission unterstützt wurde, weil sie es als unpraktisch und unmöglich ansah, alle Fälle der parental responsibility beispielhaft aufzuzählen.[65]
Einer derartigen Vorgehensweise bei Normierung von Grundsätzen elterlicher Verantwortung wurde andererseits aber nicht unbedingt immer zugestimmt: Kritiker bemerken, daß ein so entstehendes Defizit hinsichtlich der Klarheit des Begriffs parental responsibility einerseits dazu geeignet ist, Verhandlungen zwischen den Parteien zu unterbinden und andererseits es Praktikern erheblich

---

63 *Re Z* (1996) FLC 92-694; *Kaspiew* (1996) 12 AJFL 69 (72).

64 *Sansom*, The Family Law Reform Act and its Impact on Applications involving Children – an Overview, (1996), 18.

65 *Law Reform Commission*, Review of Child Law, Guardianship and Custody Law, Report No 172, (1988).

zu erschweren, ihre Klienten vertrauensvoll an mögliche sorgerechtlichen Übereinstimmungen heranzuführen.[66]

(a) Möglicher Inhalt einer parental responsibility

Dem Versäumnis des Gesetzgebers, bezüglich des möglichen Inhalts einer parental responsibility eine Definition *in concreto* zu verfassen, könnte zunächst möglicherweise durch Heranziehung anderer Quellen – in denen eine Auslegung dieses Begriffes versucht wurde – entgegengewirkt werden.

In einem in Großbritannien ergangenen Fall, *Gillick v West Norfolk and Wisbech Area Health Authority*[67], vertrat Lord Scarman die Ansicht, daß elterliche Verantwortung stets nach Alter und Reifegrades des Kindes, wie auch der gegebenen Umstände im Einzelfall variieren kann. Eine elterliche Verantwortung könnte nach einer derartigen Auslegung also mal mehr und mal weniger Aufgaben umfassen. Im Anschluß wurde daher vereinzelt versucht anhand von Fallbeispielen darzustellen, welche Angelegenheiten sich in einem kindlichen Leben ergeben können und der elterlichen Verantwortung zuzurechnen wären.[68] Als Schlußfolgerung der Betrachtung solcher Quellen ist jedoch festzustellen, daß elterliche Verantwortung stets ein weites Feld von Angelegenheiten, wie auch die Verpflichtung regelmäßigen Kontakt zu dem Kind auszuüben, aber auch diesem einen rechten Weg in seiner Erziehung aufzuzeigen und es zu unterstützen, umfaßt.

Weiterhin könnte sich auf der Suche nach Verständnis und Auslegung der in Section 61 B gegebenen Definition einer parental responsibility auch bereits vorhandene Auslegungsergebnisse zum alten zwiegespaltenen Konzept von Sorge und Vormundschaft als hilfreich erweisen. Nach dem zur alten Section 63 E vorhandenen Verständnis konnte dem Sorgerechtsinhaber stets eine Befugnis zur Entscheidung über Angelegenheiten des alltäglichen Lebens zugesprochen (day – to – day decisions) werden. Entscheidungen, die längerfristig Auswirkungen auf die kindliche Entwicklung entfalten konnten (long – term – decisions), wie Schule oder Religion, konnten nur durch den Vormund (guardian) des Kindes umgesetzt werden. Dadurch jedoch, daß innerhalb des neuen Konzepts der elterlichen Verantwortung eine derartige Unterscheidung nicht mehr vorgenommen wird, kann angenommen werden, daß nunmehr sowohl Entscheidungen hinsichtlich day – to – day – care, wie auch long – term

---

66 *Troup* (1995) 5 Australian Feminist Law Journal 111, m.w.N.

67 *Gillick v West Norfolk and Wisbech Area Health Authority* (1985) 3 All ER 402 (402 – 1).

68 Vgl. nur *Bromley/ Lowe*, Family Law, 301: Aufenthalt, Umgang, Erziehung, Religion, Medizinische Versorgung, Zustimmung zur Heirat eines Minderjährigen, Zustimmung zu einer Adoption des betreffenden Kindes, Ausstellung eines Reiseausweises, Umsiedlung des Kindes, Vermögensverwaltung, Unterhalt, Status – und Namensfragen, Vertretung des Kindes, Bestattung eines verstorbenen Kindes, Vormundschaft.

– care, aber auch welfare (Wohlergehen, Fürsorge) und development of the child (Entwicklung) durch das Konzept der elterlichen Verantwortung umfaßt werden sollen.[69]

(b) Hauptunterschied bezüglich Inhalt einer parental responsibility im Family Law Act (1975), Family Law Reform Act 1995 (Cth) und im Children Act 1989 (UK)

Ein materiellrechtlicher Unterschied zwischen der Definition einer parental responsibility unter dem FLRA 1995 und derjenigen unter dem Children Act 1989 (UK) ist eine fehlende Normierung von konkreten elterlichen Rechten in Bezug auf das Kind (parental rights).[70] Diese innerhalb des australischen Kindschaftsrechtes vorhandene Entwicklung kann als direkter Ausfluß der UN – Kinderrechtskonvention, die immer wieder die Berücksichtigung von Kindesrechten proklamiert, aber auch gleichzeitig Elternrechte mit berücksichtigt[71], verstanden werden.[72] Hintergrund einer solchen Entwicklung könnte die Erkenntnis um das Bestehen und Schutz eigenständiger kindlicher Rechte, etwa in Bezug auf Eigentum, gebildet haben. Diesem Schritt des Gesetzgeber ist aber mehr symbolischem als praktischem Nutzen zuzusprechen, als dieser doch in gleichem Atemzuge innerhalb der in Section 61 B gemachten Definition um eine parental responsibility auch von elterlichen Befugnissen (power) und Ermächtigungen (authority) es die Rede sein läßt.

(c) Mögliche Inhaber einer parental responsibility

> „61 C (1) Each of the parents of a child who is not 18 has parental responsibility for the child.
> (2) Subsection (1) has effect despite any changes in the nature of the relationships of the child´s parents. It is not affected, for example, by the parents becoming separated or by either or both of them marrying or re-marrying.
> (3) Subsection (1) has effect subject to any order of the court for the time being in force (whether or not made under this Act and whether made before or after the commencement of this section)."

Nach Section 61 C (1) des FLRA 1995 obliegt jedem der Elternteile eines Kindes, welches das 18. Lebensjahr noch nicht vollendet hat, eine elterliche Verantwortung. Nach Section 61 C (2) hat dies ungeachtet der Situation um die persönliche Beziehung der Eltern zu erfolgen, also unabhängig davon, ob diese

---

69 Vgl. dazu e), unten: Rahmen einer parental responsibility
70 Vgl. dazu *Ingleby* (1996) 10 Australian Journal of Family Law 48 (49).
71 Vgl. Artikel 5 UNKRK.
72 *Finlay/ Bailey-Harris/ Otlowski*, Family Law in Australia, [7.56].

nun gerade getrennt leben, einer der beiden oder beide heiraten oder schon wieder neu verheiratet sind. Durch eine derartige unabhängige Betrachtungsweise der elterlichen Verantwortung erhofft sich der australische Gesetzgeber dem Modell einer gemeinsamen Elternschaft besser als bisher entsprechen und dem Anspruch der Elternteile auf eine gleichwertige Behandlung in Bezug auf das Kind gerecht werden zu können.

(d) Stets gemeinsam oder auch einzeln wahrnehmbar ?[73]

Aufgrund der in Section 61 C des FLRA 1995 gewählten Formulierung ergibt sich zunächst die Frage, ob eine Ausübung der elterlichen Verantwortung durch die Eltern in Zukunft stets nur gemeinsam oder aber auch einzeln erfolgen kann.[74]

Im Gegensatz zu der im englischen Children Act 1989 in Section 2 (7) eindeutig gewählten Formulierung, wonach bei Inhaberschaft der elterlichen Verantwortung für das Kind jede Person unabhängig von der anderen zum Handeln ermächtigt sein soll, ist die australische Position diesbezüglich offen für Interpretationen: Die Verwendung der Formulierung in Section 61 C „each of the parents having parental responsibility" läßt auch die Annahme zu, daß jeder Elternteil unabhängig von dem anderen seine elterliche Verantwortung stets vollwertig wahrnehmen kann. Genauso gut könnte diese Formulierung aber auch so zu verstehen sein, daß parental responsibility als eine gemeinsame Aufgabe zu gelten hat (Section 60 B) und daher auch nur von beiden Elternteilen gemeinsam wahrgenommen werden kann.[75]

Eine eindeutiges Verständnis der gegebenen Regelung ist aber deshalb von gravierender Bedeutung, weil je nachdem, wie parental responsibility *in concreto* auszulegen ist, sich beträchtliche Auswirkungen auf die Praxis ergeben können: Wenn die in Australien vorhandene Rechtsprechung diesbezüglich dahingehend auszulegen wäre, daß parental responsibility von den Eltern getrennt und unabhängig voneinander ausgeübt werden kann, so würde dadurch jedem der Elternteile ein erhöhtes Maß an Handlungsfreiheit in Bezug auf die im Zusammenhang mit dem Kind zu treffenden Entscheidungen zugesprochen werden können. Bei einer gegenteiligen Auslegung, also daß eine Ausübung der parental responsibility von den Eltern nur gemeinsam erfolgen kann, wäre eine Verständigung zwischen den Eltern in jeder einzelnen Angelegenheit notwendig. Gerichte würden dann womöglich schneller um Entscheidung gefragt und als Bühne elterlicher Konflikte benutzt werden.

---

73 *B and B* (Family Law Reform Act 1995) 21 FLR 676; *Nygh* (1997) 11 AJFL 242; *Pagani*, in: The 8th National Family Law Conference - The Challenge of Change, Conference Handbook 1998, 127.

74 *Chisholm* (1996) 10 AJFL 177 (180).

75 *Ingleby* (1996) 10 AJFL 48 (50).

Eine Lösung dieser Auslegungsproblematik erfolgt innerhalb australischer Rechtsprechung mit einer klaren Tendenz dahingehend, parental responsibility als eine unabhängig durch jeden einzelnen Elternteil wahrzunehmende Verantwortung anzuerkennen. Nur so kann nach Ansicht der Gerichte den erhöhten Anforderungen an die elterliche Verantwortung auch im Einzelfall Rechnung getragen werden.[76] Auch wurde ein derartiges Verständnis der Wortwahl „each parent" durch Heranziehung bereits bestehender Auslegung zu einer im bisherigen Family Law Act 1975 gleichlautenden Formulierung (each parent being a guardian) begünstigt, wonach jeder der Elternteile eine Verantwortung für sich wahrnehmen konnte – unabhängig vom anderen.[77] Eine analoge Auslegung wäre also aufgrund der gleichlautenden Wortwahl auch in Bezug auf parental responsibility in Section 61 C möglich. Nach eingehender Betrachtung der in der Rechtspraxis enthaltenen Positionen muß man daher zu der Schlußfolgerung gelangen, daß eine Auslegung des Section 61 C stets dahingehend zu erfolgen hat, daß sowohl eine gemeinsame, aber auch eine einzelne Ausübung der elterlichen Verantwortung als zulässig gelten kann. Nach Ansicht der Gerichte wäre aber unter diesen beiden Möglichkeiten ein joint co – operative parenting deswegen zu bevorzugen, weil andererseits jede einzeln auftretende Angelegenheit im Leben des Kindes bei einer so gestalteten gemeinsamen elterlichen Verantwortung nur mit Übereinstimmung des anderen Elternteils ausgeübt werden könnte, sich also unüberwindbare Hürden für die weitere Ausübung ergeben könnten.

(e) Rahmen einer parental responsibility

Es stellt sich nun daher die einfache Frage, was den Rahmen elterlicher Verantwortung bildet, wie lange diese wohl andauert und unter welchen Umständen sie zu einem Ende kommen kann.

Anhand der in Section 61 C (1) gemachten Formulierungen läßt sich zunächst klar festlegen, daß eine elterliche Verantwortung für das Kind grundsätzlich bis zum Alter von 18 Jahren besteht. Bei Bedarf kann jedoch auch eine gerichtliche Abweichung von diesem Grundsatz erfolgen, Section 61 D (2) (b).

Der Rahmen elterlicher Verantwortung kann jedoch durch Eltern mit Hilfe eines Sorgerechtsplanes (parenting plan) selbständig bestimmt werden, Section 63 C (1). Innerhalb eines solchen Sorgerechtsplanes können Festlegungen hinsichtlich des Aufenthaltes, des Umgangs, des Unterhaltes oder andere sich im Zusammenhang mit der Sorge des Kindes ergebenden Fragen getroffen werden, Section 63 C (2). In einem Sorgerechtsplan getroffene abweichende

---

76 *Dewar* (1996) 10 AJFL 18 (27) m.w.N.

77 Vgl. *Talbot and Talbot* (1993) 16 FamLR 910; *Newberry and Newberry* (1977) 2 FamLR 11,652.

Bestimmungen erlangen immer dann unbedingte Gültigkeit, soweit sie gerichtlich genehmigt worden sind, Section 63 A bis 63 H.[78]
In diesem Zusammenhang ergibt sich jedoch schnell auch die Frage, wie lange elterliche Verantwortung angesichts einer zunehmenden Reife eines Minderjährigen ausgeübt werden kann.

Ältere Rechtsprechung bestimmte, daß Eltern bis zum Grad der Volljährigkeit des Kindes stets ein Recht zur unbedingten Ausübung ihrer elterlichen Verantwortung zuzusprechen sei.[79]
Eine Abweichung von diesem durch die Rechtsprechung gesetzten Grundsatz erfolgte erst in einer viel späteren, durch Lord Denning getroffenen Entscheidung[80], nämlich daß custody (Sorge) als ein sich ständig änderndes Recht anzuerkennen sei, welches Gerichte bei zunehmenden Alter und Reife des Kindes nur zögerlich entgegen dessen individuellen Wünsche Wirkung verleihen.
Nach der modernen Sicht der Dinge, welche ebenfalls durch eine Entscheidung des englischen House of Lords begründet wurde,[81] sind Elternrechte, die auch ein Recht zur Kontrolle der Kinder (Parental rights of control) umfassen, als keine absoluten Rechte anzuerkennen, sondern existieren nur insoweit, als sie auch für das Wohlergehen und Schutz des Kindes notwendig sind. Reift ein Kind heran und gewinnt es so zunehmend an Beurteilungsfähigkeit, so hat gleichzeitig der elterliche Rahmen an Kontrolle und Autorität zu schwinden. Im Fall *Gillick* wurde zwar über die Fähigkeit einer heranreifenden Minderjährigen eigenständig über die mögliche Tragweite einer Verabreichung von Verhütungsmitteln beurteilen zu können entschieden. Diese Entscheidung erlangte aber auch für die Zukunft einen weitaus größeren Einwirkungsbereich, was unwiderruflich zu einer Zerstörung der Doktrin über eine grenzenlose Existenz von Elternrechten führte.[82]
Diese in England ergangene *Gillick – Entscheidung* wurde auch von australischen Gerichten als eine korrekte Auslegung originärer Elternrechte durch die Rechtsprechung empfunden. Auch nach Ansicht des High Court of Australia haben Elternrechte analog des ständig wachsenden kindlichen Einschätzungsvermögens und der kindlichen Reife zu schwinden.[83] Angesichts

---

78 Vgl. dazu näher 3., unten.

79 *Re Agar and Ellis* (1883) 24 Ch D 337.

80 *Hewer and Bryant* (1970) 1 QB 357

81 *Gillick v West Norfolk and Wisbech Area Health Authority* (1985) 3 AllER 402.

82 *Freeman*, England: The Trumping of Parental Rights (1986 – 87) 25 Journal of Family Law 91 (92).

83 *Secretary, Department of Health and Community Services v JWB and SMB* (1992) 15 FamLR 392; (1992) FLC 92 – 293. Aber auch schon früher: *A and A* (1981) 7 FamLR 439; (1981) FLC 90 – 070; *J and Leishke* (1987), ALJR 143 (147).

der sich innerhalb der Rechtsprechung abzeichnenden Entwicklung ist deswegen ungeachtet der im Gesetzestext enthaltenen Position, nämlich daß bis zum Kindesalter von 18 Jahren den Eltern eine unbedingte Ausübung von Elternrechten zu gewähren ist, davon auszugehen, daß elterliche Befugnisse dann aufhören zu existieren, wenn das Kind aufgrund seines Einschätzungsvermögens und seines Reifegrades in der Lage ist, eigenständig Entscheidungen zu treffen. Die Gründe für eine derartige Auffassung australischer Gerichte wurden durch Deane J. in *Secretary, Department of Health and Community Services v JWB and SMB* klar vorgebracht:

> „The most important influence in making it inevitable that the extreme view of parental authority would yield to the common's law traditional recognition of the gradual development of the legal capacity of a young person to decide things for herself or himself has, however, undoubtedly been the social fact of the increasing independence of the young. In times, when it is not unusual for fifteen or sixteen-year-olds to be supporting themselves as members of the workforce, to insist upon complete parental authority up until the age of eighteen would be to propagate social anachronism as legal principle...
>
> ...The effect of the foregoing is that extent of the legal capacity of a young person to make decisions for herself or himself is not susceptible of precise abstract definition. Pending the attainment of full adulthood, legal capacity varies according to the gravity of the particular matter and the maturity and understanding of the particular young person. Conversely, the authority of parents with respect to a young person of less than eighteen years is limited, controlled and varying."[84]

In England gab es aber auch nach dem *Gillick-Fall* mehrere Entscheidungen des Court of Appeal, die die Reichweite dieses paradigmatischen Falles zugunsten der Eltern versuchten einzugrenzen: Im Falle *Re R*[85] - in dem es darum ging, ob sich ein 15 jähriges Mädchen einer medizinischen Behandlung und der in diesem Zusammenhang zu erfolgenden Einnahme von medizinischen Präparaten wirksam entziehen kann – vertrat Lord Donaldson die Auffassung, daß eine Fähigkeit des Kindes zur Beurteilung (Gillick – competence) nicht ein elterliches Recht zur Wahrnehmung ihrer Kompetenzen hinsichtlich des Kindes ausschließen kann. Sie haben stets eine Art Veto-Recht gegen kindliche Äußerungen. Lord Donaldson behielt diese Auffassung auch in einem weiteren Fall – *Re W*[86], in dem es um eine medizinische Versorgung des Kindes ging –

---

84 *Secretary, Department of Health and Community Services v JWB and SMB*, 15 FamLR 441.

85 *Re R (A Minor)* (1991) 3 All ER 177.

86 *Re W (a minor)* (medical treatment) [1992] 4 All ER 627.

mit der Begründung bei, daß sich Ärzte ansonsten in einem ausweglosen Dilemma wiederfinden würden, nämlich daß wenn sie mit einem Minderjährigen verhandeln, es nicht ersichtlich sein wird, wem denn letztendlich im konkreten Fall ein Entscheidungsrecht zuzugestehen wäre. Daher soll man grundsätzlich davon ausgehen, daß bei Minderjährigen die sorgeberechtigten Eltern Ärzten gegenüber ein letztendliches Entscheidungsrecht besitzen.
Diese englische Entscheidung im Fall *Re R* spiegelt jedoch keineswegs die vorherrschende Auffassung australischer Rechtsprechung wieder: In *Secretary, Department of Health and Community Services v JWB and SMB* wurde durch McHugh J. klar zum Ausdruck gebracht, daß elterliche Entscheidungskompetenzen sofort aufhören zu existieren, wenn das Kind kraft seiner Reife und Beurteilungsfähigkeit in der Lage wäre, selbst eine Entscheidung in seiner konkreten Situation herbeiführen zu können. Zudem entspreche ein Recht eines reifen und einsichtsfähigen Minderjährigen auf Vornahme eigenständiger Entscheidungen in persönlichen Angelegenheiten auch dem in Australien stets zu berücksichtigenden best – interest – principle. Dieses hat bei allen in bezug auf das Kind zu treffenden Entscheidungen als Maßstab Anwendung zu finden, Section 67 ZC (2). Die in *Re R* aufgestellten Fragen nach dem Wohl des Kindes entsprechen also nicht australischer Vorgehensweise, denn Fragen der Selbstbestimmung des Kindes würden erst gar nicht aufkommen. Auch könnten Kindesinteressen oder –wünsche keine Berücksichtigung finden, wie es nun einmal in *Re R* auch geschehen ist.[87]

2. Neuordnung elterlicher Verantwortung

Eine völlige Neuverteilung schon bestehender elterlicher Verantwortung zwischen den einzelnen Elternteilen kann zunächst nach Section 65 D (1) durch den Erlaß einer gerichtlichen parenting order[88] erfolgen, wobei auch ein Zuspruch elterlicher Verantwortung an eine dritte Person nicht auszuschließen wäre.
Das sich in diesem Zusammenhang ergebende Problem besteht darin, wann bzw. in welchen Fällen ein Gericht konkret dazu befugt sein soll, hinsichtlich elterlicher Verantwortung zu intervenieren und eine Neuverteilung vorzunehmen. Der Ursprung einer derartigen Fragestellung ergibt sich aus dem zur Gesetzgebung schon erwähnten Hintergrund:[89] Der FLRA 1995 ist in Anlehnung an den Children Act 1989 (UK) verfaßt worden. Das im englischen

[87] *Harrison and Wollard* (1995) 18 FamLR 788: darin wird weiter aufgeführt, daß wenn ein Gericht mit dem Wohlergehen des Kindes befaßt wird, so dürfen keine Zweifel an seinem Selbstbestimmungsrecht aufkommen, 800.
[88] Vgl. dazu im einzelnen 5., unten.
[89] Vgl. III. 2., oben.

Children Act enthaltene no – order – principle wurde jedoch aus australischer Sicht heftig kritisiert, obwohl, genau betrachtet, dieses in England das soeben bezeichnete Problem erst gar nicht entstehen läßt. Die Gerichte in Großbritannien sollen bei Zweifeln vielmehr so verfahren, daß keine Regelung erlassen wird. Wie aber ist nach den australischen Regelungen vorzugehen? Danach wird das Gericht zunächst untersuchen, ob eine specific issue order erlassen werden soll, welche die Übertragung der Kompetenzen in day – to – day welfare, care und development auf einen Elternteil vorsehen wird. Zu bemerken ist dabei jedoch, daß eine derartige order zusammen mit einer ebenfalls ergehenden residence – order jedoch nahe an die früheren Gegebenheiten heranführen würde, also einer einzelnen Sorgerechtsermächtigung (sole – custody – order) zugunsten eines Elternteils und die ursprünglichen Zielsetzungen des Family Law Reform Act in Frage stellen könnte.

Ohne Zweifel kann es aber dem FLRA 1995 durch Aufrechterhaltung einer gemeinsamen Sorge trotzdem gelingen, einen Wechsel in der Verteilung elterlicher Verantwortung hervorzurufen, vor allem nach einer elterlichen Trennung. Vor allem der mit dem Kind nicht zusammenlebende Elternteil wäre so ebenfalls in die alltägliche (day – to – day – care) und länger andauernde (long – term – care) Pflege des Kindes eingebunden.

Durch einzelne Gruppierungen wurde aber auch an einem so gestalteten shared parenting – model erhebliche Kritik geübt: Zwar sind erhebliche Vorteile von shared parenting nach einer Elterntrennung zu erwarten, inwieweit diese jedoch realisierbar sein werden, ist fraglich. Wenn die Realität nicht den idealen Vorstellungen über eine geteilte Elternschaft entsprechen kann, so ist nach vertretenen Ansichten davon auszugehen, daß die möglichen positiven Erfahrungen in diesem Zusammenhang gegenüber dem Preis bei Versagen überbewertet sind.[90] Gerade im Rahmen der Rechtsprechung, was insbesondere im Fall *Secretary, Department of Health and community Services v JWB and SMB* zum Ausdruck kommt, werde die Tatsache verkannt, daß es hauptsächlich die Frauen sind, die sowohl vor und nach der Elterntrennung primäre Bezugspersonen der Kinder darstellen. Es wird daher befürchtet, daß die durch den Gesetzgeber vorgenommenen Veränderungen letztendlich dazu führen werden, daß Frauen notwendige Ermächtigungen zur Ausübung ihrer elterlichen Verantwortung vorenthalten und gleichzeitig den abwesenden Vätern, die nicht wirklich nach elterlicher Verantwortung streben, durch eine gemeinsame elterliche Sorge auch weiterhin eine Möglichkeit der Kontrolle über Mutter und Kind ermöglicht wird.[91]

---

90 *Behrens* (1996) 21 Alternative Law Journal 213; *Troup* (1995) 5 Australian Feminist Law Journal 111 (118).

91 *Behrens* (1996) 21 Alternative Law Journal, 213 (214, 215).

3. Parenting Plans

(a) Hintergrund

Innerhalb des neuen Part VII des FLRA 1995 (Cth) werden Eltern dazu angehalten, bei Regelungen bezüglich der Sorge um das Kind das Kindesinteresse zu beachten, wobei elterliche Vereinbarungen gerichtlichen Entscheidungen vorzuziehen sind. Dieser Gedankenzug erscheint erstmals in Section 60 B (2) (d) und wird in Section 63 B noch einmal bestärkt:

> „The parents of a child are encouraged:
> (a) to agree about matters concerning the child rather than seeking an order from a court; and
> (b) in reaching agreement, to regard the best interest of a child as the paramount consideration."

Diese elterliche Vereinbarungen sollen in Form eines parenting plan erfolgen, Section 63 C[92].

Die Einführung eines parenting plans unter dem FLRA 1995 ist jedoch nicht als ein völliges Novum zu bezeichnen. Schon unter dem FLA 1975 war in der damaligen Division 4 von Child Agreements die Rede. Oberflächlich betrachtet könnte man also zunächst davon ausgehen, daß es sich bei diesen beiden Formen der elterlichen Übereinkunft um vergleichbares handelt, zumal beide zu ihrer Gültigkeit einer gerichtlichen Registrierung/ Eintragung erfordern. Sie kommen also beide fast in die Nähe einer gerichtlichen Anordnung. Im Vergleich sind parenting plans von ihrer Konzeption her jedoch weniger kompliziert und gelten daher als Wegweiser für co – operative Elternschaft.[93] Ursprünglich sollten sie eine völlig informelle Möglichkeit für Eltern darstellen, was auch der Family Law Council im Letter of Advice to the Attorney – General befürwortete:

> „There was no need to make special provision in the legislation for parenting plans, thus clearly reflecting the view that parenting plans should not be subject to detailed regulation."

Wie die Vorschriften des FLRA 1995 jedoch zeigen, hat sich diese Möglichkeit von co-operativen Zusammenwirken völlig entgegen der ursprünglichen Absichten entwickelt.

---

92 Vgl. (b), unten.

93 *Bailey – Harris/ Dewar* (1997) 9 Child and Family Law Quarterly 149 (160).

(b) Bedeutung

„63 C (1) A parenting plan is an agreement that:
(a) is in writing; and
(b) is or was made between the parents of a child; and
(c) deals with a matter or matters mentioned in subsection (2)."

„63 C (2) A parenting plan may deal with one or more of the following:
(a) the person or persons with whom a child is to live;
(b) contact between a child and another person or other persons;
(c) maintenance of a child;
(d) any other aspect of parental responsibility for a child."

In Section 63 C wird ein parenting plan als eine geschriebene Übereinkunft zwischen Eltern definiert, in der festgelegt werden soll, mit welcher Person oder welchen Personen das Kind zusammenleben soll, wie der Umgang zwischen dem Kind und einer anderen Person oder anderen Personen erfolgen soll, durch wen und in welcher Höhe Unterhalt für das Kind gezahlt werden soll, wie auch jeder andere Aspekt, der sich im Zusammenhang mit elterlicher Verantwortung ergeben kann.[94]
Ohne Erlaß gerichtlicher parenting orders kann also mittels eines parenting plan festgelegt werden, wie eine gemeinsame Sorge des Kindes zu erfolgen hat. Eine Unterscheidung in Angelegenheiten des täglichen Lebens (etwa day – to – day – care) und Angelegenheiten von erheblicher Bedeutung (etwa long – term – care) erfolgt also auch nicht innerhalb eines parenting plans. Das im FLRA 1995 enthaltene Konzept einer parental responsibility ist als einheitlich zu verstehen.

(c) Beratung

Nach Section 63 E (2) müssen sich Eltern vor einer gerichtlichen Registrierung des jeweiligen parenting plans einer eingehenden Beratung durch einen child and family counsellor unterzogen haben. Eine genaue Definition eines child and family counsellor ist in Section 4 gegeben: Danach wäre (a) ein Berater des Gerichts (court counsellor), (b) jede einer offiziellen Beratungsorganisation angehörige Person, (c) jede andere Person, die laut Gesetz zu einer Beratung befugt wäre, als child and family counsellor zu bezeichnen. Das Ergebnis der einzelnen Beratung ist in der in Order 26 A Family Law Rule vorgesehenen Form aufzubereiten und dem Antrag der Eltern bei Gericht – also der Kopie des erstellten parenting plan – beizufügen, Section 63 E (2).

94 Vgl. dazu auch Anhang, unten: Muster eines parenting plan.

(d) Registrierung

Die nach Section 63 E (2) gestellten Anforderungen an eine Registrierung eines parenting plans sind zwar kompliziert. Hinsichtlich des Registrierungsverfahrens eines parenting plans sind jedoch Änderungen im Vergleich zum bis 1995 geltenden Verfahren zu verzeichnen: Ein child agreement konnte durch ein bloßes Ausfüllen einer Kopie eines Formulars erstellt werden, ohne das Gericht in irgend einer Weise in Anspruch nehmen zu müssen, Section 66 ZC, O 26 FLA 1975. Wie bereits erwähnt, sollte nach Ansicht des Family Law Council auch innerhalb des neuen Rechts eine informelle Erstellung eines parenting plan möglich sein. Nach denen im FLRA 1995 enthaltenen Formvorschriften bezüglich eines parenting plan kann jedoch nicht mehr ohne weiteres von einer informellen elterlichen Übereinkunft gesprochen werden, zumal in Order 26 A Family Law Rules das Verfahren um einen parenting plan noch detaillierter bestimmt wird.[95] Unabhängig von zu beachtenden Formvorgaben muß immer unter Beachtung kindlicher Interessen eine gerichtliche Prüfung des Inhalts eines parenting plan dahingehend vorgenommen werden, ob dieser für das Kind auch tatsächlich als von Vorteil anzuerkennen wäre. Nach Section 63 E (3) kann der Inhalt eines parenting plan gerichtlich immer nur dann anerkannt werden, falls aus Gründen des kindlichen Interesses diesem nichts mehr entgegenzubringen wäre, also die in Section 68 F (2) gemachten Vorgaben berücksichtigt worden sind.[96]

(e) Folgen der Registrierung

Nur bei Registrierung des jeweiligen parenting plans können darin festgehaltene Übereinstimmungen zwischen den Eltern über zukünftige Ausübung der ihnen nach Trennung auch weiterhin gemeinsam zustehenden elterlichen Verantwortung verbindliche Rechtswirkung entfalten.[97]

Die von einem parenting plan ausgehende Wirkung ist ähnlich der einer parenting order zu bezeichnen, Section 63 F (3): Es kommt zu einer Modifikation der Ausübung bestehender elterlicher Verantwortung, welche Bestimmungen eines neuen Aufenthaltsortes des Kindes, des Umgangs mit dem abwesenden Elternteil oder sonstige sich ergebenden Angelegenheiten umfassen kann.[98]

---

95 Order 26, Rule 6, 7, 8, 11, 15 Family Law Rules.

96 Vgl. 7., unten: Vorgaben, wann das Kindesinteresse als gewahrt betrachtet werden kann.

97 *Laurence*, Family Law: Children's Issues – Review of Parenting Plans, (1992), 11.

98 Vgl. 2., oben.

(f) Änderung durch die Gerichte

Nach im FLRA 1995 enthaltenen Vorschriften kann ein Gericht unter bestimmten Voraussetzungen auch eine Ermächtigung dazu haben, einen zwischen den Elternteilen bestehenden parenting plan (vorübergehend) außer kraft zu setzen, die Elternteile von darin festgelegten Verpflichtungen zu befreien oder ihn gar wieder aufleben zu lassen. Mit Ausnahme der zuletzt genannten Ermächtigung kommt es jedesmal auch zu einer Aufhebung der Registrierung des parenting plans.

Nach Section 63 H (1) können derartige Ermächtigungen dem jeweiligen Gericht immer dann obliegen, wenn es davon überzeugt ist, daß

a) seitens eines Elternteils Zwang oder ähnliches zum Abschluß des Sorgeplanes geführt hat, oder

b) die Parteien den Sorgerechtsplan nicht mehr als solches aufrechterhalten wollen,

oder

c) die Aufhebung im Kindesinteresse stehen würde.

Das Kindesinteresse hat nach Section 63 H (2) bei derartig zu treffenden gerichtlichen Entscheidungen wiederum als maßgeblich zu berücksichtigendes Kriterium zu gelten.

Nach Section 63 H (3) können aber auch außerhalb Section 63 H (1) bestehende Vorschriften in bezug auf einen bestehenden parenting plan herangezogen werden. Zum einen wären da Section 63 F (2), 65 D (2) zu nennen, wonach es dem Gericht durch eine entsprechende gerichtliche Anweisung gestattet sein kann, Änderungen hinsichtlich der im parenting plan getroffenen Vereinbarungen zu treffen, sofern dies wiederum durch das Interesse des Kindes geboten wäre. In Bezug auf in einem parenting plan enthaltene unterhaltsrechtliche Vorschriften soll dem Gericht nach Section 66 S (2) immer dann eine Befugnis zur Aufhebung oder Veränderung zustehen, sofern dies etwa veränderte Umstände im Leben des Kindes – also wiederum das Kindesinteresse – erfordern.

(g) Änderung durch die Vertragsparteien

Nach Section 63 H (1) (b), 65 D können Parteien mittels einer schriftlichen Erklärung vor Gericht eine Aufhebung ihres bisherigen Sorgerechtsplanes erreichen. Anschließend steht ihnen dann die Möglichkeit zu, einen neuen Sorgerechtsplan abzuschließen.

Diese Praxis jedoch, daß Parteien die eine Abänderung oder Aufhebung ihres Sorgerechtsplanes erreichen wollen, erst einen schriftlichen Antrag bei Gericht einreichen und dann erst einen neuen Sorgerechtsplan vor Gericht eintragen lassen können, wird durch den Family Law Council als zu kompliziert bezeichnet.[99] Es wäre nach Ansicht des Law Council viel effizienter und weniger finanziell aufwendig, wenn die Parteien einer einfachen Prozedur nachkommen könnten, etwa daß neue übereinstimmende Vereinbarungen zwischen den Parteien einfach durch das jeweilige Gericht – nach Überprüfung des Kindesinteresses – registriert werden.[100]

(h) Zukunft des Parenting Plans

Sorgerechtspläne könnten zu einem beliebten Mittel für Eltern werden, die Ausübung der ihnen zustehenden elterlichen Verantwortung über ihre Kinder zu gestalten. Es wird Eltern so eine Möglichkeit gegeben, auf die zukünftige Entwicklung ihres Kindes auch gemeinsam einzuwirken, ohne daß ständig über einzelnen Angelegenheiten Streit entstehen muß.

Angesichts komplizierter Formvorschriften zur Erstellung eines Sorgerechtsplanes könnte jedoch zu erwarten sein, daß Eltern von der praktisch sinnvollen Idee des Verfassens von Sorgerechtsplänen eher abgeschreckt werden, zumal diese so im allgemeinen zu finanziell und zeitlich aufwendigen Mitteln zur Ausübung der elterlichen Sorge werden können. Auch muß hinsichtlich der weiteren beizufügenden Dokumente, wie etwa einem Beratungsnachweis, ein erhöhter Aufwand betrieben werden. Ob dann der jeweilige parenting plan letztendlich auch anerkannt werden wird, ist nicht sicher. Dies stellt vielmehr eine Entscheidung innerhalb des Ermessensspielraums des Gerichtes dar. Mithin kann die den Sorgerechtsplänen ursprünglich zugrundeliegende Idee, nämlich daß Eltern eine eigenständige Möglichkeit zur Entwicklung und Ausübung ihrer elterlichen Verantwortung gegeben werden soll, durch detaillierte Formvorschriften beeinträchtigt werden.[101]

4. Aufnahme eines Verfahrens und Verfahrensablauf

Die Personen, die zur Stellung eines Sorgerechtsantrages und zur Anstrengung eines Verfahrens in bezug auf das Kind befugt sein sollen, werden in Section 69 C genannt. Die Vorschrift des Section 69 C unterteilt sich jedoch in zwei eigenständige Bereiche, Subsection (1) und Subsection (2). In Section 69 C (1) werden andere innerhalb des FLRA 1995 existierende Vorschriften aufgeführt, nach denen bestimmte in Bezug auf das Kind notwendige Verfahren angestrengt werden können, wie Sorge (Section 65 C), Unterhalt (Section 66 F), Unterhalt

---

99 *Family Law Council*, Patterns of Parenting after Separation, (1992), para 5.21 – 5.22.

100 *Family Law Council*, Patterns of Parenting after Separation, (1992), Recommendation 6.

101 *Laurence*, Family Law: Children's Issues, (1998), 15.

bei nichtehelichen Kindern (Section 67 F), location orders (Section 67 K), recovery orders (Section 67 T), Umgang (Section 68 T).
Wer jedoch dazu befugt sein soll, genannte Verfahren anzustrengen, wird in Section 69 C (2) bestimmt: eine Befugnis steht (a) einem oder beiden Elternteilen des Kindes, (b) dem Kinde, (c) den Großeltern des Kindes oder aber (d) jeder anderen mit der Pflege, Betreuung und Erziehung des Kindes beauftragten Person zu.
Als einziges Novum in Bezug auf das Kind zu stellende Anträge ist die nun auch eine den Großeltern des Kindes zugestandene Antragsbefugnis zu nennen. Eine solche war nach Section 63 C des FLA 1975 nicht gegeben. Diese Änderung wurde auf Empfehlung des Senatsausschußes im Rahmen des FLRA 1995 vorgenommen.[102] Bezüglich der Antragsermächtigung von Großeltern bleibt zu bemerken, daß sie auch immer dann, wenn sie nicht ausdrücklich als antragsberechtigt in der jeweiligen Vorschrift genannt wurden, jedoch mit Pflege, Betreuung und Erziehung des Kindes beauftragt waren, ebenfalls antragsberechtigt sein können, etwa nach Section 65 C (3), Section 66 F (1) (c), Section 67 K (d), Section 67 T (d), Section 69 C (2). Die zur Anstrengung eines kindschaftsrechtlichen Verfahrens notwendigen Voraussetzungen werden in Section 69 E genannt. Nach Section 69 E (1) kann es auch nur immer dann zur Einleitung eines Verfahrens kommen, wenn eine der darin genannten Voraussetzungen als gegeben angesehen werden kann, also (a) das Kind sich zu dem betreffenden Tag innerhalb Australiens befindet, (b) das Kind die australische Staatsbürgerschaft besitzt oder zu dem betreffenden Tag als solcher gelten kann, (c) einer der Elternteile die australische Staatsbürgerschaft besitzt oder zu dem betreffenden Tag als solcher gelten kann, (d) andere am Verfahren teilnehmende Parteien besitzen die australische Staatsbürgerschaft oder können bis zu dem betreffenden Tag als solche gelten, (e) eine Verhandlung über die angestrengte Sache würde auch nicht gegen innerhalb Australiens geltende Übereinkünfte oder aber ausländische Rechtsprechung oder Bestimmungen des internationalen Privatrechts verstoßen, wenn sich das entsprechende Gericht der zu verhandelnden Sache annehmen wird.
In Section 69 E (2) wird darüberhinaus definiert, was unter der Wortwahl *bis zu dem entsprechenden Tage* zu verstehen ist: (a) der Tag, an dem der Antrag bei Gericht gestellt wurde, (b) in jedem anderen Fall der Tag, an dem ein außerhalb des Gerichtes verfaßter Antrag bei Gericht eingereicht wurde.

---

102 *Senate Legal*, The Family Law Reform Bill 1994 and the Family Law Reform Bill (No2) 1994, Second Report, (1995), 20.

5. Parenting Orders

Der Erlaß einer parenting order kann als notwendig erscheinen, wenn zwischen Eltern keine Vereinbarung hinsichtlich Ausübung der ihnen auch weiterhin gemeinsam zustehenden Sorge besteht und Streit – ohne Aussicht auf Einigung – darüber entsteht, wie diese zukünftig zu erfolgen hat, oder eine Vereinbarung zur Ausübung der gemeinsamen Sorge zwischen Eltern auf Kosten des Kindesinteresses verfaßt wurde, oder aber die Ausübung der Inhalte eines parenting plans gescheitert ist.

Eine parenting order ist daher der Natur nach eine gerichtliche Anweisung, die im Zusammenhang mit der Wahrnehmung der elterlichen Verantwortung zu erlassen ist, Section 64 A – C. Unter dem Children Act 1989 (UK) besteht ebenfalls eine ähnliche Einrichtung, die dort section 8 – order genannt wird.

Auch im Family Law Act 1975 (Cth) waren parenting orders enthalten, nämlich in Division 5 des Part VII. Damals wie heute werden parenting order in residence, contact und specific issue order unterteilt. Hauptziel bildet dabei die Wahrung von Kindesinteressen. Durch Section 65 F (1) wird jedoch bestimmt, daß unabhängig vom Typ der durch das Gericht zu erlassenden parenting order die jeweilig betroffenen Eltern stets zuvor eine Beratung durch entsprechend ausgebildete Personen in Anspruch zu nehmen haben. Eine Ausnahme von dieser Verpflichtung kann nur dann erfolgen, wenn aus Gründen des Kindesinteresses und der gegebenen Umstände es notwendig erscheint, den Erlaß einer sofortigen parenting order (Not- oder Eilfall)[103] vorzunehmen, oder eine Diskussion der Umstände zwischen den Eltern als nicht mehr angebracht erscheint.[104]

(a) Residence Order

> „A parenting order may deal with the person or persons with whom a child is to live", Section 64 B (2) (a).

Nach Section 64 B (2) (a) kann also durch eine residence order lediglich festgelegt werden, mit welchem Elternteil das Kind zusammenzuleben hat. Eine solche Anweisung wird meist zugunsten eines Elternteils oder eines Dritten ausgesprochen. In Fällen jedoch, in denen zugunsten einer Person eine residence order erlassen werden soll, die nicht als Elternteil des Kindes zu gelten hat, muß nachgewiesen werden, daß sich diese Person und die an der Entscheidung beteiligenden Eltern eingehend durch eine entsprechend qualifizierte Einrichtung oder Person haben beraten lassen, (child counsellor, welfare officer, Section 65 G).

---

103 Section 65 F (2) (b).
104 Section 65 F (2) (c).

Durch eine residence order wird zwar das bisher bestehende Sorgerechtskonzept (custody) ersetzt, eine so erlangte Befugnis des mit dem Kind zusammenlebenden Elternteils muß aber auf den ersten Blick als einschränkender gegenüber der alten Regelung bezeichnet werden. Nach der alten Bestimmung des Section 63 E (3) wurde nämlich dem Adressaten einer residence order neben dem Recht auf zusammenleben mit dem Kinde und zur täglichen Pflege und Erziehung dessen, auch ein Entscheidungsrecht in allen in diesem Zusammenhang auftretenden Fragen gewährt. Nach der nun gültigen residence order wird nur geregelt, mit wem das Kind zukünftig zusammenzuleben hat. Es berührt keinesfalls die elterliche Verantwortung eines der Elternteile. Wenn man die elterliche Verantwortung auf den mit dem Kind zusammenlebenden Elternteil, wie auch alle damit in Verbindung stehenden Entscheidungskompetenzen allein übertragen möchte, so wäre eine zusätzliche specific issue order notwendig.
Ein weiterer wichtiger Unterschied ist zwischen dem aufgezeigten FLRA 1995 und dem Children Act 1989 (UK) zu verzeichnen: Handelt es sich in Bezug auf das Kind um eine Dritte Person, die das Sorgerecht für das Kind erhalten möchte, so kann dies innerhalb des englischen Children Act 1989 mit einer einfachen residence order erzielt werden, Section 12. Entsprechendes war nach australischem Recht aber schon unter dem FLA 1975 nicht möglich. Vielmehr mußte stets gesondert festgelegt werden, Section 61 D (1) FLA 1975, welche Rechte, Pflichten und Befugnisse eine solche Person in Bezug auf das Kind hatte, wobei auch dem mit dem Kind nicht zusammenlebenden Elternteil durch eine specific issue order eine Verantwortung für das Kind in alltäglichen, wie auch längerfristigen Angelegenheiten übertragen werden konnte.
Dadurch jedoch, daß nach denen im FLRA 1995 enthaltenen Bestimmungen eine residence order nur noch zur Bestimmung dessen, mit welchem der Elternteile das Kind in Zukunft zusammenleben wird, ergehen kann, kann es dem Gericht nunmehr in Verfahren des Umgangs theoretisch auch offenstehen, eine residence – residence order[105] statt einer residence – contact order zu erlassen. Durch eine residence – residence order kann eine zeitliche Aufteilung des Kontaktes der Eltern zu dem Kind ebenso erreicht werden,[106] zumal eine

---

105 In streitigen Fällen kann das Gericht nunmehr nicht nur so verfahren, daß es bei einem Elternteil den Wohnsitz des Kindes erklärt und dem anderen Elternteil „nur" ein Umgangsrecht zuspricht, sondern es kann bestimmen, daß dem Kinde ein Wohnrecht bei beiden Elternteil zusteht. Das Aufenthaltsrecht des Kindes bei einem Elternteil stellt „ein mehr" gegenüber dem bloßen Umgangsrecht dar. Eltern kann so ihre gleichbleibende Verantwortung gegenüber dem Kind besser offenbart werden. Keiner der Elternteile wird sich dann durch Zusprechung „lediglich" eines Umgangsrechtes diskriminiert fühlen. Förderung zukünftiger Kooperation zwischen den Elternteilen soll erreicht werden.

106 *B and B* (Family Law Reform Act 1995) 21 FLR 676.

residence – residence order auch den Vorstellungen des Gesetzgebers bezüglich einer geteilten Elternschaft eher entspricht, als eine residence – contact order. Des weiteren kann so auch die der residence – contact order zugrundeliegende dichotomy vermieden werden, welche letztendlich nur vormals bestehende Unterschiede zwischen Sorgerecht und Umgangsrecht wiederaufleben läßt.[107] In der vergangenen Zeit konnte tatsächlich auch eine Tendenz der Rechtsprechung dahingehend festgestellt werden, eine gemeinsame Elternschaft fördernde residence – residence order zu erlassen.[108] Voraussetzung dafür, daß es tatsächlich auch zu einer Förderung gemeinsamer Elternschaft durch Erlaß einer residence – residence order und die zeitliche Regelung einer contact – order ersetzt werden kann, ist, daß zwischen den Eltern selbst ein ausreichendes Kooperationsniveau gegeben ist. In Fällen, in denen ein niedriges Kooperationsniveau zwischen Eltern besteht, wäre es sicherlich ratsam, den Erlaß einer contact order beizubehalten. Welcher Weg von den Gerichten jedoch bei fehlender Kooperationsbereitschaft der Eltern eingeschlagen werden wird, läßt sich aufgrund der wenigen vorhandenen Beispiele aus der Rechtsprechung noch nicht bestimmend aufzeigen.
Nach der in England vorhandenen Rechtsprechung wird eine residence order zugunsten mehrerer Personen – also etwa zugunsten beider Elternteile – immer nur dann erlassen, wenn es dem Kindeswohl eher entspricht. Ansonsten ist von einer solchen Entscheidung abzusehen.[109]
Angesichts der Tatsache, daß in Section 65 E das Kindesinteresse zum maßgeblichen Beurteilungsmaßstab innerhalb australischer Rechtsprechung erklärt wurde, läßt sich in diesem Zusammenhang nach Betrachtung der englischen Rechtsprechung zumindest die Behauptung aufstellen, daß der Erlaß einer residence – residence order in Zukunft immer dann erfolgen wird, wenn es durch das Kindesinteresse geboten ist.

(b) Contact Order

> „A parenting order may deal with contact between a child and another person or other persons“, Section 64 B (2) (b).

Eine contact order ist eine Form der parenting order, die den Umgang eines Kindes mit einer oder mehreren Personen regelt, Section 64 B (2) (b), 64 B (4), 64 C. Die neu bezeichneten contact orders ersetzen zwar die vormals

---

107 *Nygh* (1996) 10 AJFL 4 (9).

108 *Padgen and Padgen* (1991) 14 FamLR 743; (1991) FLC 92 – 372; *Forck and Thomas* (1993) 16 FamLR 516; (1993) FLC 92 – 372; *H and H* (1995) 19 FamLR 165; (1995) FLC 92 – 599.

109 *A and A* (shared residence order) (1994) 1 FamLR (England) 669.

bestehenden access orders, sind ihnen aber sehr ähnlich.[110] Der Begriff contact ist im FLRA 1995 nicht definiert worden, soll aber direkten physischen Kontakt, wie auch indirekten Kontakt, etwa über Telefon oder Briefwechsel, beinhalten.[111] Eine eindeutige Definition des Begriffs contact ist aber im Children Act 1989 (UK) enthalten: In Section 105 wird eine solche als eine Ermächtigung zugunsten des mit dem Kinde zusammenlebenden Elternteils dahingehend verstanden, daß dieser jederzeit selbständig der in der contact order benannten Person den Umgang mit dem Kind gestatten oder verweigern kann. Bei Ausübung der Section 64 B kann eine Orientierung der im englischen Children Act 1989 enthaltenen Definition deswegen nicht gestattet werden, weil sie ganz und gar nicht den Regelungsabsichten des australischen Gesetzgebers entspricht.
Nach geltendem australischen Recht soll nämlich unabhängig des Inhalts einer erlassenen contact order eine volle elterliche Verantwortung für das Kind zugunsten beider Elternteile gerade stets weiter bestehen bleiben, Section 61 C (3). Des weiteren wird in Section 60 B (2) (b) jedem Kind ein eigenständiges Recht auf Umgang (contact) mit jedem seiner Elternteile, sowie andere seine Erziehung und Entwicklung prägende Personen, zugestanden:

> „...children have a right of contact, on a regular basis, with both their parents and with other people significant to their care, welfare and development;...“[112]

Allein schon durch die in Section 60 B formulierten Grundsätze kann nach australischen Recht dem im Vereinten Königreich vorherrschenden Verständnis einer contact order nicht so einfach zugestimmt werden.[113]

(c) Specific Issue Order

> „A parenting order may deal with any other aspect of parental responsibility for a child“, Section 64 B (2) (d).

Regelungsabsicht einer specific issue order als parenting order bilden also Aspekte, die sich nicht auf eine residence, contact oder maintenance order beziehen, Section 64 B (2) (d), (6), (7) (c), 65 G.
Nach Section 64 B (6) kann durch eine specific issue order zum Beispiel auf eine oder mehrere Personen gemeinsam Verantwortung bezüglich long – term

---

110 Vgl. dazu *Knox*, Enforcement of Contact Orders, (1998).
111 *Finlay/ Bailey – Harris/ Otlowski*, Family Law in Australia, [7.87].
112 *Chisholm* (1996) 10 AJFL 177 (182).
113 Wie genau eine Anwendung einer contact – order nach australischem Recht erfolgt, vgl. 5., oben.

oder day – to – day – care, welfare und development des Kindes übertragen werden. Es können also einige oder sämtliche der ohnehin schon den Eltern gesetzlich auferlegten Rechte, Pflichten und Verantwortungselemente durch eine specific issue order erfaßt werden.[114]
Der mögliche Inhalt einer specific issue order wäre daher weitläufig zu umschreiben: die den Eltern zugestandenen Kompetenzen können sich sowohl auf fundamentale Angelegenheiten, wie Schule und Aufenthalt des Kindes, aber auch auf gewöhnliche alltägliche Angelegenheiten (day – to – day – matters), beziehen. Das Zulassen einer derartigen Bandbreite ist nach Ansicht des Gesetzgebers dadurch begründet, daß Eltern im Falle einer nicht einvernehmlichen Trennung nur so klargemacht werden kann, daß Elternschaft eine immer fortwährende Verantwortung für das Kind bedeutet.[115]
Bei Ausspruch einer specific issue order zugunsten Dritter, also nicht den leiblichen Eltern, müssen die Voraussetzungen der Section 65 G (2) erfüllt sein, also (a) müssen sich die Parteien zuvor einer ausgiebigen Beratung unterzogen haben oder (b) es muß durch das Gericht zu der entsprechenden Angelegenheit ein die Sachlage abschließend bewertender Bericht ergangen sein.
Angesichts dieser bestehenden Möglichkeiten hat es als sehr wahrscheinlich zu gelten, daß in Australien eine weitaus größere Anwendung einer specific issue order als unter dem englischen Children Act 1989 erfolgen wird. Zwar wurde das Konzept und die Terminologie einer specific issue order dem englischen Children Act 1989 entnommen, jedoch existieren eine Reihe gravierender Unterschiede, die eine solche Vermutung stützen könnten: Zunächst ist zu bemerken, daß nach englischem Recht durch eine residence order gleichzeitig auch elterliche Verantwortung auf die entsprechenden Elternteile mitübertragen wird, aber durch eine residence order nach australischem Recht gerade nicht. In Australien muß vielmehr eine specific issue order zusätzlich erlassen werden. So müssen zum Beispiel Stiefeltern, die ebenfalls einen rechtlichen Status in der durch sie erfolgenden Kindererziehung erlangen wollen, eine specific issue order abwarten. Nach englischem Recht hätte eine residence order wiederum ausgereicht. Des weiteren wird in Australien kraft Gesetzes allen biologischen Eltern gleichzeitig auch eine elterliche Verantwortung, unabhängig ihres Ehestandes, bezüglich des entstandenen Kindes zugesprochen.[116] Dies bedeutet, daß in Bezug auf das Kind eine größere Anzahl Eltern befugt sein können, Entscheidungen zu fällen, was aber wiederum auch ein erhöhtes Konfliktpotential mit sich bringen kann. Der Erlaß einer specific issue order wäre also auch in diesem Zusammenhang notwendig. Drittens und schließlich wäre noch zu bemerken, daß der englische Children Act noch eine weitere Form

[114] Vgl. dazu Fleetwood, An Overview of the Amendments Framing Orders – Specific Issue Orders, Leo Cussen Institute, (1998).
[115] *Chisholm* (1996) 10 AJFL 177 (187).
[116] *Bailey – Harris* (1996) 18 Adelaide Law Review 83 (84).

einer gerichtlichen Anordnung kennt, nämlich die einer prohibited steps order. Englische Gerichte können anhand einer derartigen order genaustens bestimmen, welche Schritte von Eltern während ihrer Kindererziehung zu unterlassen und welche erlaubt sind, etwa die Entziehung eines Kindes aus einer gerichtlichen Zuständigkeit oder die Abänderung des Kindesnamens. Eine solche ist nach australischem Recht nicht vorgesehen. Vielmehr hätte dies wiederum durch eine specific issue order zu erfolgen.
Allein die Anwendung des FLRA 1995 wird jedoch zeigen können, ob sich eine specific issue order nach australischem Recht bewähren wird. Zur Zeit steht nämlich noch nicht fest, ob das Gericht dazu befugt sein soll, eine specific issue order zusätzlich zu einer residence order zugunsten des mit dem Kinde zusammenlebenden Elternteils ohne spezielle Anhaltspunkte zu erlassen, oder ob dies lediglich durch eine gesonderte Betrachtung innerhalb eines Verfahrens erfolgen soll. Mit dieser Problematik verbunden wäre des weiteren die Frage, ob es für den Erlaß einer gerichtlichen specific issue order auch tatsächlich notwendig sein soll, daß es zwischen den Elternteilen zuvor zu einer streitigen Auseinandersetzung bezüglich der Sorge des Kindes gekommen ist: In der Gesetzgebung sind zwar für eine etwaige notwendige Voraussetzung keine genauen Anhaltspunkte zu erkennen. Eine solche könnte sich jedoch aus dem die neue Gesetzgebung beherrschenden Prinzip des shared parenting ergeben. Nach diesem Grundsatz sollen Gerichte dazu angehalten sein, nicht einfach eine Neuordnung elterlicher Verantwortung vorzunehmen, sondern vielmehr nur dann, wenn es die Kindesinteressen auch erfordern (best interests of the child). Würde nämlich zukünftig eine specific issue order nur dazu verwandt werden, eine bestehende residence order zu bestärken und besondere Kompetenzen in Bezug auf die alltägliche Pflege des Kindes (day – to day – care) zu bestimmen, so würde sich zwangsläufig auch die Frage ergeben, ob die vom Gesetzgeber formulierten Absichten und Ziele erreicht werden können.

(d) Übergangsbestimmungen

Die Übergangsbestimmungen sind in Schedule 2 cl 2 des FLRA 1995 wiederzufinden, insbesondere bezüglich der Umwandlung der custody, guardianship und access orders, die unmittelbar vor Inkrafttreten des neuen FLRA, also dem 11. Juni 1996, erlassen wurden. Danach ist eine unter altem Recht erlassene access order zukünftig als contact order auszulegen und gerichtliche Anweisungen bezüglich Sorge und Vormundschaft sind als residence order zu benennen. Handelt es sich um andere Aspekte der elterlichen Verantwortung, so sind diese in einer specific issue order näher zu bestimmen.

(e) Verfahren im Zusammenhang mit Parenting Orders

Nach Section 65 C können Anträge auf Erlaß einer parenting order entweder durch (a) einen oder beide Elternteile, (b) das Kind selbst[117] oder (c) jede andere mit der Pflege, Betreuung und Erziehung des Kindes beauftragten Person gestellt werden. Eine parenting order kann also immer zugunsten einer der Elternteile oder aber einer dritten Person erfolgen. Die Ermächtigung des Gerichtes zum Erlaß einer entsprechenden parenting order ergibt sich aus Section 65 D (1), wobei dem Gericht ein eigenständiger Ermessensspielraum zugestanden wird. Bei Ausübung des gerichtlichen Ermessens ist nach Section 65 E das Kindesinteresse[118] als Hauptentscheidungskriterium zu beachten:

> „In deciding whether to make a particular parenting order in relation to a child, a court must regard the best interest of the child as the paramount consideration."

Vor Erlaß einer parenting order durch das jeweilige Gericht ist dieses befugt, die Parteien zur Wahrnehmung einer entsprechenden Beratung aufzufordern, Section 65 F, 65 G. Der Erlaß einer parenting order soll nach Section 65 H (1) aber immer dann nicht möglich sein, sofern das betreffende Kind (a) das achtzehnte Lebensjahr vollendet hat (also Volljährigkeit erlangt hat), (b) verheiratet ist, oder (c) sich in einer de facto Beziehung mit einer anderen Person (also Lebensgemeinschaft) befindet. Im Umkehrschluß ist einer parenting order daher auch eine Wirkung unmittelbar abzuerkennen, sofern eine dieser Bedingungen eingetreten ist, Section 65 H (2).

---

117 Section 68 G: Section 68 F weist die Gerichte unter anderem an, die Wünsche des Kindes zu berücksichtigen. Diese sind den Berichten der Counsellor, die bei Anhörung des Kindes erstellt wurden, zu entnehmen und in die Entscheidungsfindung mit einzubeziehen (Section 62 G(2)). Natürlich kann eine derartige Regelung nur denjenigen Kindern zugute kommen, die angehört wurden und sich auch – je nach Reifegrad und Beurteilungsfähigkeit – entsprechend artikulieren konnten. Ist es zwischen den Elternteilen nicht zum Streit über Ausübung der gemeinsamen Sorge gekommen und wurden sonst auch keine Vereinbarungen getroffen, lebt die Familie nach ihrem Auseinanderfallen also nach eigenen Regeln weiter, ohne daß jemals betroffene Kinder angehört wurden, so haben diese keinerlei Einwirkungsmöglichkeiten.

118 Vgl. *Carter*, Children´s Issues – The Paramountcy Principle, (1998); *Parker* (1994) 8 International Journal of the Law and the Family 26; *Eekelaar* (1994) 8 International Journal of the Law and the Family 42.

6. Verhältnis zwischen Parenting Orders (Section 65 D (1)) und Parental Responsibility (Section 61 D (2))

Nach Section 65 D (1) kann das Gericht immer dann Anordnungen erlassen, wenn es diese als notwendig anerkennt. Aus Section 61 D (2) ergibt sich, daß elterliche Verantwortung durch eine derartige Anweisung auf einen Elternteil allein übertragen werden kann, jedoch nur zu einem Grad, wie auch weiterhin die Pflichten, Rechte, Verantwortung und Befugnisse in Bezug auf das Kind durch den jeweiligen Elternteil wahrgenommen werden können. Deswegen tangiert eine bloße residence – order oder eine contact – order die allgemeine parental responsibility der Eltern nicht. Nach Section 61 D (2) kann die elterliche Verantwortung vielmehr nur dann entzogen werden, wenn dieses ausdrücklich zum Gegenstand einer parenting order gemacht wurde oder wo es zur Geltendmachung oder Eröffnung einer Wirkungsmöglichkeit der jeweiligen parenting order notwendig ist.

7. Best Interests of the Child – Prinzip

Die im FLRA 1995 enthaltene Formulierung *'the best interest's of a child as the paramount consideration'* [119] ersetzt die im FLA 1975 bisher enthaltene Formulierung *'welfare of the child as the paramount consideration'*.[120] Dieser innerhalb der Reformen durchgeführte Wechsel wird als Auswirkung der Ratifizierung der Kinderrechtskonvention der Vereinten Nationen durch Australien verstanden, welche insbesondere in Artikel 3 (1) Kindesinteressen als von besonderer Bedeutung anerkennt und diese gleichzeitig zum hauptsächlichen Entscheidungsmaßstab werden läßt.[121] Diese Änderung der im Gesetz enthaltenen Terminologie bildete zwar unabhängig der internationalen Entwicklungen häufig schon dem Gegenstand in der den FLRA 1995 begleitenden Diskussion. Es wurde jedoch abschließend festgestellt, daß ein Handeln nach dem Wohl des Kindes stets eine reduziertere Möglichkeit zur Berücksichtigung der Situation des Kindes bedeuten wird. Eine Entscheidungsfindung unter Berücksichtigung des Kindesinteresses als umfassendere Möglichkeit würde auch nicht weiteren innerhalb des FLRA 1995 geltende Prinzipien entgegenstehen, zumal dadurch auch eine kindzentrierte Lösung von sich im Kindesalltag ergebenden Problemen versucht und eine Betrachtung der Dinge ohne Beachtung des Kindesstandpunktes (Paternalismus und Protektionismus durch Staat bzw. Eltern) ausgeschlossen werden kann.[122] In

---

119 Section 65 E, FLRA 1995.

120 Section 60 D, FLA 1975; Zu bemerken ist, daß das englische Recht auch im Children Act 1989 die Kindeswohl Terminologie (welfare of a child) beibehält.

121 *Nygh* (1997) 11 AJFL 5; *Parker* (1994) 8 International Journal of Law and the Family 26.

122 *Family Law Council*, Letter of Advice to the Attorney – General on the Operation of

Re Z äußerten sich Nicholson CJ und Frederico J zur Einführung des best – interest's – principles wie folgt:

> "In this regard it is of interest to note that the question of the use of the welfare as the distinct from best interests', was the subject of debate during drafting of the Convention and the term welfare was rejected upon the basis that it had a more limited connotation than the best interests. **It may thus be arguable that the best interests is a more all embracing concept, than welfare.** The distinction, if there is one, is not determinative of any issue in this appeal and in the circumstances it seems preferable not to express a concluded view on the point beyond, saying that the change has certainly not narrowed the test to be applied under the Family Law Act. The concept of the best interest of a child being paramount, is absolutely crucial to the functioning of the system of family law insofar as it relates to children and its importance cannot be overemphasised. "[123]

Der australische Gesetzgeber verwendet also den Interessenbegriff <u>nicht</u> als Synonym für das Kindeswohl.[124] Es wird klar unterschieden. Es soll eine Entwicklung weg vom staatlichen Wächteramt hin zu den Belangen des Kindes vollzogen werden. Lediglich bei Beurteilung dessen, was als im Interesse des Kindes zu bezeichnen ist, soll eine Berücksichtigung des Kindeswohls erfolgen. Diesem wird jedoch dabei eine untergeordnete Rolle zugesprochen, denn es bietet aufgrund seiner Unbestimmtheit stets die begrenztere Möglichkeit zur Entscheidungsfindung als der Begriff des Kindesinteresses. Die individuellen Kindeswohlpositionen werden als Inhalte des Kindesinteresses verstanden.[125]
In Section 65 E wird das best interests of the child – principle bei Erlaß einer parenting order daher auch als hauptsächlich zu berücksichtigendes Kriterium genannt. Dem Begriff „interest" sollen alle in Bezug auf das Kind aufkommenden Angelegenheiten der Sorge, des Kindeswohls oder der Entwicklung des Kindes zugeordnet werden, Section 60 D. Es kommt also zum Ausdruck, daß ein Antrag auf Erlaß einer gerichtlichen order alle für die Erziehung des Kindes wichtigen Angelegenheiten beinhalten kann. Section 68 F (2) zählt wichtige Überlegungen auf, die ein Gericht bei Erlaß einer order

---

the (UK) Children Act 1989, (1994), para 40; *Parker/ Parkinson/ Behrens*, Australian Family Law in Context: Commentary and Materials, 747: „Welfarism involves having good done to the beneficiary. It is based on paternalism and protectionism."

123 *Re Z* (1996) FLC 92 – 694.

124 So etwa das britische Verständnis, das „the *best* interest" als im Sinne von „welfare interest" versteht und deshalb auch im Deutschen eine gleichlautende Übersetzung der Begriffe erfolgt.

125 *Parker/ Parkinson/ Behrens*, Australian Family Law in Context: Commentary and Materials, 739ff, 816ff.

berücksichtigen muß, wobei das Gericht bei Vorliegen der dort aufgezählten Umstände keine parenting order zu erlassen hat, also den entsprechenden Antrag zurückweisen kann:
(a) durch das Kind zum Ausdruck gebrachte Wünsche, (b) die Qualität der Beziehung des Kindes zu seinen Eltern oder zu anderen mit der Erziehung und Betreuung des Kindes beauftragten Personen, (c) die Auswirkungen von Veränderungen im kindlichen Umfeld auf seine Entwicklung, insbesondere eine Trennung von (i) einem seiner Elternteile, (ii) einem anderen Kinde oder einer anderen Person, mit dem das betreffende Kind bisher zusammengelebt hatte, (d) sich im Umgang mit den jeweiligen Elternteilen ergebenden praktischen Probleme, (e) die Fähigkeit der Eltern für die Bedürfnisse des Kindes aufzukommen, insbesondere auch in emotionaler und intellektueller Hinsicht, (f) die Reife, das Geschlecht und der abstammungsrechtliche Hintergrund des Kindes (was jedoch nur in Hinblick auf Aboriginal Kinder und Kinder der Torre Strait Islands zu gelten hat), (g) das Bedürfnis das Kind vor körperlichen und seelischen Schädigungen zu bewahren, (h) die Einstellung des jeweiligen Elternteils in Bezug auf Wahrnehmung der im Zusammenhang mit der Kindererziehung entstehenden Pflichten, (i) das Bestehen von Gewalt in der Familie, (j) eine schon ergangene violence – order in bezug auf das Kind oder einem anderen Mitglied der Familie, (k) der vom Erlaß einer parenting order oder Einleitung des Verfahrens ausgehende Nutzen für das Kind, (l) jeder andere dem Gericht von Bedeutung erscheinende Umstand.
Auch wenn die Formulierung eines „paramountcy principle" als einleuchtend erscheint, so fällt es trotzdem schwer zu bestimmen, was genau darunter zu verstehen wäre.[126] Im Wege der Auslegung soll daher der Versuch unternommen werden, unter Heranziehung von gerichtlichen Entscheidungen und vorhandener Literatur auszuwerten, was als im Kindesinteresse zu gelten hat. Dabei könnten ebenfalls die in vorangegangenen Entscheidungen gewonnenen Ansichten, die auf Grundlage des Kindeswohls ergangen sind, maßgebliche Hilfe bieten.[127] Zunächst sind diesbezüglich zwei Entscheidungen des Full Court zu nennen, in denen ein Vorgehen nach dem Interesse des Kindes und nicht nach den Vorstellungen der Eltern als ratsam erachtet wurde:

> „that the welfare of the child in any particular case must be determined on the facts of the particular case...The inquiry is essentially a positive one designed to promote the interests of the child, not to demote the claims either of parent." [128]

---

126 Mc Hugh, Gummow and Callinan JJ, in *CDJ and VAJ* [1998] FLC 92-828: Best interests are values, not facts. They involve a discretionary judgment in respect of which judges can come to opposite but reasonable conclusions.

127 Kindeswohlpositionen als Inhalte des Kindesinteresses.

128 Evatt CJ. , Asche und Gee JJ, in: *Smythe and Smythe* (1983) 8 FamLR 1029; [1983]

Aber auch weitere Entscheidungen formulierten, was wohl unter einer dem Wohl des Kindes entsprechenden Entscheidungsfindung zu verstehen ist. Im Fall *Horman and Horman*[129] wurde durch Fogarty J aufgezählt, daß vor allem auch soziale Veränderungen der Gesellschaft, die meist allmählich von statten gehen, in eine Auslegung miteinzubeziehen sind. Nicht zu beachten sind dabei einzelne Ansichten der in dieser Gesellschaft lebenden Personen, weil ansonsten keine allgemeingültigen Standards formuliert werden können. Nach Ansicht des Gerichts hat eine Auslegung stets objektiv innerhalb eines breiten sozialen Rahmens zu erfolgen, „at least in the sense of falling within the wide range of existing social standards".[130] Des weiteren ist nach Ansicht des Gerichts bei einer entsprechenden Auslegung zu beachten, ob es sich um eine längerfristige oder eine alltägliche Sorge um das Kind handelt. Gerichtliche Entscheidungen haben diesbezüglich zwar ergeben, daß beide Formen der Sorge um das Kind als gleichberechtigt zu bezeichnen sind, jedoch läßt sich bei Betrachtung eines längerfristigen Sorgeverhältnisses eher bestimmen, was im Kindesinteresse zu gelten hat.[131] In einigen Fällen kann es jedoch sinnvoller sein, eine kurzfristige Betrachtung vorzunehmen, wie zum Beispiel wenn es sich um ein extrem junges Kind handelt, Krankheit einer der beteiligten Personen besteht oder eine nur vorübergehende Trennung erfolgen soll.[132]

Bezüglich des Begriffes „paramount" wurde im Rahmen der Rechtsprechung der Standpunkt vertreten, daß dieser das best – interest – principle nicht lediglich zu einem hauptsächlich anzuwendenden, sondern als primär anzuwendenen Maßstab werden läßt.[133]

Das „paramountcy principle" entspricht zwar seiner Substanz nach den im Family Law Act enthaltenen Grundsätzen.[134] In *Reynolds and Kilpatrick*[135] brachte Finn J jedoch zum Ausdruck, daß auch bei Zuständigkeit des Gerichts und unter Anwendung der gesetzlichen Regelungen in jedem einzelnen Fall erneut bestimmt werden muß, was die hauptsächlich zu beachtenden Umstände sind, wodurch eine Entscheidung als im Interesse des Kindes stehend bezeichnet werden kann. Das paramountcy principle kann dem Gericht bei seiner Entscheidungsfindung lediglich eine Hilfestellung zu einer Bestimmung

---

FLC 91 – 337, welche die Ansicht Demack J's, in: *Jurss and Jurss* (1976) 1 FamLR 11, 203 at 11, 206; [1976] FLC 90 – 041 at 75, 184, billigen.

129 *Horman and Horman* (1976) 5 FamLR 796; [1976] FLC 90 – 024.

130 *Horman and Horman* (1976) 5 FamLR at 796 (797).

131 *Mathieson and Mathieson* (1977) FLC 990 – 230; *Hall and Hall* (1979) 5 FamLR 609; (1979) FLC 90 – 7 – 3; *Brown and Brown* (1980) 6 FamLR 352; (1980) FLC 90 – 875.

132 *Raby and Raby* (1976) 2 FamLR 11, 348; (1976) FLC 90 – 104

133 *Kress and Kress* (1976) 2 FamLR 11, 330; (1976) FLC 90 – 126.

134 *Hutchings and Clarke* (1993) 16 FamLR 452; (1993) FLC 92 – 351, Finn J; vgl. auch *Day and Day* (1994) FLC 92 – 505.

135 *Reynolds and Kilpatrick* (1992) 16 FamLR 601; (1993) FLC 92- 351, Finn J.

dahingehend sein, was als im Interesse des Kindes geeignet zu bezeichnen ist, um es letztendlich vor Fehlentscheidungen zu schützen.
Es wurde aber auch Kritik am best – interest – principle geübt: Probleme wurden dabei angesichts dessen Unbestimmtheit, der Gleichbehandlung (Fairness) und des damit verbundenen Kostenaufwands gesehen.[136] Aber auch schon früher wurden in der Literatur Vorschläge zur Entwicklung allgemeingültiger Entscheidungsmaßstäbe innerhalb des Kindschaftsrechtes aufgezeigt. Als eine diese Diskussion auch in Australien beeinflussende Arbeit kann dabei das Werk von *Goldstein, Freud, Solnit* „Beyond the best interests of the Child“ aus dem Jahre 1973 bezeichnet werden. Darin wird anstatt ein Handeln nach den `best interests of a child´ - Prinzip ein Vorgehen nach der für die kindliche Entwicklung am wenigsten schädlichen Alternative („the least detrimental available alternative for safeguard the child´s growth and development“) favorisiert. Bei Entscheidungen bezüglich des Kindes, etwa der Unterbringung, sollte von den vorhandenen Möglichkeiten stets diejenige gewählt werden, die Wachstum und Entwicklung des Kindes am wenigsten beeinträchtigt:

> „The least detrimental alternative, then, is that specific placement which maximizes, in accord with the child´s sense of time and on the basis of shortterm predictions given the limitation of knowledge, his or her opportunity for being wanted and for maintaining on a continuous basis a relationship with at least one adult who is or will become his psychological parent.“[137]

Die am wenigsten schädliche Alternative ist dabei die Unterbringung und die Verfahrensweise, die – unter Berücksichtigung des kindlichen Zeitgefühls und auf der eingeschränkten Grundlage kurzfristiger Prognosen – die Chance des Kindes erhöhen, erwünscht zu sein, und die es ermöglichen, daß das Kind eine dauerhafte Beziehung mit wenigstens einem Erwachsenen eingeht, der seine psychologische Elternperson ist oder werden wird. Zwar wird auch innerhalb dieser Abhandlung dem Kindeswohlprinzip grundsätzlich zugestimmt, jedoch sprechen mehrere Gründe für eine Einführung eines neuen Maßstabes. Erstens weist die herrkömmliche Formel nämlich nicht darauf hin, daß das Kind bereits ein Opfer seiner sozialen Umweltbedingungen geworden ist, daß es im hohe Maße gefährdet ist, und daß schnelles Handeln geboten scheint, damit weiterer Schaden von der gesunden psychischen Entwicklung des Kindes abgewendet

---

136 *Parker/ Parkinson/ Behrens*, Australian Family Law in Context: Commentary and Materials, 739; Vgl. aber auch *Elster*, Solomonic Judgments, (1989), 134 – 148, der sich eingehend – auch in philosophischer Hinsicht – mit den aufgeführten kritischen Punkten auseinandergesetzt hat.

137 *Goldstein/ Freud/ Solnit*, Beyond the Best Interest of the Child, (1973), 53.

werden kann. Zweitens, die alte Richtlinie beinhaltet infolge ihrer Anwendung und Auslegung durch Fürsorgebehörden, Gerichte und Gesetzgeber mittlerweile weniger, als was tatsächlich dem Wohle des Kindes dient. Die Interessen des Kindes werden oft genug mit dem Interessen der Erwachsenen abgewogen und letzteren meistens untergeordnet. Diese Entscheidungen sind in erster Linie darauf zugeschnitten, den Wünschen und Bedürfnissen erwachsener Antragsteller, die miteinander im Rechtsstreit liegen, zu entsprechen oder die allgemeine Politik eines Jugend – oder Sozialamtes abzusichern. Aber selbst wenn die Rechte des Kindes tatsächlich ausschlaggebend und eindeutig über den Interessen Erwachsener stünden, so würde die alte Richtlinie inadäquat bleiben. Die Verwendung des Begriffs *schädlich* statt Kindeswohl soll Gesetzgeber, Gerichte und Jugendbehörden die Nachteile erkennen lassen, die jeder Kindesunterbringung und jeder Entscheidung hierüber anhaften, damit sie bessere Antworten darauf finden können. Der Begriff der am wenigsten schädlichen Alternative soll diejenigen, die Entscheidungen treffen, daran erinnern, daß es ihre Aufgabe ist, soviel wie möglich in einer unbefriedigenden Situation zu retten. Sie sollen sich nicht in der Hoffnung und Magie des Wortes Kindeswohl verstricken, was allzu oft zu dem Trugschluß führt, sie würden eher Gutes statt Böses tun. Der Hinweis auf die vorhandenen Alternativen soll den Betroffenen ins Bewußtsein rücken, welch enge Grenzen einer gültigen Prognose gesteckt sind, und wie eingeschränkt im allgemeinen die zur Verfügung stehenden Hilfsmöglichkeiten sind. Wenn zwei psychologische Elternteile nach Trennung der Familie zur Verfügung stehen, und wenn beide gleichermaßen in der Lage sind, auf die vorhersehbaren Entwicklungsbedürfnisse des Kindes einzugehen, dann würde die vorgeschlagene Anknüpfung an die wenigste schädliche Alternative eine schnelle und endgültige Entscheidung zugunsten eines der beiden prozessierenden Elternteile bedeuten. Aber auch ein so verfaßter Maßstab kann leicht in die Gefahr gelangen, einfach „heruntergebetet“ zu werden. Durch eine Neuformulierung wäre es dem Gesetzgeber geboten, den Gerichten und Behörden zumindest einen Anlaß zu gewähren, ihre Aufgaben nochmals zu überdenken, und die ihnen nicht ins Auge springenden Faktoren zu erkennen, die zu Entscheidungen geführt haben und die im Grunde genommen den "wohlverstandenen Interessen des Kindes" zuwiderlaufen.[138]

Dieser akademische Standpunkt von *Goldstein/ Freud/ Solnit* verkennt nach Ansicht von *Finlay* die Tatsache, daß Gerichte schon immer nach der praktisch am besten umzusetzenden Lösung suchen. Auch ist nach einer Familientrennung nicht immer von geordneten Verhältnissen auszugehen (einfachen Verhältnissen), so daß die Anwendung dieses Standpunktes sehr problematisch

---

[138] *Goldstein/ Freud/ Solnit*, Beyond the Best Interest´s of the Child, (1973), 54f.

erscheinen könnte: es ist nicht immer Harmonie innerhalb der Familie, noch eine vollständige Familie vorhanden.[139]

8. Bestimmung des Kindesinteresses

Nach der unter dem FLRA 1995 gültigen Rechtslage hat eine Entscheidung darüber, was wohl als im Kindesinteresse stehend bezeichnet werden kann, zwar einerseits nach Maßgabe der in Section 68 F (2) formulierten Voraussetzungen zu erfolgen. Eine zusätzliche Abwägung im Einzelfall kann aber dennoch nicht ausbleiben, denn nur so ist es möglich, ein objektives und gerechtes Ergebnis zu erzielen: „Each party must be accorded natural justice in the presentation of their case."[140] Aber schon im Fall *Smith and Smith* wurde durch den Full Court of the Family Court paradigmatisch formuliert, welcher Weg in Bezug auf Sorgeentscheidungen und in allen anderen in Bezug auf das Kind zu erlassenden Entscheidungen durch die Gerichte zukünftig einzuschlagen ist:

> „the preferable approach to be adopted by a court is to consider each of the matters referred to in the section separately and having regard to the evidence touching upon each of those matters, make findings in relation to them. In the course of this exercise, the trial judge should consider, weigh and assess the evidence attaching upon each of the relevant matters adduced on behalf of the parties. After a consideration of all those matters, a trial judge should then indicate to which of those matters he or she attaches greater significance and how all of those matters balance out."[141]

Dadurch, daß sich die Gerichte in allen danach gefällten Entscheidungen an dieser Vorgabe orientieren, konnte sich schließlich auch herauskristallisieren, wie eine Entscheidung im Einklang mit dem best interests of a child – Prinzip ergehen kann.[142] Die in Section 68 F (2) formulierten Kriterien spiegeln die dabei erzielten Auslegungsergebnisse wieder:

---

139 *Finlay*, Family Law in Australia, [7.106].

140 *Bartlett and Bartlett* (1994) 17 FamLR 405; (1994) FLC 92 – 455; *Rasanayakam and Thillainadesan* (1996) 20 FamLR 557; *Rasanayakam and Wallooppillai and Thillainadesan* (1996) FLC 92 – 696.

141 *Smith and Smith* (1994) 18 FamLR 55 (63).

Vgl. auch *Redman/ Redman*, in: Continuing Legal Education, The Law Society (1999), 1.

(a) Wunschvorstellungen des Kindes

Schon nach der ursprünglichen Section 64 (1) (b) des FLA 1975 war das Gericht gehalten, die Wünsche des Kindes[143] in seinen Entscheidungen zu berücksichtigen und mit einfließen zu lassen, sofern dieses das 14. Lebensjahr vollendet hatte und keine weiteren Umstände gegen eine solche Vorgehensweise sprachen. Auswirkung der gesellschaftlichen Entwicklung war es jedoch ebenfalls, daß Kinder im Laufe der Zeit immer aufnahmefähiger wurden und schneller und besser ihre eigenen Vorstellungen auch zum Ausdruck bringen konnten. Daher wurde schon im Jahre 1983 Section 64 (1) (b) einer Änderung unterzogen, wonach die darin enthaltene Altersgrenzen aufgehoben und die Gerichte in Zukunft angehalten wurden, jegliche Äußerungen des Kindes über seine Wünsche altersunabhängig zu berücksichtigen und diesen eine angemessene Gewichtung zu verleihen. Weiter wurde gleichzeitig bestimmt, daß Gerichte ein Kind niemals dazu anhalten können, seine Wünsche hinsichtlich Sorge und Vormundschaft auf jeden Fall zum Ausdruck zu bringen.

Diese zu diesem Zeitpunkt vorläufig verfaßten Grundsätze wurden durch den FLRA 1995 aufgegriffen und in geltendes Recht umgesetzt, Section 68 F (2) (a). Bei Wertung der geäußerten Wünsche durch das jeweilige Kind sind nunmehr dessen Reifegrad und Aufnahmefähigkeit mit zu berücksichtigen.[144] Innerhalb der Rechtsprechungspraxis wurde tatsächlich neben Reife und Aufnahmefähigkeit des Kindes auch auf den Grad der Stärke und Dauer der einzelnen Wünsche des Kindes Bezug genommen.[145]

Eine im Interesse des Kindes stehende Entscheidung kann durch die Gerichte nicht unbedingt allein über die Wünsche des Kindes erzielt werden. Die Wünsche des Kindes bilden lediglich Richtschnur und keine zwingenden Vorgaben.[146] Daher kam es in der Vergangenheit häufig bei Entscheidungen dazu, daß Gerichte diese Kindeswünsche übergangen (override) und nach eigenständig verfaßten Einschätzungen zu einer Entscheidung kamen.[147] Im Fall *Joannou and Joannou*[148], in dem bezüglich des Sorgerechtes von Kindern im Alter von 8, 7, 5 und 4 Jahren zu entscheiden war, wurde zum Ausdruck gebracht, daß Wünsche von Kindern in diesem Alter in der Entscheidung nicht

---

143 Vgl. dazu grundlegend *Schofield* (1998) 10 Child and Family Law Quarterly 363.

144 *Gillick v West Norfolk and Wisbech Area Health Authority* (1985) 3 AllER 402; *Secretary, Department of Health and Community Services v JWB and SMB* (1992) 15 FamLR 392; aber auch *United Nations Convention on the Rights of the Child*, insbesondere Artikel 12 (1).

145 Vgl. insbesondere *Fitzgerald and Robinson* (1978) FLC 90 – 401; *Harrison and Wollard* (1995) 18 FamLR 788.

146 Vgl. *Bainham* (1986) 45 The Cambridge Law Journal 262.

147 *Allen and Allen* (1984) 9 FamLR 440; (1984) FLC 91 – 531: die Wünsche des Kindes bezüglich der Verteilung des elterlichen Sorgerechtes wurden zugunsten eines der Elternteile übergangen.

148 *Joannou and Joannou* (1985) FLC 91 – 642.

zu berücksichtigen seien. In der Berufungsverhandlung dieses Falles bildete diese Ansicht für Pawley, Fogarty, Mc Govern JJ jedoch den Hauptgrund, die vorangegangene Entscheidung als mißlungen zu bezeichnen: Auch Kinder in diesem Alter können sinnvolle Anhaltspunkte im Rahmen einer Sorgerechtsentscheidung liefern. Eine kindgerechte Entscheidung kann nach Ansicht dieser Richter sowieso nur ergehen, wenn das Kind zuvor dem Richter vorgeführt und auch angehört wurde.
Für die Bildung eines solchen Standpunktes innerhalb der Rechtsprechung können nach Ansicht Fogarty, Baker und Kay JJ's Einflüsse der UN - Kinderrechtskonvention, der Gillick – Fall, wie auch generelle sich in der Gesellschaft abspielende Entwicklungsprozesse hinsichtlich der Stellung und Rechte von Kindern als maßgeblich gelten.[149] Wie maßgeblich dabei zukünftig die Berücksichtigung von Kindesinteressen innerhalb der Rechtsprechung sein soll, ist anhand einer Aussage Baker J's in *Harrison and Wollard* erfolgten Rechtsprechung ersichtlich:

> „...child's wishes must not only be considered, but must be shown to be considered, in the reasons of judgement of the trial judge....“

Nach australischen Gegebenheiten kann eine Entscheidung also leicht als fehlerhaft bezeichnet werden, falls es zu keiner Berücksichtigung von Kindeswünschen kommt. Inwieweit jedoch eine Gewichtung der Kindeswünsche im Einzelfall auch tatsächlich erfolgen wird, ist vom Entwicklungsstand des jeweiligen Kindes – also dessen Reife und Beurteilungsfähigkeit – abhängig zu machen. Stets zu befolgendes Ziel soll es also sein, Wünsche des Kindes ernst zu nehmen, indem ihnen eine vorsichtige und einsichtige Beachtung (durch Anhörung) geschenkt wird.

(b) Bindungen des Kindes

Des weiteren könnte zu einer Bestimmung dessen, welche Entscheidung als dem Kindesinteresse genügend bezeichnet werden kann, der zwischen dem einzelnen Elternteil und dem Kind bestehende Bindungsgrad herangezogen werden. Zwar wird es bei einem Streit so sein, daß jeder der Elternteile die Hauptrolle im Leben des Kindes für sich beanspruchen möchte, jedoch wird das Gericht unter diesen Umständen genaue Untersuchungen darüber durchführen, wie eine adäquate Lösung im Sinne des Kindesinteresses gefunden werden kann. Eine dabei zu erfolgende Abwägung würde sich wiederum nach denen zu Section 68 F (2) gemachten Ausführungen richten.[150]

---

149 *Harrison and Wollard* (1995) 18 FamLR 788 (797).

150 Vgl. dazu 7., oben: Best Interests of the Child – Prinzip.

In der ältesten zu diesem Aspekt auffindbaren (englischen) Rechtsprechung wurde in Sorgerechtsstreitigkeiten etwa stets eine Zuweisung an die Mutter des Kindes bevorzugt. Sir John Romily MR äußerte sich dazu im Falle *Austin and Austin* wie folgt:

> „No thing, and no person, and no combination of them, can in my opinion, with a regard to a child of tender years, supply the place of a mother, and the welfare of the child is so intimately connected with its being under the care of the mother, that no extent of kindness to the part of any other person can supply that place. It is the notorious observation of mankind that the loss of a mother is irreparable to her children, and particularly so if young. If that can be so, the circumstances must be very strong indeed to induce this court to take a child the guardianship and custody from its mother." [151]

Des weiteren wurde die Ansicht geäußert, daß je jünger das betreffende Kind war, desto stärker eine Betreuung durch die Mutter zu erfolgen hatte.[152]
Dieser Ansicht, daß eine Mutter kindlichen Bedürfnissen am besten entsprechen kann, wurde innerhalb der Rechtsprechung ungefähr bis zum Jahre 1961 zugestimmt. In der dann folgenden Rechtsprechung wurde von diesem Grundsatz deshalb abgewichen, weil einer derartige Annahme als solche nicht von Recht wegen, sondern nur durch gewöhnliche menschliche Beziehungen begründet werden kann. Eine rechtliche Grundlage für das Ergehen von derartigen – die Mutter stets favorisierenden – Sorgerechtsentscheidungen war also nicht gegeben. Der High Court of the Family Court äußerte sich daher im Falle *Kades and Kades* wie folgt:

> „What is left is the strong presumption which is not of law but is founded on experience and upon the nature of ordinary human relationship, that a young child, particularly a girl, should have the love, care and attention of the child's mother and that her upbringing should be the responsibility of her mother, if it is not possible to have responsibility of both parents living together."

Die Bildung eines derartigen Standpunktes kann aber auch als Ausfluß – oder zumindest unter Einfluß – der schon im Vorfeld stattgefundenen Untersuchungen darüber, wie sich der Entzug der Mutter auf das Kind in seiner Entwicklung auswirken würde, verstanden werden.[153] Im Fall *Harnett and*

---

[151] *Austin and Austin* (1865) 55 ER 634 (626 – 37).

[152] *Allen and Allen* (1948) 2 AllER 413; *Storie and Storie* (1945) 80 CLR 597; *Lovell and Lovell* (1950) 81 CLR 513.

[153] Vgl. *Harnett and Harnett* (1954) VLR 533 (537), Barry J des Victorian Supreme Court zitiert in dieser Entscheidung Passagen von *Bowlby*'s Werk *Child Care and the Growth*

Harnett gelangte das Gericht auch zu dem Schluß, daß für die kindliche Entwicklung die Beziehung zur Mutter als solches nicht von so entscheidender Bedeutung anzusehen ist, sondern daß vielmehr diejenige Person einen weit größeren Einfluß auf das Kind längerfristig ausüben kann, die sich gleichzeitig auch mit seiner täglichen Pflege befaßt. Dieses kann also auch der leibliche Vater oder gar eine dritte Person sein. Aber auch schon *Goldstein, Freud* und *Solnit* haben in ihrem Werk – „Beyond the best interests of the Child" – feststellen können, daß derjenige Elternteil, der sich täglich um die Pflege des Kindes kümmert, auf Basis der biologischen Voraussetzungen leicht auch zum psychologischen Elternteil des Kindes werden kann.[154] Einheitlich wird in der zu diesem Punkt genannten Literatur daher die zwischen Eltern und Kind bestehende psychologische Beziehung gegenüber der bestehenden biologischen Bindung als weitaus gewichtiger bezeichnet.

In der nach 1961 ergangenen Rechtsprechung wurde zwar im großen und ganzen dieser Standpunkt zur Grundlage von Entscheidungen gemacht, jedoch sind vereinzelt auch Entscheidungen ergangen, die sich inhaltlich nach der veralteten Auffassung einer „preferred role of a mother" richteten:[155] Im Fall *Epperson and Dampney* war ursprünglich das Sorgerecht für die Kinder dem Vater zugesprochen worden. Das Berufungsgericht NSW hob diese Entscheidung jedoch auf und sprach das Sorgerecht mit folgender Begründung zukünftig der Mutter zu:

> „The bond between a good mother and child (as this applicant has found to be) expresses itself in an unrelenting and self – sacrificing fondness which is greatly to the child 's advantage. Fathers and stepmothers may seek to emulate it and occasions do so in a tolerable manner. But the mother's attachment is biologically determined by deep genetic forces which can never apply to them."

Die Regel, daß das Sorgerecht grundsätzlich der Mutter zugesprochen werden soll, wurde aber durch weitere Entscheidungen vehement durchbrochen: *Mathieson and Mathieson*[156] bestimmt, daß Kindesplazierungen immer durch das Kindesinteresse und nicht durch Neigungen für einen bestimmten Elternteil bestimmt werden sollen. In der Berufungsentscheidung zu *Hobbs and Hobbs*[157] wurde durch den Family Court of Australia festgestellt, daß eine bevorzugte

---

of Love.

154 Vgl. dazu *Goldstein/ Freud/ Solnit*, Beyond the best Interest's of the Child, (1973); *Rutter*, Maternal Deprivation Reassessed, (1972).

155 *Epperson and Dampney* (1976) 10 ALR 227 (NSW Court of Appeal).

156 *Mathieson and Mathieson* (1977) FLC 90 – 230; vgl. auch *Sanders and Sanders* (1976) 1 FamLR 11, 433; (1976) FLC 90 – 078; *Kress and Kress* (1976) 2 FamLR 11, 330.

157 *Hobbs and Hobbs* (1976) 2 FamLR 11, 380.

Mutterrolle weder Prinzip, Vorbestimmung, Preferenz oder gar Norm darstellt, sondern lediglich einen Faktor, den es zukünftig zu berücksichtigen gilt.
Dieses zukünftig in australischer Rechtsprechung zu berücksichtigende Prinzip wurde durch *Gronow and Gronow*[158] noch einmal richtungsweisend aufgezeigt: Nach dieser Entscheidung kann es keine rationalen Gründe dafür geben, ein Kind grundsätzlich sorgerechtlich der Mutter zu unterstellen, sondern daß vielmehr eine Entscheidung im Einzelfall zu ergehen hat. Historisch betrachtet bildete einziger Grund für eine klare Bevorzugung der Mutter in Sorgerechtsfragen sowieso nur die zu dieser Zeit vorherrschende Aufteilung der Aufgaben der Ehegatten zueinander. Es war nun einmal grundsätzlich die Mutter, die mit der Erziehung und Betreuung des Kindes befaßt war.
Zwar wurde diesbezüglich durch die Rechtsprechung oftmals abweichend entschieden, doch war – und ist sicherlich auch heute noch – tatsächlich im täglichen Leben eine derartige klassische Rollenverteilung immer noch anzutreffen. Auch einer erwerbstätigen Ehefrau waren Aufgaben der Kindererziehung und des Haushalts meist allein überlassen. Nicht zuletzt ist die Neufassung des Section 68 F (2) deshalb als Ausfluß derartiger Erfahrungen anzuerkennen: Danach sind bei Beurteilung dessen, welche Entscheidung dem Kindesinteresse wohl am meisten gerecht werden kann, neben der Bindung des einzelnen Kindes zu seiner Mutter (Sec 68 F (2) (b)) auch dessen Wünsche (Sec 68 F (2) (a)) und die Auswirkungen der Veränderung seiner Lebensumstände bzw. die Trennung des Kindes von einem seiner Elternteile (Sec 68 F (2) (c)) zu beachten. In Zweifelsfällen wird jedoch trotz dieser rechtlichen Vorgaben eine Plazierung des Kindes bei der Mutter nicht verhindert werden können. Dieses resultiert dann allein aus der Tatsache heraus, daß sie immer noch – auch bei Berufstätigkeit – hauptsächliche Bezugsperson des Kindes bleibt. In Fällen, in denen finanzielle Voraussetzungen seitens der Mutter zur Aufnahme der Kindererziehung nicht ausreichend erfüllt sind, kann schlicht durch eine entsprechende unterhaltsrechtliche Anweisung (maintenance order) Abhilfe geschaffen werden. Ein Ausgleich der Bedürfnisse erfolgt also durch eine erhöhte Unterhaltszahlung seitens des Vaters. Es ist also nicht ausgeschlossen, daß es bei einer derartigen Vorgehensweise auch leicht zu einer Überbewertung der Bindung der Mutter in Bezug auf das Kind kommen kann, gerade wenn die übrigen Voraussetzungen der Zusprechung einer sorgerechtlichen Verantwortung nicht erfüllt worden sind. Eine Diskriminierung der väterlichen Position bzw. der Versagung eines möglichen Anspruchs auf Zusprechung einer sorgerechtlichen Verantwortung für das Kind kann nicht immer ausgeschlossen werden. In der überwiegenden Zahl der innerhalb australischer Rechtsprechung

[158] *Gronow and Gronow* (1980) 144 CLR 513.

ergangener Sorgerechtsfälle wurde meist tatsächlich auch zugunsten der Mütter entschieden.[159]

(c) Status Quo des Kindes

Bei der Bestimmung dessen, welche Sorgerechtsentscheidung dem Kindesinteresse gerecht werden kann, muß in der Praxis auch berücksichtigt werden, daß, unabhängig des Ausgangs der zu fällenden Entscheidung, der Status Quo jedes einzelnen Kindes in der Regel erhalten werden muß, um ihm so nicht zuletzt langfristig Stabilität in seiner Entwicklung garantieren zu können.[160]

Innerhalb der Gesetzgebung wurde diesem Bestreben bereits durch Section 68 F (2) (c) Folge geleistet, was schließlich dazu führte, daß auch in der von Kinderpsychologen geführten Diskussion nunmehr weitgehende Übereinstimmung verzeichnet werden kann.[161] Mögliche Gefahren für die kindliche Entwicklung bei Trennung von Eltern wurden anerkannt. Dieser Wechsel der Erkenntnisse ging seitens der Rechtsprechung sogar so weit, daß Kinder, die aufgrund einer fehlerhaft ergangenen Sorgerechtsentscheidung einem Elternteil zugesprochen wurden und schon seit geraumer Zeit bei diesem ansässig waren, diesem auch nicht entzogen wurden. Ein Entzug hätte Instabilität und Unterbrechung bzw. einen Rückschritt in der kindlichen Entwicklung bedeutet.[162]

Im Fall *Raby and Raby*[163] wurde jedoch innerhalb der Rechtsprechung eine Ausnahme hinsichtlich der durch den Gesetzgeber zu dem Status Quo des Kindes verfaßten Grundsätzen gemacht. Eine Aufhebung des bisherigen Status Quo des Kindes und zu seiner Neuplazierung bei dem anderen Elternteil kam es deswegen, weil nach Ansicht des Gerichts der andere Elternteil langfristig besser für das Wohlergehen und die Interessen des Kindes hätte sorgen können. Gefahren für die kindliche Entwicklung waren bei einer Neuplazierung nicht zu befürchten. Im ähnlich ergangenen Fall *Jurss and Jurss*[164] kamen die Richter zu dem Entschluß, daß nicht immer ein unbedingter Schutz des kindlichen Status Quo zu erfolgen hat. In jedem Sorgerechtsfall hat ein Gericht vielmehr alle einzelnen Umstände gegeneinander abzuwägen und die dem Kindeswohl und Kindesinteresse am besten entsprechende Lösung zu finden.[165] Im Falle *F and*

---

159 *Bordow* (1994) 8 AJFL 252 (254); kritisch dazu: *Hasche* (1989) 3 AJFL 218.

160 *Bordow* (1994) 8 AJFL 252 (258).

161 Vgl. *Goldstein/ Freud/ Solnit*, Beyond the best interest´s of a Child, (1973).

162 *Parker/ Parkinson/ Behrens*, Australian Family Law in Context: Commentary and Materials, 869.

163 *Raby and Raby* (1976) 2 FamLR 11, 348.

164 *Jurss and Jurss* (1976) 1 FamLR 11, 203 (11, 206); (1976) FLC 91 – 337.

165 Vgl. auch *Mc Enearney and Mc Enearney* (1980) FLC 90 – 866; *Mathieson and Mathieson* (1977) FLC 990 – 230; *F and N* (1987) 11 FamLR 664; (1987) FLC 91 –

N[166] wurden mögliche Voraussetzungen zur Bestimmung eines kindlichen Status Quo genannt: das Alter des Kindes, die Dauer des bestehenden Status Quo, seine Qualität und das Verhältnis des Kindes zu dem betreuenden Elternteil.

(d) Trennung von Geschwistern

Des weiteren kann zu einer Bestimmung dessen, welche Sorgerechtsentscheidung als im Interesse des Kindes zu bezeichnen ist auch von Bedeutung sein, ob möglicherweise eine Trennung von Geschwistern vorzunehmen ist.

Grundsätzlich wird jedoch innerhalb der Rechtsprechung eine Geschwistertrennung nicht als erstrebenswert angesehen. Schon unter dem FLA 1975 konnte eine solche nur unter strengsten Voraussetzungen erfolgen. Eine gute Zusammenfassung der dazu notwendigen Voraussetzungen wurde im Falle *Barnett and Barnett*[167] gegeben:

> „the cases in which the welfare of the children requires that a family should be divided must be very rare....There may be special circumstances, for example where children detest each other or are of mixed race[168] or are widely separated in age, or the means of neither parent alone permit him or her taking care of all the children, where such division may be in their interests."

Innerhalb der ergangenen Rechtsprechung sind aber auch Beispiele zu finden, in denen es zu einer Trennung von Geschwistern durch gerichtliche Anweisung gekommen ist.[169] Im Fall *Catanach and Catanach Leavens* ging es um einen Umzug der Mutter in die USA. Es waren zwei Kinder vorhanden. Nachweislich hatte der Junge eine stärkere Bindung zu dem Vater und das Mädchen zu der Mutter. Die zwischen Australien und den USA vorhandene Distanz hätte aber bei Zuspruch des Sorgerechtes bezüglich des Jungens zugunsten der Mutter keinen Umgang mit dem leiblichen Vater zugelassen. In diesem Falle sah es das Gericht für besser an, die Geschwister zu trennen und den Jungen dem Vater und das Mädchen der Mutter zuzusprechen. Im Fall *Fitzgerald and Robinson* wurde durch das Gericht dem Wunsch des einen Kindes entsprochen, bei einem der Elternteile zu leben, wobei dieser nicht mit dem des anderen Geschwisterteils übereinstimmte. Aus Gründen des Kindeswohls sah sich das

---

813.

166 *F and N* (1987) 11 FamLR 664; (1987) FLC 91 – 813.

167 *Barnett and Barnett* (1973) 2 ALR 19 (29).

168 *Re O* (1962) 2 All ER 10.

169 *Cattanach and Cattanach Leavens* (1977) FLC 90 – 246; *Fitzgerald and Robinson* (1978) FLC 90 – 402.

Gericht daher gezwungen, auch in diesem Fall eine Trennung der Geschwister vorzunehmen.
Gerichte versuchen trotzdem zwischen der Schaffung einer neuartigen Trennung der Geschwister und der Fortführung einer bisher vorhandenen Trennung zu unterscheiden. Im Fall *Hayman and Hayman*[170] wurde eine Abwägung dahingehend unternommen, ob eine Familie auseinanderdividiert oder aber eine bereits auseinanderlebende Familie auch in Zukunft getrennt leben oder aber wiedervereint werden soll. Bezüglich letzterem wurde durch Gerichte bereits beispielhaft entschieden, daß es auch von Vorteil für die Entwicklung der Kinder sein kann, wenn einmal auseinanderdividierte Familien wieder zusammengeführt werden können.[171] Für das Kind können sich sonst Auswirkungen nicht nur im Verhältnis zu seiner Mutter, aber auch zu seinen Geschwistern ergeben („relation detrimental to his sibling").[172]

(e) Eltern gegen Dritte

> „65 C A parenting order in relation to a child may be applied for by:
> (a) either or both of the child`s parents; or
> (b) the child; or
> (c) any other person concerned with the care, welfare or development of the child."

Dritten Personen, die in der Vergangenheit eng mit der Erziehung und Betreuung des Kindes betraut waren, kann nach Trennung der leiblichen Eltern durch im FLRA 1995 enthaltene Vorschriften ebenfalls zukünftig ein Recht auf Betreuung und Pflege des Kindes zugesprochen werden. Nicht zuletzt der schon erwähnte Aspekt der Wahrung von Stabilität und Kontinuität im Leben des Kindes kann für den Gesetzgeber Motivation für den Erlaß derartiger Möglichkeiten gebildet haben. Derartige Konstellationen können sich immer dann ergeben, wenn das Kind einige Zeit von seinen leiblichen Eltern getrennt lebte, also in einem anderen Umfeld, und durch dieses auch versorgt bzw. betreut wurde.[173]
Nach Section 65 C (c), kann auch Dritten ein Sorgerecht bezüglich der Kinder zugesprochen werden. Nach Section 64 C (a) kann selbst eine parenting order entweder zugunsten eines oder beider Elternteile des Kindes oder aber

---

170 *Hayman and Hayman* (1976) 2 FamLR 11, 558; (1976) FLC 90 – 140.
171 *Heidt and Heidt* (1976) 1 FamLR 11, 576; (1976) FLC 90 – 077; *Mathieson and Mathieson* (1977) FLC 990 – 230.
172 Vgl. zu dieser Problematik: *Kaplan* (1991) 16 Journal of Divorce and Remarriage 254.
173 Etwa durch Familienmitglieder, wie Onkel oder Tante und Großeltern, aber auch jedweden anderen Personen, die maßgeblich, anstatt der leiblichen Eltern, mit der Sorge um das Kind betraut waren.

zugunsten einer dritten Person erlassen werden. Nach Section 68 F (2) (b), (c), (e) hat auch bei Abwägung des Kindesinteressen stets eine Berücksichtigung der Bindungen des Kindes zu eventuellen dritten Personen zu erfolgen. Zahlreiche Bestimmungen beziehen sich also nicht nur auf die Kindeseltern, sondern auch auf dritte Personen.

Nach Akzeptanz des best – interests – principle als Hauptentscheidungskriterium durch die Rechtsprechung ist eine allgemeine Entwicklung dahingehend zu beobachten, daß bei Zuteilung einer sorgerechtlichen Verantwortung für das Kind die leiblichen Eltern nicht unbedingt bevorzugt werden.[174] Eine wichtige Entwicklung innerhalb der Rechtsprechung hin zu diesem Standpunkt war etwa auch die Entscheidung des House of Lords im Falle *J and C*, in denen den Pflegeeltern ein Sorgerecht gegenüber den leiblichen Eltern auf Dauer zugesprochen wurde, weil ein solcher Schritt nach Ansicht des Gerichtes in diesem Einzelfall einer kindgerechten Lösung eher entsprechen würde. Gleichzeitig wurde aber durch das Gericht auch unweigerlich festgelegt, daß eine Entscheidung zugunsten der leiblichen Eltern niemals automatisch den Vorrang zu genießen hat: „...there are no rules, that the wishes of the parents have normally to prevail....“[175]

Trotzdem ergibt aber die Betrachtung der in Kindschaftsfällen ergangenen Entscheidungen eine klare Bevorzugung der leiblichen Eltern:[176] In *Powell and Anderson* wurde über das Sorgerecht eines 3 und eines ½ jährigen Kindes entschieden. Diese wurden den natürlichen Eltern zugesprochen, und zwar ungeachtet der Tatsache, daß die Kinder die meiste Zeit ihres Lebens mit anderen als den leiblichen Eltern, also dritten Personen, zusammengelebt hatten. Auch die Tatsache, daß die Kinder aufgrund der fortwährenden Betreuung starke emotionale Bindungen zu diesen dritten Personen entwickelt hatten, konnte das Gericht von seiner Entscheidung nicht abbringen. In *E and E*[177] ebenfalls, wobei ein Sorgerechtsstreit zwischen dem leiblichen Vater und den Onkeln und Tanten mütterlicherseits aufkam. Strauß J verwies in seiner Begründung zu seiner Entscheidung auf die Ausführungen Latham CJ's im Falle *Storie and Storie*:

> „prima facie the welfare of a young child demands that a parent who is in a position not only to exercise parental rights, but also to perform parental duties should have the custody of the child as against any stranger. The fact that a stranger can also provide as good home is in the circumstances an element of only slight, if any weight.“ [178]

---

174 Dazu etwa *Rice and Miller* (1993) 16 FamLR 970; (1993) FLC 92 – 415.

175 *J and C* (1970) AC 668.

176 Vgl. dazu nur Court of Appeal of NSW, *Powell and Anderson* (1977) FLC 90 – 235.

177 *E and E No 2* (1979) 5 FamLR 244; (1979) FLC 90 – 645.

178 *Storie and Storie* (1954) 80 CLR 597.

Diese Linie wurde zwar auch in weiteren Entscheidungen beibehalten, jedoch wurden dazu eigenständige Begründungen geliefert. Im Fall *Drew and Drew* hatten die Großeltern des Kindes mütterlicherseits ein Sorgerecht beantragt. Es wurde jedoch zugunsten der leiblichen Eltern entschieden, obwohl die Großeltern in der Vergangenheit maßgeblich mit der Erziehung und Betreuung des Kindes beauftragt waren. Treyvaud J begründete seine Rechtsprechung unter Bezugnahme auf Section 43 (b) des FLRA 1995:

> „Section 43 (b) of the FLRA 1995 specifies, that the family is the natural and fundamental group unit of the society. When a nuclear unit breaks down because the marriage or relationship between the parents ceases, ordinarily children need the nurture, support, care and love of a parent and of each other just as when the family unit was viable. The extended family (grandparents, uncles, aunts, cousins) are of great importance in the nurturing family unit but do not replace it. Unless the welfare of the child otherwise requires it, custody of a child or children ought to be given to a parent rather than to a member of the extended family or to a blood stranger."[179]

An dieser von Treyvaud J vertretenen Auslegung der Section 43 (b) wurde trotz darin hinreichend enthaltener logischer Argumente in darauffolgenden Entscheidungen[180] vehemente Kritik geübt: Diese Vorschrift des FLRA 1995 lasse nicht erkennen, daß innerhalb von Sorgerechtsangelegenheiten stets leibliche Eltern aus Gründen des Kindeswohls zu bevorzugen seien. Zwar kann nicht bestritten werden, daß die Vorschrift einerseits so verstanden werden könnte, daß Elternschaft als solches einen immer zu berücksichtigenden wichtigen Faktor in Entscheidungen darstellen sollte. Es kann aber in Sorgerechtsangelegenheiten aus dieser Vorschrift kein genereller Vorzug leiblicher Eltern abgeleitet werden. Es muß vielmehr im Einzelfall bewertet werden, welche Entscheidung dem Wohl des Kindes entsprechen würde:

> „....they misstate the position under the Family Law Reform Act. In my opinion, it is incorrect, in a custody dispute as between a natural parent and a non-parent, to state that the role of the natural parent its to be preferred, or to have recourse to a presumption that the welfare of a child will best be served by an order in favour of a natural parent."[181]

Des weiteren stellte Lindenmayer J fest:

---

179 *Drew and Drew* (1993) 16 FamLR 536 (538).

180 *Hodak and Hodak and Newman* (1993) 17 FamLR 1 (15, 16).

181 *Hodak and Hodak and Newman* (1993) 17 FamLR 1 (15).

„...the fact of parenthood is to be regarded as an important and significant factor in considering which proposals better advance the welfare of the child. Such fact does not, however, establish a presumption in favour of the natural parent, nor generate a preferential position in favour of the natural parent from which the court commences its decision making process in the adjudication of custody disputes. Each case should be determined upon an examination of its own merits and of the individuals there involved."[182]

Nicht zuletzt wird den Gerichten aber auch nach den im FLRA 1995 enthaltenen Vorschriften, insbesondere durch Section 68 F (2) (d) und Section 60 B (2) (b), ebenfalls eine Ermächtigung zum Erlaß von Entscheidungen zugestanden, in denen dritte Personen etwa in Sorgerechtsangelegenheiten begünstigt werden können. Im Extremfall könnte ein Gericht danach ebenso zu dem Entschluß kommen, einen Kontakt zu den leiblichen Eltern völlig auszuschließen.

(f) Verhalten der Parteien

Auch das innerhalb der kindlichen Erziehung bisher an den Tag gelegte Verhalten der einzelnen Elternteile, die schließlich Parteien in einem eventuellen Prozeß sein können, kann dafür maßgeblich sein, welche Entscheidung nach Ansicht des Gerichts im Interesse des einzelnen Kindes zu bezeichnen ist. Dem Begriff Verhalten (conduct) ist dabei nicht nur in der Ehe gezeigtes Verhalten (matrimonial), sondern auch weitere Aspekte elterlichen Verhaltens, wie Kidnapping[183], unkonventioneller Lebensstil[184], Alkoholkonsum[185], Homosexualität[186], Gewalt[187], zuzuordnen. Im Rahmen von Entscheidungen

---

182 *Hodak and Hodak and Newman* (1993) 17 FamLR 1 (18).

183 *Kress and Kress* (1976) 2 FamLR 11, 330 (11, 339); *Schenck and Schenck* (1981) FLC 91 - 023.

184 *Horman and Horman* (1976) 5 FamLR 796 (797).

185 *O'Reilly and O'Reilly* (1977) FLC 90 – 300.

186 Homosexualität eines Elternteils kann nunmehr nur dann eine Auswirkung auf die zu treffende Sorgerechtsentscheidung haben, wenn eine – über das normale Maß hinausgehende – Beeinträchtigung des Kindesinteresses anzunehmen wäre, also etwa wenn die Fähigkeiten des jeweiligen Elternteils zur Kindeserziehung durch seine Neigung unmittelbar beeinträchtigt wären. In der Regel stellt Homosexualität jedoch keinen Grund dar, weswegen die Zusprechung einer sorgerechtlichen Verantwortung zu Lasten eines Elternteils versagt werden kann: vgl. im Fall der Mutter: *Spry and Spry* (1977) 3 FamLR 11,330; *Schmidt and Schmidt* (1979) 28 ALR 84; *Jarman and Lloyd* (1982) 8 FamLR 878; Vgl. im Fall des Vaters: *Shepherd and Shepherd* (1979) FLC 90-729; *L and L* (1983) FLC 91 – 353; *Doyle and Doyle* (1992) 15 FamLR 274.
Vgl. auch weiter: *L and L* (1983) FLC 91 – 353: Kinder sollten jedoch über die Neigungen des jeweiligen Elternteils aufgeklärt werden, um so auf eventuelle negative Reaktionen in ihrem unmittelbaren Umfeld angemessen reagieren zu können.

187 *Jaeger and Jaeger* (1994) FLC 92 – 492; *JG and BG* (1994) FLC 92 – 515; *Patsalou and Patsalou* (1995) 18 FamLR 426.

können diese aber nur dann eine ausschlaggebende Wirkung entfalten, wenn von einer Beeinträchtigung des Kindesinteresses auszugehen wäre. Eine Bestimmung des Kindesinteresses hat wiederum nach Section 68 F (2) zu erfolgen: „...conduct will be only relevant, where it can be brought within one of the specific matters for consideration, such as Section 68 F (2) (e), 68 F (2) (h), 68 F (2) (l), 68 F (2) (g).“[188]

(g) Gewalt

Zur Bestimmung dessen, was als eine im Interesse des Kindes zu bezeichnende Sorgerechtsentscheidung gelten kann, wurde Gewalt in der Familie erstmalig in *JG and BG* als notwendig zu berücksichtigender Faktor bezeichnet. Chisholm J bemerkte dazu:

> „It is equally wrong to assume that violent behaviour will necessarily be repeated, or to give it excessive importance; it is of course only one factor relevant to the assessment of what the child`s welfare requires, and it will be more important in some case than in others.“ [189]

Der dieser Ansicht zugrundeliegende Gewaltbegriff erfuhr dabei eine ziemlich weite Auslegung: nicht nur Gewalt unmittelbar gegen das Kind, sondern jegliche Gewalt, die es in seinem Umfeld wahrnehmen kann, hat als in der entsprechenden Sorgerechtsentscheidung zu berücksichtigende Gewalt zu gelten. Diese Auffassung findet sich auch innerhalb der im FLRA 1995 gegebenen Definition von familiärer Gewalt wieder:

> „60 D (1) Family violence means conduct, whether actual or threatened, by a person towards, or towards the property of, a member of a person's family that causes that or any other member of the person's family to fear for, or to be apprehensive about his, or her personal well being or safety.“

Durch den Gesetzgeber wurde dies nunmehr vorherrschende Verständnis von Gewalt dadurch bestätigt, indem er innerhalb des Katalogs des Section 68 F (2) des FLRA 1995, also der zu berücksichtigenden Umstände, formulierte:

> „68 F (2) The court must consider:
>
> .....
>
> (i) any family violence involving the child or a member of the child`s family;

188 *Finlay/ Bailey – Harris/ Otlowsky*, Family Law in Australia, [7.143 – 7.150].

189 *JG and BG* (1994) 18 FamLR 255.

(j) any family violence order that applies to the child or a member of the child`s family;
......"

Hintergrund einer derartigen Entwicklung bildet nicht zuletzt die einfache Erkenntnis, daß ein innerhalb der Familie Gewalt ausübender Elternteil wohl nicht in der Lage sein wird, zukünftig eine im Leben des Kindes notwendige Bezugsperson darstellen zu können. In Grenzfällen wird es daher regelmäßig so aussehen, daß dem entsprechenden Elternteil die Sorge um das Kind nicht zugesprochen werden kann und auch das Recht auf Umgang einer eingehenden Prüfung unterzogen werden muß. Für das jeweilige Kind könnte es in einem Extremfall also geboten sein, selbst nicht einmal den Umgang zu dem abwesenden Elternteil aufrecht zu erhalten.

(h) Religion

Die religiöse Prägung des jeweiligen Elternteil soll nach Ansicht der Gerichte grundsätzlich keinen Einfluß auf eine zu treffende Sorgerechtsentscheidung darstellen.[190] In *N and N* bestimmten Evatt CJ und Fogarty J, daß die Frage der religiösen Prägung eines Kindes durch einen Elternteil vielmehr unabhängig vom Ergehen einer sorgerechtlichen Entscheidung von dem jeweiligen Elternteil oder den Eltern gemeinsam eigenständig zu berücksichtigen sei. Lediglich in Situationen, in denen eine offensichtliche Beeinträchtigung der kindlichen Entwicklung besteht, kann Religionszugehörigkeit eines Elternteils Einfluß auf Erteilung einer Sorgeberechtigung beinhalten:

„Ordinarily, the question of the religious upbringing of children is a matter to be determined by the custodian after the question of custody has been determined and the religious differences of the parents is not a determinant or even a significant factor in a custody case. Otherwise it would involve the Court in the task of passing judgement upon appropriateness of one form of religious upbringing as distinct from another... Only in unusual circumstances will the Court be prepared to consider whether the nature and degree of religious observance of one parent and the proposed religious upbringing of that parent could have such an effect on the welfare of the child that it should assume significance in a custody decision. There are rare cases where parent's religious upbringing is seen as inimical to the welfare of the child."[191]

---

190 *CCH Australia Limited*, Australian Family Law Guide, (1996), 545.

191 *N and N* (1981) FLC 91 – 111 (76, 828 – 76, 829).

Eine mögliche Beeinträchtigung der kindlichen Entwicklung wurde jedoch beispielsweise in den Fällen, in denen eine Zugehörigkeit eines Elternteils zu speziellen religiösen Gruppierungen – deren Zielverfolgung für Außenstehende nicht einwandfrei nachvollziehbar ist – bestand, angenommen.[192]

9. Fazit

Solange also Einvernehmen zwischen den Elternteilen bezüglich der Ausübung der gemeinsamen Sorge über das jeweilige Kind besteht, besteht keine Notwendigkeit diese durch gerichtliche Anweisungen regeln zu lassen. Vielmehr kann schon ein zwischen Eltern verfaßter parenting plan Klarheit verschaffen. Ein registrierter parenting plan bietet längerfristig, angesichts der sich ständig wechselnden Lebensumstände, auch eine größere Sicherheit. Rahmen und Grenzen der Ausübung der elterlichen Verantwortung (parental responsibility) können darin genau festgelegt werden. Eine Unterteilung der elterlichen Verantwortung in day – to – day – care und long – term – care sieht das neue Konzept des FLRA 1995 zwar nicht explizit vor, kann aber innerhalb eines parenting plans ebenfalls erfolgen, also in welchen spezifischen Angelegenheiten der jeweilige Elternteil für das Kind verantwortlich sein soll. Eine Übernahme der Regelung der sich im täglichen Leben eines Kindes ergebenden Angelegenheiten durch den betreuenden Elternteil ist dabei sicherlich nicht selten. Kritisch wird hinsichtlich einer solchen Aufteilung der elterlichen Verantwortung bemerkt, daß dadurch die Absichten des Gesetzgebers, ein einheitliches Konzept der elterlichen Verantwortung zu schaffen, leicht unterlaufen werden könnte und Freiraum für eine gespaltene gemeinsame Sorge geschaffen werden würde.[193]

Ist zwischen den Eltern hinsichtlich der ihnen gemeinsam auferlegten Sorge für ihr Kind nach ihrer Trennung kein Einvernehmen zu erzielen, so besteht die Notwendigkeit gerichtlicher Regelung. Zuvor fordert Section 65 F jedoch, daß sich Eltern einer eingehenden Beratung unterziehen. Im Zusammenhang mit dann ergehenden parenting orders wird in Part VII des FLRA 1995 grundsätzlich ein drei – stufiges Vorgehen angewandt:

Zunächst wird durch den in Section 60 B verzeichneten Grundsatz bestimmt, daß die in Part VII enthaltenen Vorschriften und Prinzipien dazu dienen, jedem Kind eine angemessene Erziehung durch beide Elternteile zu garantieren. Der Inhalt einer parenting order muß also stets den Erhalt beider Elternteile auch garantieren können. Die Einräumung eines solchen Anspruchs zugunsten des

---

192 *Wellington and Wellington* (1977) FLC 90 – 277; *Paisio and Paisio* (1979) FLC 90 – 659: Mitglied der Zeugen Jehovas; *K and K* (1979) FLC 90 – 680; *Plows and Plows* (1979) FLC 90 – 607; *Litchfield and Litchfield* (1987) FLC 91 – 840; *Firth and Firth* (1988) FLC 91 – 971: Mitglied des Ordens Plymouth Brethren.

193 Vgl. 6., oben.

Kindes führt daher letztendlich auch dazu, daß bei allen zu treffenden Entscheidungen innerhalb der zu erfolgenden Erziehung das Interesse eines jeden Kindes als hauptsächliches Entscheidungskriterium anzuerkennen ist, Section 65 E. Zur weiteren Bestimmung dessen jedoch, welche Entscheidung *in concreto* als im Kindesinteresse stehend bezeichnet werden kann, sind die in Section 68 F (2) aufgeführten Kriterien heranzuziehen, wobei die Gewichtung der einzeln aufgeführten Aspekte nach dem jeweiligen Fall variieren kann.
In Fällen des Aufenthaltes (residence) und des Umgangs (contact) kennt das Gericht spezielle, auf diese Bedürfnisse zugeschnittene elterliche Anordnungen.[194] Entscheidungen in allen anderen sich ergebenden Angelegenheiten müssen innerhalb einer specific – issue – order getroffen werden.[195] Eine Berücksichtigung der Section 60 B, 65 E, 68 F hat jedoch unabhängig des Typs der zu ergehenden elterlichen Anordnung zu erfolgen.[196]

VII. Ausübung der Grundsätze des Part VII des FLRA 1995

Im Folgenden soll nun dargestellt werden, wie Entscheidungen innerhalb des Kindesalltags anhand dieser in Part VII des FLRA 1995 aufgestellten Grundsätze, aber insbesondere durch das in Section 60 B, 65 E und 68 F aufgestellte Gefüge, durch Eltern und andere an der Kindeserziehung beteiligten Personen, wie auch Gerichte getroffen werden können.
Wie schon innerhalb der zu § 1687 BGB gemachten Ausführungen bemerkt, gestaltet sich ein Kindesalltag kompliziert und ist von der notwendigen Wahrnehmung vielseitiger Angelegenheiten durch die Sorgeberechtigten gekennzeichnet. Streit und Unzufriedenheit über gerade diese Wahrnehmung, aber auch über deren Ausführung bildet keine Seltenheit und führt oft zur endgültigen Zerstörung des innerhalb einer getrennt lebenden Familie noch vorhandenen Konsensniveaus. Nach der vom deutschen Gesetzgeber geschaffenen Rechtslage ist es aber nicht möglich einen allgemeingültigen Entscheidungsmaßstab dafür zu bestimmen, welche Entscheidungen durch Eltern unabhängig voneinander und welche einvernehmlich getroffen werden können. Subjektive Kriterien, wie Kindeswille, Kindeswohl und Erziehungsvorstellungen der Eltern können angesichts der jeweils aufgeführten Begründung als Entscheidungsmaßstäbe in solchen Situationen nicht als allgemeingültig gelten. Aber auch objektive Kriterien und die Heranziehung schon vorhandener Auslegungsergebnisse zu den in § 1687 BGB verwendeten

194 Vgl. VII. 1. a), b), oben: residence und contact order.
195 Vgl. VII. 1. d), oben: specific issue order.
196 *Finlay*, Family Law of Australia, [7.107].

Begriffe einer alltäglichen und erheblichen Angelegenheit haben sich nicht als hilfreich erweisen können.[197]
Zu untersuchen ist daher, ob der innerhalb der australischen Rechtsprechung eingeschlagene Weg, nämlich das Kindesinteresse als entscheidenden Maßstab für alle zu treffenden Entscheidungen anzuerkennen, womöglich zur Lieferung besserer Ergebnisse für die Lösung der sich in einem kindlichen Alltag ergebenden Probleme geeignet ist. Dazu soll eine paradigmatische Betrachtung der von der Rechtsprechung schon entschiedenen Fälle erfolgen.
Zunächst erscheint es notwendig zu bemerken, daß auch innerhalb australischer Rechtsprechung schon zahlreiche Entscheidungen ergangen sind, die sich mit verschiedenen Fallgestaltungen beschäftigt haben, angesichts der Vielzahl jedoch nur schwerlich ein Anspruch auf Vollständigkeit bezüglich der Darstellung erhoben werden kann. Im wesentlichen lassen sich die ergangenen Entscheidungen aber wiederum gut anhand von Fallbeispielen darstellen, wobei, um weitere Verwirrung zu vermeiden, untersucht werden soll, wie Gerichte in denen zu § 1687 BGB aufgeführten Angelegenheiten entschieden haben. Es soll also eine Orientierung am schon zu § 1687 BGB erarbeiteten Fallkatalog erfolgen, was eine Aufführung zusätzlich sich ergebender Kategorien natürlich nicht ausschließt. Bei Aufstellung eines sich anhand australischer Rechtsprechung ergebenden Fallkataloges ist aber stets daran zu erinnern, daß den Gerichten für ihre Entscheidungsfindung das Kindesinteresse als maßgebliches Entscheidungskriterium, welches auch näher bestimmt wurde, diente. Im Unterschied zur deutschen Rechtsprechung ist also hierbei ein konkreter Entscheidungsmaßstab vorhanden. Welche genaue Anwendung und Auslegung das Gefüge der Section 60 B, 65 E, 68 F in der Praxis erfahren hat, gilt es daher anhand der nun folgenden Darstellung zu ergründen.

1. Fallbeispiele

Die nun folgenden Angelegenheiten können Gegenstand einer zu treffenden Entscheidung entweder durch Eltern selbst, etwa innerhalb eines parenting plans, aber auch durch das Gericht innerhalb einer parenting order in bezug auf das Kind bilden. Die Vorgehensweise innerhalb der Entscheidungsfindung wird jedoch nicht voneinander abweichen.[198] Zu beachten ist lediglich, daß, wenn eine Streitlösung vor Gericht durch Eltern ersucht wird, dieses bezüglich Aufenthalt (residence order), Umgang (contact order), aber auch Unterhalt (maintenance order) eigenständige Anordnungen erlassen und alle anderen sich

---

197 Vgl. Teil A., VIII., 2., oben.
198 Section 60 B, 65 E, 68 F finden eben immer Anwendung.

in bezug auf das Kind ergebenden Fragen gesondert in einer specific issue order regeln wird.[199]

(a) Aufenthalt (residence)

Nicht selten sind bei einem Zusammenbruch der ursprünglichen Familie auch Kinder unter anderem in der Weise betroffen, daß darüber entschieden werden muß, mit welchem der Elternteile dieses in Zukunft zusammenleben soll. Dieses wird vom Gesetzgeber als eine Frage des Aufenthaltes verstanden.[200] Zunächst wird es aber Sache der Eltern sein, darüber eine eigenständige Entscheidung herbeizuführen. Nach Section 61 C (2) ist nämlich von einem weiteren Bestehen einer elterlichen Verantwortung auch nach Trennung der Eltern auszugehen. Nicht zuletzt werden sie durch Section 63 B ohnehin angehalten, in allen sich in Bezug auf das Kind ergebende Fragen zuerst ein Einverständnis herbeizuführen, bevor sie die Hilfe der Gerichte in Anspruch nehmen.[201] Als geeignete und richtige Entscheidung ist dabei stets diejenige, die auch im Interesse des Kindes erfolgt, anzuerkennen.[202] Maßstab einer Entscheidung der Eltern bildet also das Kindesinteresse. Zu der Frage jedoch, ob es das Kindesinteresse auch erfordert, daß beide Elternteile eine Entscheidung diesbezüglich auch stets gemeinsam vorzunehmen haben, werden durch den Gesetzgeber keine genauen Angaben getroffen. Die Auswertung der zu Section 61 C vorhandenen Äußerungen, „each of the parents having parental responsibility", hat vielmehr ergeben, daß Eltern nach ihrer Trennung sowohl einzeln als auch gemeinsam die ihnen auferlegte elterliche Verantwortung für ihre Kinder wahrnehmen können, wobei einem joint co – operative parenting durch beide Elternteile Vorzug einzuräumen wäre.[203] Aber auch dabei hat das Kindesinteresse als maßgebliches Entscheidungskriterium weiterhin Anwendung zu finden. Mithin ist also allein aus Sicht des Kindes zu entscheiden, welche Entscheidung bezüglich der Wahl seines zukünftigen Aufenthaltsortes die besten Entwicklungs- und Entfaltungsmöglichkeit zu seinen Gunsten eröffnen wird. Den Wünschen der Eltern ist bei Entscheidungsfindung zukünftig eine untergeordnete Rolle zuzuordnen.

---

199 Vgl. VI. 5. e), oben: parenting orders, wobei eine maintenance order nicht als solche verstanden werden kann; Vgl. dazu VII. 1. c), unten, und Division 7 des FLRA 1995, Section 66 - 67.

200 Section 64 B (2) a), (3); Vgl. dazu auch VI. 5. a), oben: residence order.

201 Vgl. VI. 3. c), oben: parenting plan.

202 Section 63 H (2).

203 Vgl. VI. 5. b), oben.

(b) Umgang (contact)

Auch hinsichtlich Lösung der sich zwischen Eltern ergebenden Kompetenzstreitigkeiten in Fragen des Umgangs orientiert sich die Rechtsprechung an denen im FLRA 1995 gemachten Vorgaben[204], insbesondere aber Section 61 B (2) b). Diese Entwicklung, weg von Elternrechten und hin zu einem eigenständigen Recht des Kindes auf Umgang mit beiden Eltern oder aber einer dritten – an der Erziehung und Entwicklung maßgeblich beteiligten – Person, war jedoch schon vor der Reform durch sich immer wieder widersprechende Entscheidungen[205] geprägt: So wurde zwar schon im Fall *D'Agostino and D'Agostino*[206] anerkannt, daß Umgang nicht als ein Recht der Eltern, sondern vielmehr als eigenständiges Recht des Kindes gelten muß. Als richtungsweisend ist aber der zuvor in England entschiedene Fall *M and M*[207] zu bezeichnen. Darin wurde Umgang als ein dem Kind fundamental zustehendes Recht bezeichnet, welches, solange keine Nachteile für die Entwicklung des Kindes zu befürchten sind, diesem auch nicht entzogen werden kann, zumal ein solches Vorgehen auch nicht dem Kindeswohl entsprechen würde.[208]

Trotz dieser Vorgaben erfuhr das Umgangsrecht in späteren australischen Entscheidungen eine Auslegung als ein dem nicht – sorgeberechtigten Elternteil zustehendes Recht gegenüber dem Kinde. Der Tenor der Entscheidung in *Cooper and Cooper*[209] beinhaltete einen Vorschlag des Gerichts dahingehend, stets aus Gründen des Kindeswohls eine Vermutung eines Rechts auf Umgang des nicht – sorgeberechtigten Elternteils anzunehmen:

> „First, the paramount consideration is the welfare of the children. Secondly, *prima facie* the interest of the children would require that both parents have an opportunity to maintain some communication with them, and to play some role in the education and general training for adult life. Thirdly, the interest of the parents seeking access are relevant and are not to be ignored. Fourthly, to deny access to any parent is a serious step, which may well have grave consequences for the child's future development. Hence, fifthly, an order denying access should only be made in exceptional circumstances and upon solid grounds."[210]

---

204 Vgl. dazu VI., oben.

205 Zu beachten ist, daß hauptsächliches Entscheidungskriterium dabei immer das Kindeswohl bildete.

206 *D'Agostino and D'Agostino* (1976) 2 FamLR 11, 322.

207 *M and M* (1973) 2 AllER 81.

208 *M and M* (1973) 2 AllER 81 (85).

209 *Cooper and Cooper* (1976) 1 FamLR 11, 531.

210 *Cooper and Cooper* (1976) 1 FamLR 11, 531 (11, 534).

In diesem Zusammenhang wurde eine Diskussion darüber entfacht, wie Rahmen und Grenzen des Kindeswohlprinzip wohl auszulegen sind. In der von *Dickey*[211] durchgeführten Analyse wurde dem Kindeswohl eine zweiseitige Auslegung zugestanden, nämlich einerseits den Umgang mit dem Kind unbedingt fördernd und andererseits eine eingeschränkte Kompetenz des nicht – sorgeberechtigten Elternteils immer dann, wenn gerade aus Gründen des Kindeswohls diesem ein Umgang mit dem Kind versagt werden muß. Das Aussprechen einer Vermutung dahingehend, daß dem nicht – sorgeberechtigten Elternteil aus Gründen des Kindeswohls stets ein Umgangsrecht zuzusprechen sei, wie es schließlich in *Cooper and Cooper* geschehen ist, hält *Dickey* aber gerade für ein das Wohl des Kindes nicht sonderlich förderliches Handeln. Auch durch den Family Council wurde diesbezüglich in einem Bericht festgestellt, daß Gerichte in ihren Entscheidungen der bloßen Vermutung einer unbedingten Umgangsberechtigung des nicht – sorgeberechtigten Elternteils zu großes Gewicht beigemessen haben.[212]
Diese Äußerungen wurden in der nachfolgenden Rechtsprechung berücksichtigt und führten zu abweichenden Ergebnissen. In *Cotton and Cotton*[213] wurde durch *Nygh J* nicht mehr von einem Recht des nicht – sorgeberechtigten Elternteils auf Umgang mit dem Kinde gesprochen. In diesem Zusammenhang von Elternrechten zu sprechen sei deswegen außerordentlich gefährlich, weil es zur Widerlegung einer derartigen schwerwiegenden Vermutung auch entsprechend schwerwiegender Gründe bedürfe. Der Feststellung, daß Umgang mit beiden Elternteilen positive Auswirkungen auf die kindliche Erziehung und Entwicklung bedeutet, kann dann nicht mehr Folge geleistet werden. Nach Ansicht Nygh J's kann eine Feststellung eines bestehenden Umgangsrechts – etwa des nicht – sorgeberechtigten Elternteils – vielmehr nur durch Abwägung der im Einzelfall gegebenen Umstände und unter Berücksichtigung des für die kindliche Entwicklung entstehenden Nutzens erfolgen:

> „It is not, in other words, a question of contact for contract's sake. If there is a situation, where contact with a parent is on a balance likely to cause more harm to the child than good, or even is not likely to confer any benefit, then little purpose is served by this court making orders for such contact."[214]

211 *Dickey* (1988) 62 ALJ 230.

212 *Family Law Council*, Access – Some Options for Reform, (1987), para 1.3 – 1.5.

213 *Cotton and Cotton* (1983) FLC 91 – 330.

214 *Cotton and Cotton* (1983) FLC 91 – 330 (78, 252); Vgl. dazu auch: *Burrett*, Child Access and Modern Family Law: A Guide for Family Law Practioner and Counsellors, 1988, 8 – 15; *Moloney/ Marshall/ Waters* (1986 – 1987) 1 AJFL 50.

Eine Darstellung des bestehenden Zusammenhangs zwischen Kindeswohl und Umgangsberechtigung des nicht – sorgeberechtigten Elternteils kann jedoch besser anhand der in *Brown and Pedersen*[215] ergangenen Entscheidung erfolgen. Darin wurde durch Ellis, Nygh und Bell JJ die von Nygh J in *Cotton and Cotton* gesprochene Entscheidung noch einmal aufgenommen und bestätigt. Umgang sei definitiv nicht als ein den Eltern stets zustehendes Recht, von dem sie nur unter Vorbringen eindeutiger und verständiger Gründe ausgeschlossen werden können, zu verstehen. Vielmehr sei anhand des Kindesinteresses im Einzelfall zu bestimmen, ob dem jeweiligen Elternteil ein Umgang mit dem Kinde gestattet werden solle. Die zwischen Eltern und Kind bestehenden natürlichen Bindungen können zum Verfassen genereller Vermutungen nicht mißbraucht werden. In ihrer Begründung beziehen sich die Richter auf eine in England ergangene Entscheidung, *Re KD*, in der durch Lord Oliver ähnliches vertreten wurde:

> „I do not find it possible to conceive of any circumstance which could occur in practice in which the paramount consideration of the welfare of the child would not indicate one way or the other whether access should be had or should continue. Whatever the position of the parent may be as matter of law – and its matters whether he or she is described as having "right" in law or a "claim" by the law of nature or as a matter of common sense – it is perfectly clear that any "right" vested in him or her must yield to the dictates of the welfare of the child. If the child's welfare dictates that there be access, it adds nothing to say that the parent has also a right to have it subject to considerations of the child's welfare. If the child's welfare dictates that there should be no access, the it is equally fruitless to ask whether that is because there is no right to access or because the right is overborne by considerations of the child's welfare."[216]

Ob also dem nicht – sorgeberechtigten Elternteil ein Umgang mit dem Kinde gestattet werden kann, hat sich einzig und allein nach dem Kindeswohl zu richten:

> „...must be guided and must be solely guided, by considerations of the welfare of the child."[217]

Diese sich innerhalb der Rechtsprechung vollzogene Entwicklung wurde schließlich auch Gegenstand der sich im FLRA 1995 wiederfindenden

215 *Brown and Pedersen* (1991) 15 FamLR 173.
216 *Re KD (A Minor)* (1988) AC 806 (827).
217 *Re KD (A Minor)* (1988) AC 806 (827); Vgl. auch *A and A* (1982) 8 FamLR 787; *Chisholm* (1992) 6 AJFL 176.

Normen.[218] Nach Section 60 B (2) (b) wird dem Kinde, solange es seinen Interessen nicht widerspricht, stets ein Recht auf Umgang mit beiden Elternteilen oder einer an seiner Erziehung und Entwicklung maßgeblich beteiligten dritten Person zugesprochen. Des weiteren wären in diesem Zusammenhang Section 60 B (2) (a), 68 F (2), aber vor allem 68 F (2) (d), wonach insbesondere die sich bei Ausübung des Umgangsrechtes ergebenden praktischen Hindernisse zu berücksichtigen sind, zu nennen.[219] Das Kindesinteresse ist dabei jedoch nicht als ein dem Kind absolut zustehendes Recht, sondern als maßgebliches Entscheidungskriterium zu verstehen, Section 65 E. Das Gefüge der Section 60 B, 65 E, 68 F kann also auch hinsichtlich einer contact order Anwendung finden.[220] Die Umstände des Einzelfalles tragen ebenfalls maßgeblich dazu bei, welche Entscheidung der Wahrung des Kindesinteresses wohl am besten entspricht. Ferner ist nicht mehr danach zu fragen, ob dem jeweiligen Elternteil oder einer dritten Person ein Umgangsrecht in bezug auf das Kind zugestanden werden soll, sondern nur noch danach, ob die Wahrnehmung des bestehenden Anspruches des Kindes auf Umgang mit der jeweiligen Person auch in seinem Interesse stehen würde. Mithin kann dadurch, daß Umgang nunmehr nicht als ein Recht der Eltern, sondern des jeweiligen Kindes anzuerkennen ist, die Regelung dessen auch nicht mehr Anlaß einer sich zwischen Eltern ergebenden Kompetenzstreitigkeit bei gemeinsamer Sorgeberechtigung bilden.

(c) Unterhalt (maintenance)

Der Zusammenbruch der Familie bedeutet für Kinder nicht selten auch Entzug ihrer persönlichen Lebensgrundlage, so daß ihr tägliches Auskommen erst wieder gesichert werden muß. Dies erfolgt meist durch Eltern, die dem Kind ein regelmäßiges Auskommen in Form eines Unterhalts gewährleisten. Schon aber die Entscheidung darüber, welcher der Elternteile und in welcher Höhe dafür aufkommen soll, stellt nicht selten einen Streitpunkt zwischen Elternteilen dar. Lediglich über die Tatsache, daß sie sich einer derartigen Verpflichtung nicht entziehen können, kann es keinen Streit geben, zumal dies durch den Gesetzgeber auch ausdrücklich vorgegeben wurde:

---

218 Vgl. VI. 7., oben: das Kindeswohlprinzip wurde durch das Kindesinteresse ersetzt.

219 Vgl. VI. 5. b), oben: Contact – order; VI. 8., oben: Bestimmung des Kindesinteresses; Section 68 F (2) (d).

220 Vgl. *Biancotti and Biancotti* Appeal No EA 81 of 1996 No SY 2890 of 1995, Family Court of Australia (unveröffentlicht); *Hislop and Hislop* Appeal No NA 23 of 1996 No BR 7552 of 1996, Family Court of Australia (unveröffentlicht); *Holswich and O'Farrell* (1997) FLC 92 – 735; *Cooke and Stephens* (1998) 24 FamLR 5; *K and M and J* (1998) FamCA 1896; *J and W* (1999) 25 FamLR 299.

„66 C (1) The parents of a child have, subject to this Division, the primary duty to maintain the child...“

Eine derartige elterliche Verpflichtung läßt sich jedoch schon aus der Natur des Unterhalts ableiten. Unterhalt muß daher als eine von Eltern als eine stets einvernehmlich zutreffende Entscheidung bezeichnet werden. Es ist also nicht notwendig, daß durch den Gesetzgeber explizit Grundsätze zur Erreichung einer derartigen Übereinkunft verfaßt werden. Nicht zuletzt aber schon deshalb, weil nach Section 63 C (2) Gegenstand eines zwischen Eltern übereinstimmend verfaßten parenting plans auch der kindliche Unterhalt sein muß. Wie bereits erwähnt, hat nach Section 63 B (b) das Kindesinteresse zur Beurteilung der tatsächlichen Geeignetheit eines parenting plans Anwendung zu finden. Kann also der kindliche Unterhalt zum Inhalt einer zwischen Eltern selbständig verfaßten Übereinkunft hinzugezählt werden, so hat folglich bei Bestimmung des zu verpflichtenden Elternteils und der Höhe des zu zahlenden Unterhalts das Kindesinteresse als Beurteilungsmaßstab Anwendung zu finden.
Kann diesbezüglich zwischen den Eltern keine Übereinkunft erzielt werden, so wird durch sie eine Lösung des Problems auf gerichtlichem Wege gesucht werden.
Zunächst ist zu bemerken, daß durch den Gesetzgeber der Erlaß einer child maintenance order nicht als der Erlaß einer herkömmlichen parenting order verstanden wird, weswegen er dazu eigene Vorschriften verfaßte. Diese finden sich in Division 7, Section 66 – 67 des Part VII wieder. In Subsection 1 der Section 66 J erfolgt eine genaue Aufzählung der für den Erlaß einer derartigen maintenance order stets zu berücksichtigenden Umstände: (a) die in Section 66B genannten Aspekte (die Sicherstellung eines dauerhaften Unterhaltes des Kindes), (b) die Bedürfnisse des Kindes, (c) das Einkommen, Arbeitspotential, Eigentum und sonstigen finanziellen Ressourcen des Kindes. In den folgenden Absätzen werden jeweils Konkretisierungen vorgenommen. Nach Subsection 3 haben zu einer Bestimmung der Bedürfnisse des Kindes dessen Alter, seine andauernde oder beabsichtigte Ausbildung, wie auch sonstige besondere Aspekte Berücksichtigung zu finden. Um die dabei gewonnenen Einsichten beständig umsetzen zu können, sollen die durch Forschung gewonnenen empirischen Ergebnisse, wie Statistiken und ähnliches, herangezogen werden. Subsection 3 bestimmt zu einer Konkretisierung der in (c) aufgeführten Aspekte, daß allein das durch das Kind möglich zu erzielende Einkommen und nicht etwa Einkommen der zu verpflichtenden Personen berücksichtigt werden soll.
Festzustellen bleibt daher, daß der Gesetzgeber zur Bestimmung des Unterhalts des Kindes wiederum eine kindzentrierte Betrachtung der gegebenen Umstände vorsieht. Interessen und Bedürfnisse des Kindes sind denen der Eltern stets vorzuziehen. Handeln Eltern also bei einem selbständig erstellten Einvernehmen

stets nach Grundsätzen des Kindesinteresses, so würden sie auch nicht dem Verständnis des Gesetzgeber von einer maintenance order widersprechen.

(d) Sonstige Angelegenheiten (specific issue)

Auch wenn residence und contact order die am häufigsten vorkommenden Regelungen in Hinsicht auf elterliche Kompetenzen darstellen[221], sieht das Gesetz zur Lösung von Streitigkeiten zwischen Eltern über alle anderen sich in einem kindlichen Leben ergebende Angelegenheiten eine Regelung durch den Erlaß einer specific issue order vor.[222]

Die in diesem Zusammenhang vom Gesetzgeber verfaßten Regeln unterscheiden nicht zwischen gerichtlich ergangenen parenting orders und solchen, die zwischen Eltern im Rahmen eines selbständig verfaßten parenting plans zustande gekommen sind. In beiden Fällen erfolgt eine gleichbleibende Anwendung, wodurch eine gesonderte Betrachtung nicht notwendig erscheint. Lediglich hinsichtlich der Fälle, in denen eine Umsiedlung des Kindes (relocation cases) stattfinden soll, wurden, zwar nicht durch den Gesetzgeber, jedoch durch die Rechtsprechung bei einer Entscheidung zusätzlich zu berücksichtigende Kriterien entwickelt.

(1) Umsiedlung (relocation)

Sogenannte relocation cases[223] ergeben sich immer dann, wenn Familien, aus was für Gründen auch immer, von einem Ort in den nächsten, von einer Stadt in die andere, von einem Staat in den anderen, ziehen. Sei es durch den Beruf aufgezwungen, durch Familie oder Lebensart verursacht, oder aber lediglich der Wunsch sich wohnungsmäßig verbessern zu wollen. Solange Eltern zusammenleben, können Entscheidungen über derartige Wechsel des Lebensraumes von ihnen auch weitgehend allein getroffen werden, auch wenn sie manchmal durch äußere Umstände – wie etwa Beruf – erst hervorgerufen werden. Nicht selten aber ist bei Veränderungen des Lebensmittelpunktes des Kindes auch eine Beeinflussung der kindlichen Entwicklung und somit von Kindesrechten zu erwarten. Kinder werden aus dem bisherigen Umfeld, in dem sie etwa zur Schule gegangen sind, ihre Freunde gefunden hatten, wie auch sonst ein stabiles Gefüge aufgebaut hatten, herausgerissen und gleichzeitig angewiesen an jenem neuen Ort eben auch ein neues Leben zu beginnen. Zwar kann ein kindliches Leben durch den Wechsel des Wohnortes durch dabei positiv gemachte Erfahrungen auch bereichert werden.

---

221 Vgl. Teil D, Anhang: Darstellung 1.

222 Vgl. VI. 5. c): specific – issue – order.

223 Vgl. *Lanteri*, The Effect of the 1995 Family Law Reform Act in the Context of Relocation Cases, Leo Cussen Institute, (1997); *Baker/ Mc Cray*, Relocation of Children – Have we turned Full Circle ?, Leo Cussen Institute, (2000).

Leben die Eltern aber getrennt und entsteht daher Streit hinsichtlich der Umsiedlung eines jeweiligen Elternteils mit dem Kinde, so ist meist von negativen Auswirkungen für die kindliche Entwicklung auszugehen: Eltern, auch weiterhin für die Sorge des Kindes gemeinsam verantwortlich, Leben dann nicht mehr in ein und demselben Umfeld. Sie leben entweder an einem anderen Ort in derselben Stadt, oder aber entfernen sich oft sehr weit weg. Die Gefahr, daß Pflege und Erziehung zukünftig nicht mehr durch beide Eltern wahrgenommen werden wird, ist daher groß.[224] Nicht selten ergeben sich dabei auch aus der Trennung Umstände, die eine weitere Ausübung zumindest des Umgangs mit einem der Elternteile erheblich erschweren können, wie etwa Fragen der durch den ständigen Transport des Kindes verursachten Kosten, die Einteilung der mit dem Kinde zu verbringenden Zeit bzw. dessen Verfügbarkeit, die durch schulische oder sonstige Verpflichtungen stark eingegrenzt sein kann, die Verfügbarkeit des jeweiligen Elternteils, die wiederum durch dessen berufliche Verpflichtungen eingeschränkt sein kann, die Wünsche des Kindes. Der Anspruch des Kindes aber, auf Pflege und Erziehung durch beide Eltern, wie auch ein Recht auf Umgang mit dem nicht im Haushalt lebenden Elternteil wird, unabhängig der Gegebenheiten, stets weiterbestehen. In den überwiegenden Fällen bemühen sich Eltern auch in solchen Fragen Einverständnis herbeizuführen und sich zu arrangieren. Gelingt es ihnen jedoch nicht, muß oftmals der gerichtliche Weg zur Streitschlichtung eingeschlagen werden. Das Gericht hat dann bezüglich einer Umsiedlung des Kindes zu entscheiden, also ob der jeweilige Elternteil mit dem Kinde umziehen darf. Unabhängig des Inhalts einer so ergehenden relocation order, welche im Rahmen einer specific issue order ergehen wird, hat das Gericht dabei das bereits dargestellte Gefüge der Section 60B, 65 E, 68 F zu berücksichtigen, aber vor allem das Kindesinteresse. In Zusammenhang mit relocation orders wäre aber vor allem Section 68 F (2) (d) zu nennen. Darin werden insbesondere die sich für den weiteren Umgang des Kindes mit dem nicht anwesenden Elternteil ergebenden praktischen Schwierigkeiten hervorgehoben:

> „the practical difficulty and expense of a child having contact with a parent and whether that difficulty or expense will substantially affect the child´s right to maintain personal relations and direct contact with both parents on a regular basis.“

Im Laufe der Jahre[225] wurden durch die Rechtsprechung in kontrovers geführten Debatten aber noch zusätzliche Aspekte entwickelt, die innerhalb der Section 68

---

224 Vgl. dazu Ausführungen Teil C.

225 *Craven and Craven* (1976) 1 FamLR 11, 276; *Ryan and Ryan* (1976) 2 FamLR 11, 510; *Cattanach and Cattanach* (1977) 3 FamLR 11, 276; *Lamche and Lamche* (1977) 3 FamLR 11, 389; *Kuebler and Kuebler* (1978) FLC 90-434; *Fryda and Johnson* (1979)

F (2) vom Gesetzgeber nicht genannt werden, aber *inter alia* bei Erlaß einer relocation – order stets zu berücksichtigen sind:

- Grad und Qualität der Beziehung des Kindes zu dem mit ihm zusammenlebenden Elternteil, weil das Kind täglich mit diesem Umgang pflegen muß.
- Grad und Qualität des Kontaktes des Kindes zu dem umgangsberechtigten Elternteil, welcher im Einzelfall regelmäßig und gut, aber auch gar nicht vorhanden sein kann.
- Gründe der Umsiedlung, welche häufig in persönlichen oder ökonomischen Umständen des jeweiligen Elternteils wiederzufinden sind.
- Abwägung zwischen dem Recht auf Freizügigkeit eines jeden Elternteils und dem Kindesinteresse, wobei dem Kindesinteresse eine stärkere Gewichtung zuzusprechen ist.[226]

Kontrovers gestaltete sich die Entwicklung hin zu diesen Kriterien deshalb, weil immer wieder Vorgehensweisen der Gerichte aus früheren Entscheidungen in neuerer Rechtsprechung stark kritisiert und dann unterschiedlich ausgelegt wurden. So wurde in den Fällen *Holmes and Holmes*, *Dunshea and Dunshea*, wie auch *Rudolph and Dent* die von den Gerichten in den Entscheidungen *Ryan and Ryan* und *Armstrong and Armstrong* getroffene Abwägung zwischen dem Recht eines jeden Elternteils auf Freizügigkeit und dem Kindesinteresse stark kritisiert: es wurde nach Ansicht der neueren Rechtsprechung dem Recht des sorgeberechtigten Elternteils auf Freizügigkeit eine zu große Gewichtung zu Lasten des Kindes zugestanden. Allen neueren Entscheidungen ist daher gemeinsam, daß dem Kindesinteresse eine stärkere Gewichtung als früher zuerkannt wird, was schließlich auch das Gefüge der Section 60 B, 65 E, 68 F verlangt.

Beispielsweise wurde schon im Fall *Craven and Craven* die Bedeutung des Kindesinteresses innerhalb einer zu treffenden Abwägung deutlich. Der Mutter wurde zwar die Umsiedlung des Kindes von Victoria nach Queensland letztendlich gestattet, aber nur solange ein Umgang des Kindes mit dem abwesenden Elternteil auch garantiert werden kann:

FLC 90-634; *Armstrong and Armstrong* (1983) 9 FamLR 402; *R and R* (1984) 9 FamLR 402; *Rudolph and Dent* (1985) 10 FamLR 669; *Dunshea and Dunshea* (1987) 11 FamLR 563; *Holmes and Holmes* (1988) 12 FamLR 103; *Loune and Perlstein* (1993) FLC 92- 405; *Fragomeli and Fragomeli* (1993) 16 FamLR 698; *Skeates-Udy and Skeates* (1995) 19 FamLR 557; *I and I* (1995) 19 FamLR 147.

226 Vgl. dazu *B and B* (1997) 21 FamLR 676 (737); *Bryant*, Parent´s Rights and Responsibilities after B and B, (1998), [2.2.5].

„it seems to us that it is necessary in determining the issue to consider whether it is reasonable, and above all whether it is in the best interest of the children, that the mother be free to change her residence is such a way as to alter the access by the other parent to the children. Her freedom of movement and her right to choose freely where to live may itself be a factor in the welfare of the children. As the person responsible for the custody of the children her ability to function effectively is important to their welfare.

....

We cannot approve of the mother´s conduct in taking the children away as she did and in failing to keep the father informed about her address.

....

This court will always condemn a parent who seeks to destroy the relationship between the children and the other parent unless there are special reasons requiring such a breach in the child´s interest. This is not such a case. This court is always mindful of the need to protect children and to maintain their relationships with both parents, Section 43. The court´s order should be such as to encourage both parents to maintain relationships with the children; in this context the concepts of punishment and enforcement are not appropriate.

The welfare of the children should be uppermost in the court´s mind when it is called upon to consider whether to use its powers to restrain the parent with custody of children from removing the children away from the city or town where the other parent resides, thus affecting the opportunities for access to the children by that other parent." [227]

Aber auch im Fall *Fryda and Johnson* wurde durch das Gericht ebenfalls klar zum Ausdruck gebracht, daß eine Entscheidung zur Aufnahme eines Lebens an einem anderen Ort durch den betreuenden Elternteil zwar frei getroffen werden kann, jedoch niemals zu Lasten des Kindesinteresses. Das Recht des Kindes vor allem auf Umgang mit beiden Elternteilen muß stets gewahrt bleiben:

„the more serious matter for consideration is the matter of the deprivation of the regular access. As I have said the husband is in regular contact with the children, they are fond of him and his de facto wife. If they (the children) leave Australia, they will probably see him once in every year."[228]

Der durch diese Entscheidungen etablierte Grundsatz in relocation – cases kann somit klar hervorgehoben werden. Nach damaliger Rechtslage war dem Wohl

227 *Craven and Craven* (1976) 1 FamLR 11, 277 – 8.

228 *Fryda and Johnson* (1979) FLC 78,319.

des Kindes immer Vorrang einzuräumen, auch bei entgegenteiligen Wünschen und Vorstellungen der Eltern.[229]
Diese Argumentation wurde auch in neueren Entscheidungen[230] beibehalten, mit dem Unterschied, daß nunmehr – wie bereits ausführlich dargestellt – dem Kindesinteresse Vorrang einzuräumen ist. Mithin kann eine Umsiedlung des Kindes immer dann durch einen Elternteil vorgenommen werden, wenn ein dauerhafter und regelmäßiger Umgang mit dem abwesenden Elternteil auch garantiert ist.
Nichts anderes hat auch in den Fällen zu gelten, in denen eine Umsiedlung des Kindes in ein anderes Land, also aus Australien heraus, erfolgen soll.[231] Die geographische Abgeschiedenheit Australiens gegenüber der übrigen Welt führte jedoch in den weitaus meisten Fällen dazu, daß ein dauerhafter und regelmäßiger Umgang des Kindes mit dem abwesenden Elternteil nicht garantiert werden konnte und es dem jeweiligen Elternteil daher versagt wurde, das Land zu verlassen. Auch bei Fortführung eines Kontaktes beispielsweise durch häufigen Besuch, (Bild)Telefonaten, Briefen oder sonstigen Möglichkeiten, wären erhebliche finanzielle Belastungen der Eltern zu erwarten, also eine Schwächung der ökonomischen Position der Eltern, was wiederum einen Nachteil für die Lebensqualität des betroffenen Kindes bedeuten würde.

(2) Medizinische Versorgung, Schule und Beruf, Status – und Namensfragen, Erziehung, Tagesbetreuung, Vermögenssorge

Hinsichtlich aller anderen in einem kindlichen Leben möglich sich ergebenden Angelegenheiten wurden durch Rechtsprechung oder Literatur keine speziell zu berücksichtigenden Aspekte entwickelt. Auch das Gesetz selbst enthält diesbezüglich keine speziellen Vorgaben. Allen dazu einschlägig ergangenen Entscheidungen ist vielmehr gemeinsam, daß eine Orientierung an der in Part VII enthaltenen Grundprinzipien, insbesondere des durch Section 60 B, 65 E, 68 F aufgestellten Gefüges, sowie des Kindesinteresses erfolgt.[232]

---

229 *Holmes and Holmes* (1988) 12 FamLR 103: „the basal principle is clear: in any case under the FLA involving children the ultimate determinant is the welfare of those children. The wishes or desires of one or both of the parents may of necessity have to give way to that."

230 Vgl. etwa *B and B* (1997) 21 FamLR 676; *R and R* (1998) FamCA 108; *H and E* (1999) 24 FamLR 542; *AMS and AIF* (1999) FLC 92 – 852; *Martin and Matruglio* (1999) FamCA 1785; *G and M* (1999) FamCA 1845; *Paskandy and Paskandy* (1999) FamCA 1889; *Flanagan and Handcock* (2000) High Court of Australia, Sydney, No S 43 of 2000 (unveröffentlicht); *R and R: Children's Wishes* (2000) 25 FamLR 712; *A and A* (2000) FamCA 751; *H and L* (2000) FamCA 752.

231 Vgl. dazu *Armstrong and Armstrong* (1983) 9 FamLR 402; *I and I* (1995) 19 FamLR 147; *R and R* (1998) FamCA 108.

232 Vgl. dazu grundsätzliche Ausführungen in VI. 1.: Elterliche Verantwortung, oben.

(aa) Medizinische Versorgung

Eine medizinische Versorgung des Kindes kann sich durchaus vielschichtig gestalten, wie auch erhebliche Auswirkungen für die weitere kindliche Entwicklung bedeuten. [233]

Eine Entscheidung über Durchführung einer medizinischen Behandlung des Kindes erscheint für Eltern daher nicht selten kompliziert, so daß meist erhebliche Konflikte hervorgerufen werden. Ob diesbezüglich stets ein einvernehmliches Handeln durch die gemeinsam sorgeberechtigten Eltern bei Getrenntleben zu erfolgen hat, wird durch das Gesetz explizit nicht festgelegt, könnte aber anhand der im Gesetz enthaltenen Ausführungen zur elterlichen Verantwortung[234] und dem Kindesinteresse[235] beantwortet werden. Eine richtungsweisende Analyse bereits ergangener gerichtlicher Entscheidungen im Bereich der medizinischen Versorgung des Kindes erübrigt sich zur Festlegung elterlicher Entscheidungskompetenzen deshalb, weil Streitgegenstand stets Reichweite elterlicher Verantwortung Dritten gegenüber bildete.[236] Zur Lösung der hier vorliegenden Problematik erscheint jedoch die in solchen Entscheidungen getroffene Feststellung, daß elterliche Verantwortung immer dann aufhört zu existieren, wenn das Kind angesichts Reife und Beurteilungsfähigkeit selbst in der Lage zu sein scheint, über Durchführung einer bevorstehenden Behandlung zu entscheiden, hilfreich. Durch eine derartige Aussage kann nämlich klar zum Ausdruck gebracht werden, daß Durchführung einer medizinischen Behandlung stets dem Interesse und Wohlbefinden des Kindes dienen muß, also Kindeswünsche und Kindesrechte in den Vordergrund gedrängt werden. Es kommt also nicht so sehr darauf an, was nach Ansicht der Eltern als sinnvoll zu erscheinen hat. Eine medizinischen Behandlung muß stets nur dem Interesse und den Wünschen des Kindes zugute kommen können. Zwar sind Kinder, die aufgrund ihres Reifegrades in ihrer Beurteilungsfähigkeit eingeschränkt sind, etwa jüngere oder aber behinderte Kinder, auch weiterhin auf die Entscheidungen beider Eltern oder eines Elternteiles angewiesen. Auf Grund dieser Überlegungen bestimmt der australische Gesetzgeber jedoch in Section 68 F (2), wie genau eine Entscheidung im Kindesinteresse zu ergehen hat.[237] Wurde also beispielsweise eine Entscheidung durch einen Elternteil allein getroffen und stellt sich im Anschluß heraus, daß diese den Interessen des Kindes nicht entspricht, so bestehen für den anderen Elternteil und eventuell das Gericht eindeutige Anhaltspunkte zur Beurteilung der Lage des Kindes. Im Rahmen einer specific issue order könnte dann etwas entgegenteiliges

---

233 Vgl. Teil A, VIII. 3. g), oben: Medizinische Versorgung.

234 Vgl. dazu grundsätzliche Ausführungen in VI. 1., oben.

235 Vgl. VI. 7. , oben: best – interest's – principle.

236 Vgl. dazu paradigmatisch *Secretary, Department of Health and Community Services vs. JMB and SMB* (1992) 15 FamLR 392.

237 Vgl. VI. 7., oben: Bestimmung des Kindesinteresses.

angeordnet werden. Demzufolge ist es daher unerheblich, ob eine Entscheidung hinsichtlich der medizinischen Behandlung des Kindes durch beide Eltern einvernehmlich oder aber unabhängig durch einen Elternteil getroffen wird.

(bb) Schule und Beruf

Nicht selten werden Eltern nach Zusammenbruch der Familie auch darüber zu entscheiden haben, wie zukünftig eine schulische oder berufliche Erziehung des Kindes zu erfolgen hat.[238] Nach der im Rahmen des vormals gültigen FLA 1975 (Cth) ergangenen Rechtsprechung wurde die Frage der Schulwahl – sofern zwischen den Eltern keine Übereinstimmung erzielt werden konnte – dem mit dem Kinde zusammenlebenden Elternteil, dem gleichzeitig auch ein Sorgerecht oblag, überlassen. Ein derartiges Vorgehen wurde dadurch begründet, daß eine einzig im Leben des Kindes zu entscheidende Frage nicht Anhaltspunkt dafür sein konnte, die sorgerechtliche Verteilung zwischen Eltern in Bezug auf das Kind erneut regeln zu wollen:

> „The parents could not agree on the school for the children to attend. Thus in my opinion this Court should not be directly involved in answering the question which school a child is to attend. The Court may be involved indirectly as a consideration determining the amount of maintenance, or as a circumstance affecting the welfare of the child an application for custody. Perhaps there may be circumstances when the choice of school is so deleterious to the welfare of the child that it will raise the whole issue of who is to have custody, but it is difficult to envisage this being the only circumstance which called for a change in custody. Thus in my opinion the mother having custody of the children has the right to decide."[239]

In den unter dem FLRA 1995 ergehenden Entscheidungen wurde ein derartiges Vorgehen der Gerichte heftig kritisiert und nicht weiter verfolgt. Schon allein die Tatsache, daß ein Zusammenleben des Kindes nicht zu einer völligen Aufhebung der elterlichen Verantwortung des abwesenden Elternteils führt, konnte eine derartige Rechtsprechungspraxis nicht weiter zulassen. Im Fall *Re G: Children's Schooling*[240] kam es daher zu einer erneuten Diskussion der in *Newberry and Newberry* aufgestellten Prinzipien. Es würden zwei Hauptgründe aufgeführt, weswegen eine derartige Rechtsprechung nicht weiter unterstützt werden kann. Erstens – wie bereits erwähnt – oblag dem mit dem Kinde im Fall Newberry zusammenlebenden Elternteil ein alleiniges Sorgerecht, welches diesem auch ein Recht zur Wahl der schulischen Erziehung des Kindes

238 Vgl. Teil A, VIII. 3. e), oben: Schule; f): Beruf.

239 *Newberry and Newberry* (1977) FLC 90 – 205 (76,070).

240 *Re G: Children's Schooling* (2000) FamCA 462.

zusprach. Zweitens erfolgte im Fall Newberry eine Beurteilung der gegebenen Umstände maßgeblich aus Sicht des sorgeberechtigten Elternteils, also eine Berücksichtigung von Elternrechten. Durch die Einführung des Section 60 B innerhalb des FLRA 1995 soll es aber zukünftig hauptsächlich zu einer Berücksichtigung von Kindesrechten, sprich Kindesinteressen, kommen. Ein Wechsel weg von Elternrechten hin zu Kindesrechten wurde vollzogen.[241] Daher hat auch bei Beurteilung einer derartigen Frage eine Berücksichtigung des durch Section 60 B, 65 E, 68 F aufgestellten Gefüges zu erfolgen, unter Einbeziehung aller gegebenen Umstände im Einzelfall. Eine Bevorzugung des mit dem Kinde zusammenlebenden Elternteils kann gewährleistet werden:

> „Although there is no legal presumption in favour of the residence parent...The object and principles in Section 60 B are to be taken into account in the course of considering the relevant matters in Section 68 F (2) (d) does not restrict the Court's jurisdiction and does not create a presumption which forecloses the inquiry as to what is in the best interests of the child at the time a decision is sought. Prior agreements in relation to schooling and other parenting matters are consideration, but only that, which a trial judge should take into account."

Im Fall *Re G: Children's Schooling* entschied der Full Court, daß ein Wechsel der Schule tatsächlich auch im Interesse der Kinder stand und daher dem Antrag des Vaters auf Rückgängigmachung der von der Mutter allein getroffenen Entscheidung nicht stattgegeben werden konnte.[242] Der Ausgang dieser Entscheidung läßt also wiederum deutlich werden, daß Gerichte keine klare Entscheidungskompetenzen einzelnen Elternteilen zusprechen, sondern vielmehr nur nach dem Kindesinteresse im Einzelfall eine Entscheidung herbeiführen. Maßgeblich ist nicht, ob es sich um eine alltägliche oder eher seltene Entscheidung handelt, sondern allein, welcher Ausgang eine Förderung der kindlichen Entwicklung bedeuten kann.

(cc) Status- und Namensfragen

Eine nach Zusammenbruch der Familie nicht ungewöhnliche Situation ist, daß auch hinsichtlich des zukünftigen Familiennamens des Kindes Streit entsteht. Viele Frauen nehmen ihren Mädchennamen an, oder heiraten erneut, so daß sie sich beispielsweise durch den Nachnahmen des neuen Ehemannes repräsentieren. Nicht selten wünschen sie sich dann, sofern sie das Kind dauerhaft in ihrer Obhut wissen, daß diesem ebenfalls der neue Name zuteil wird, um so zu einem vollwertigen Mitglied der neuen Familie heranwachsen zu

---

241 *Re G: Children's Schooling* (2000) FamCA 462 (472).

242 *Re G: Children's Schooling* (2000) FamCA 462 (464).

können. Widersetzt sich der Vater jedoch eines solchen Mutterwunsches, so kommt es zu Streit, der dann wiederum einer Lösung bedarf. Ob die Mutter in einem solchen Fall stets eines Einverständnisses des Vaters bedarf, soll im Folgenden geprüft werden:

Nach dem vormals gültigen FLA 1975 (Cth) wurde die Frage des Nachnamens des Kindes als eine long – term – decision, in der jeder Elternteil eigenständig entscheiden konnte verstanden, „each of the parents".[243] Entsprechendes hat auch innerhalb des FLRA 1995 (Cth) weiter zu gelten. Zwar wurde eine Unterscheidung in long – term und short – term Angelegenheiten nicht weiter beibehalten.[244] Die Auslegung des Begriffs „each of the parents" innerhalb des neuen Rechts kann aber eine eigenmächtige Entscheidung eines der Elternteile nicht ausdrücklich unterbinden. Danach kann einem Elternteil gestattet werden, eigenständig über den Namen des Kindes entscheiden.[245] Kommt es aber hinsichtlich dessen zum Streit und wird eine Entscheidung durch ein Gericht notwendig, so wird im Rahmen einer specific – issue – order entschieden werden. Diesbezüglich wurden durch die Gerichte im Laufe der Jahre bestimmte Abwägungskriterien entwickelt, die bei einer Nachnamensänderung des Kindes unbedingt zu berücksichtigen sind:

- The welfare[246] of the child as the paramount consideration.
- The short and long – term effects of any change in the child's surname.
- Any embarrassment likely to be experienced by the child if it's name is different from that of the parent with custody or care and control.
- Any confusion of identity which may arise for the child if his or her name is different from that of the parent with custody or care and control.
- Any confusion of identity which may arise for the child if his or her name is changed or not changed.
- The effect of any change in surname may have on the relationship between the child and the parent whose name the child bore during the marriage.
- The effect of frequent or random changes of name.[247]

243 Vgl. zur Auslegung des Begriffs „each of the parents" VI. 1. d), oben.

244 Vgl. VI. 1. e), oben.

245 *Finlay/ Bailey-Harris/ Otlowski*, Family Law in Australia, [7.242 – 7.245]; Vgl. auch Ausführen zur Auslegung des Begriffes „each of the parent" innerhalb des neuen Rechts, VI. 1. d), wobei einem joint-cooperative-parenting zuzustimmen wäre.

246 Nunmehr durch „interest" ersetzt, Section 65 E.

247 *Arthur and Comben* (1977) 3 FamLR 11, 199; *Ralph and Ralph* (1977) FLC 90 – 292; *Chapman and Palmer* (1978) 4 FamLR 462.

Im Fall *Mahoney and McKenzie*[248] entschied Warnick J, daß der Mutter eine Änderung des Nachnames des Kindes ohne weiteres eigenständig gestattet werden kann, weil das Kind bislang mit dem Nachnahmen des Vaters aufgrund seines geringen Alters noch keine eigene Identifikation hervorrufen konnte. Daher hätte es bezüglich der Interessen des Kindes sowie seiner weiteren Entwicklung keine Auswirkung, ob dieses nunmehr einen verschiedentlichen Nachnahmen trüge. Zum Vergleich wurde aber durch den selben Richter in einem weiteren Fall, *Fooks and McCarthy*[249], ein entgegenteiliges Urteil gesprochen. In dieser Entscheidung wurde es der Mutter untersagt, den bisherigen Familiennamen des Kindes zu ändern, weil aufgrund Alters und Reifegrades nicht so leicht eine Identifikation des Kindes mit einem neuen Namen zu erwarten wäre. Mithin ist anhand dieser Fälle ersichtlich, daß die Anwendung der von der Rechtsprechung entwickelten Grundsätze also nicht willkürlich erfolgt, sondern unter tatsächlicher Abwägung der vorhandenen Umstände im Einzelfall. Das Kindesinteresse hat daher auch hierbei stets als maßgebliches Entscheidungskriterium zu fungieren, es also auf Kompetenzen der Elternteile nicht so sehr ankommt. Eine Entscheidung ist vielmehr immer dann rechtmäßig, wenn sie aus Gründen des Kindesinteresses nicht versagt werden kann.

(dd) Längerfristige Erziehung, kurzfristige Tagesbetreuung und Vermögenssorge

Wie bereits dargestellt, beinhaltet das neue Konzept der parental responsibility Entscheidungen sowohl hinsichtlich kurzfristiger Tagesbetreuung (day – to – day – care), längerfristiger Erziehung (long – term – care), aber auch Fürsorge (welfare) und Entwicklung (development).[250] Aufgaben aus dem Bereich Erziehung[251], Tagesbetreuung[252] und Vermögenssorge[253] finden sich innerhalb des Rahmens elterlicher Verantwortung wieder und können daher auch nach Maßgabe der dazu aufgestellten Regeln wahrgenommen werden. Dieses hat sicherlich auch für jede andere sich in einem kindlichen Leben ergebende Aufgabe zu gelten. Angesichts dessen jedoch, daß sich die hier aufgeführten Angelegenheiten wohl eher unproblematisch gestalten und als nicht von so großer Relevanz, wie etwa eine schwerwiegende ärztliche Behandlung des Kindes oder die Wahl der durch das Kind zu besuchenden Schule, zu verstehen sind, soll diesbezüglich keine gesonderte Betrachtung erfolgen.

---

248 *Mahoney and Mc Kenzie* (1993) 16 FamLR 803.
249 *Fooks and McCarthy* (1994) FLC 92 – 450.
250 Vgl. VI. 1. ,oben: Elterliche Verantwortung.
251 Vgl. Teil A, VIII. 3. a), oben: Erziehung.
252 Vgl. Teil A, VIII. 3. d), oben: Tagesbetreuung.
253 Vgl. Teil A, VIII. 3. i), oben: Vermögenssorge.

Betrachtet man also die zur elterlichen Verantwortung verfaßten Grundsätze, so läßt sich hinsichtlich elterlicher Entscheidungskompetenzen in derartigen Fragen festlegen, daß sie zwar selbständig zugunsten eines jeden Elternteils bestehen, ein joint co – operative parenting jedoch bevorzugt erfolgen soll.[254] Nicht zuletzt sollen Eltern auch nach Auffassung des Gesetzgebers übereinstimmend ihre Rechte und Pflichten gegenüber dem Kinde wahrnehmen, Section 60 B (2) (d). Wird eine Entscheidung seitens eines Elternteils jedoch trotzdem ohne Einvernehmen mit dem anderen Elternteil getroffen, was durch den Gesetzgeber ja nicht ausdrücklich untersagt wird, so wird sie solange weiter bestehen bleiben können, wie sie dem Interesse des Kindes nicht widerspricht und durch einen der Elternteile auch nicht angefochten wird. Maßstab aller zu treffenden Entscheidungen – wie bereits mehrfach erwähnt – bildet schließlich das Kindesinteresse, Section 65 E, wobei eine Bestimmung dessen *in concreto* stets nach denen in Section 68 F (2) aufgestellten Aspekten zu erfolgen hat.[255] Es kommt also auch nicht so sehr darauf an, wie Eltern hinsichtlich der Erziehung, der täglichen Betreuung oder der Verwaltung des eventuell bestehenden kindlichen Vermögens handeln, solange die entsprechende Vorgehensweise nicht entgegen den bestehenden kindlichen Interessen zu werten ist.

2. Fazit

Diese paradigmatische Auswertung der von der Rechtsprechung entschiedenen Fälle läßt klar erkennen, wie Entscheidungen innerhalb des Kindesalltags durch Eltern oder andere an der Kindererziehung beteiligten Personen, wie auch Gerichte getroffen werden können: es erfolgt eine ausnahmslose Orientierung an dem durch Section 60 B, 65 E, 68 F aufgestellten Gefüge und eine Anerkennung des Kindesinteresses als Maßstab für alle zu treffenden Entscheidungen. Dadurch also, daß unabhängig des Typs der zu treffenden Entscheidung im Einzelfall stets gleichbleibend eine Entscheidungsfindung angestrebt wird, also keine Unterscheidung mehr in einvernehmlich zu treffende long – term und eigenständig vornehmbare day – to – day Entscheidungen erfolgt, kann zusätzliche Verwirrung zwischen Eltern darüber wirksam vermieden werden. Solange eine Entscheidung über eine Angelegenheit als im Kindesinteresse stehend bezeichnet werden kann, ist es unerheblich, ob sie einvernehmlich durch beide Eltern oder eigenständig durch einen Elternteil entschieden wurde. Die Lösung der sich in einem kindlichen Leben ergebenden Probleme durch Orientierung am Kindesinteresse als Entscheidungsmaßstab, der schließlich in Section 68 F näher bestimmt werden konnte, läßt eine in den weitaus

254 Vgl. VI. 1. d), oben: stets gemeinsam oder auch einzeln wahrnehmbar?.
255 Vgl. VI. 1. e), oben: Rahmen einer parental responsibility.

überwiegenden Fällen gleichbleibende Einordnung der sich in einem kindlichen Leben ergebenden Angelegenheiten zu.

VIII. Zusammenfassung

Anhand der vorliegenden Darstellung ist zu erkennen, daß durch den FLRA 1995 Eltern nach Auflösung des familiären Bandes mehrere Möglichkeiten geboten werden, alle sich in bezug auf das Kind ergebenden Angelegenheiten zu regeln:
Zunächst wäre jedoch zu erwähnen, daß auch nach Trennung der Eltern eine gemeinsame Sorgeberechtigung weiter fortbesteht, „fast so als wäre nichts geschehen.“[256] Eine Unterscheidung in eigenständig vornehmbare day – to – day und einvernehmlich zu treffende long – term Angelegenheiten wird innerhalb der neuen Vorschriften nicht vorgenommen, sondern alle Angelegenheiten werden unter dem einheitlichen Begriff der elterlichen Verantwortung (parental responsibility) zusammengefaßt. Bei Wahrnehmung der elterlichen Verantwortung werden Eltern durch den Gesetzgeber angehalten, Übereinstimmung zu erlangen, um so den Kindesinteressen gerecht werden zu können. Das Kindesinteresse wurde durch Section 60 B, 65 E nämlich in allen zu treffenden Entscheidungen als maßgeblich zu berücksichtigendes Kriterium anerkannt und in Section 68 F (2) auch näher bestimmt. Das Gefüge der Section 60 B, 65 E, 68 F stellt also einen festen Rahmen innerhalb der Entscheidungsfindung dar, so daß der Ausgang von Streitigkeiten über einzelne Angelegenheiten für Eltern und andere an der Entscheidung beteiligte Personen oder aber auch Gerichte kalkulierbar wird.
Trotz eines so festgelegten Rahmens ist es Eltern aber auch weiterhin nach den gesetzlichen Vorschriften möglich, eine Ausübung der elterlichen Verantwortung auf verschiedentliche Art und Weise zu regeln. Zum einen kann unter Inbezugnahme auf einen registrierten parenting plan eine eigenständige und einvernehmliche Ausübung der elterlichen Verantwortung erfolgen. Die den Eltern zugestandene autonome Gestaltung der Wahrnehmung der elterlichen Verantwortung bezüglich des Kindes beinhaltet jedoch nicht eine völlig freie Gestaltungskompetenz hinsichtlich des Inhalts eines parenting plan. Vielmehr ist auch bezüglich des möglichen Inhalts eines parenting plan eine Beratung der Eltern gesetzlich vorgegeben, Section 63 E. Nach Section 63 C (2) haben maßgebliche Aspekte, wie Aufenthalt, Umgang, Unterhalt auch stets Berücksichtigung zu finden. Eine Festlegung von Entscheidungskompetenzen hinsichtlich anderer sich ergebender Angelegenheiten ist ebenfalls zulässig. Nur so kann dem Kinde auch Stabilität und Kontinuität für seine spätere

---

[256] Ausdruck geprägt durch *Schwab*, in: Familienrecht, Rdnr. 666.

Entwicklung gewährleistet werden. Entsprechen die zwischen den Eltern getroffenen Abmachungen jedoch nicht dem Interesse des Kindes, so kann nach Section 63 H das jeweilige Gericht verfügen, den parenting plan abzuändern, aufzuheben oder vorübergehend außer kraft zu setzen. Das Kindesinteresse bildet also auch hinsichtlich Inhalt und Ausübung eines parenting plans das maßgeblich zu berücksichtigendes Kriterium.
Gelingt es den Eltern jedoch nicht, die Ausübung der ihnen gemeinsam zustehenden elterlichen Verantwortung nach Trennung einvernehmlich zu gestalten, so können gerichtlich erlassene parenting order herangezogen werden. Deren zulässiger Inhalt bestimmt sich nach Section 64 B (2), wobei ebenfalls eine Unterteilung in Aufenthalt, Umgang, Unterhalt, wie weitere zu regelnde Angelegenheiten unternommen wird. Eine Beurteilung der Zulässigkeit des Inhalts einer derartigen parenting order hat im Einzelfall jedoch wiederum anhand des Kindesinteresses zu erfolgen, Section 65 E, *in concreto* nach Section 68 F (2).
Zur Veranschaulichung dessen, wie eine Umsetzung der Ausübung elterlicher Verantwortung nach Maßgabe der gesetzlichen Vorgaben tatsächlich erfolgen kann, wurde anhand vorhandener Rechtsprechung und Literatur die Aufstellung eines Fallkataloges versucht. Gleichbleibend ist dabei jedoch zu beobachten, daß Eltern in bezug auf das Kind grundsätzlich jedweige Entscheidung unabhängig vom anderen Elternteil treffen können. Zwar wurde durch Rechtsprechung und Literatur grundsätzlich ein joint – cooperative parenting bevorzugt, durch die in Section 61 C enthaltene Formulierung „each of the parents having parental responsibility" kann jedoch auch nicht eindeutig ausgeschlossen werden, daß ein Elternteil unabhängig vom anderen elterliche Verantwortung wahrnimmt. Solange sich die dabei getroffenen Entscheidungen im Rahmen des Kindesinteresses wiederfinden, ist einem derartigen Handeln auch kein Einwand entgegenzubringen. Was dabei als innerhalb des Kindesinteresses stehend zu bezeichnen ist, richtet sich wiederum nach dem durch Section 60 B, 65 E, 68 F aufgestellten Gefüge. Lediglich in Fällen, in denen eine Umsiedlung des Kindes erfolgen soll, wurden durch die Rechtsprechung im Laufe der Jahre zusätzlich zu berücksichtigende Aspekte entwickelt.
Mithin ist es dem australischen Gesetzgeber gelungen, durch Einführung des Kindesinteresses als Entscheidungsmaßstab eindeutige Direktiven zur Ausübung einer gemeinsamen Sorgeberechtigung durch Eltern oder Dritte zu verfassen.

Teil C
Abschließende Würdigung

Vergleicht man nun abschließend die in Teil A und B gemachten Darstellungen, so läßt sich lediglich eine Gemeinsamkeit feststellen: Beide Rechtssysteme werben für den Grundsatz, daß beide Eltern trotz Trennung, also unabhängig des Status ihres persönlichen Zusammenlebens, zukünftig aktiv in das Leben des Kindes eingebunden werden sollen. Die Ausübung einer gemeinsamen elterlichen Sorge wird nach Auseinanderbrechen des bisherigen Familienbandes klar als von Vorteil für die zukünftige Entwicklung des Kindes anerkannt.
Hinsichtlich rechtlicher Ausgestaltung einer gemeinsamen Sorgeberechtigung nach Elterntrennung, wie auch der im jeweiligen Kindschaftsrecht enthaltenen weiteren Grundsätze, sind jedoch erhebliche Abweichungen zu verzeichnen. Divergenzen bestehen dabei nicht nur zwischen den in Deutschland und Australien gültigen kindschaftsrechtlichen Prinzipien, wobei dies schon allein durch Zugehörigkeit zu unterschiedlichen Rechtskreisen begründbar wäre, sondern auch zwischen australischen und englischen (UK) Regelungen.[1]
Als grundlegend abweichend zwischen australischer und deutscher bzw. englischer Gesetzgebung ist zunächst die Tatsache zu verzeichnen, daß zur Beurteilung einer einzelnen Angelegenheit nach deutschem und englischen Kindschaftsrecht ein unbestimmter Rechtsbegriff, das Wohl des Kindes[2], als hauptsächlicher Entscheidungsmaßstab[3] Anwendung findet, und nicht, wie nach australischem Recht, Grundsätze des dem Kinde am besten dienenden Interesses (best interest of the child – principle)[4]. Durch Anwendung des Kindeswohls als Entscheidungsmaßstab erfolgt also eine elternzentrierte und nicht kindzentrierte Betrachtung und Herangehensweise an sich im Leben des Kindes ergebende Angelegenheiten. Die Probleme, die sich bei Anwendung eines unbestimmten Rechtsbegriffes als Entscheidungsmaßstab ergeben, wurden im Verlauf der Arbeit bereits mehrmals eingehend erwähnt.[5] Zwar wurde der unbestimmte Rechtsbegriff von Rechtsprechung und Dogmatik im wesentlichen auch verarbeitet, jedoch ohne daß im entsprechenden Rechtssystem eine hinreichende Konkretisierung des Begriffes Kindeswohl vorgenommen wurde. Durch eine derartige fehlende materielle Akzentsetzung, welche durch inhaltsleere Formeln gerade eben verschleiert wird und auf eine Lösung im Einzelfall verweist, kann

---

1 Vgl. zu bestehenden grundsätzlichen Unterschieden zwischen dem FLRA 1995 und dem Children Act 1989 (UK), wie etwa des möglichen Inhalts einer parental responsibility, Teil B VI. 1. (b), oben.

2 Vgl. dazu *Coester*, Das Kindeswohl als Rechtsbegriff, (1983).

3 BGB: § 1697 a; Children Act 1989 (UK): Section 2; Vgl. auch Einleitung zu Teil B, oben.

4 FLRA 1995: Section 68 F.

5 Vgl. Teil A, VIII. 2. (b)(2), oben; Teil B, VI. 7., oben.

daher auch schnell die Rede von gesetzlichen Scheinregelungen oder vom legislativen Nichtssagenwollen sein.[6] Der innerhalb deutscher Gesetzgebung gestartete Versuche, eine Konkretisierung des Kindeswohlbegriffs durch Einführung des § 1697 a als eine Art „Generalklausel“ dafür, wie entscheidungsbefugte Personen in kindschaftsrechtlichen Angelegenheiten zu entscheiden haben, kann im Ergebnis ebenfalls nicht als hilfreich bezeichnet werden.[7] Zwar soll nach Ansicht des Gesetzgebers § 1697 a die Destillation eines übergreifenden Rechtsprinzips aus Einzelvorschriften und seine Anwendung auf andere, ergänzungsbedürftige Normen bedeuten.[8] Aus dem Einleitungssatz des § 1697 a, „soweit nicht anderes bestimmt“, ergibt sich jedoch zweifelsfrei die nur subsidiäre Geltung dieser Vorschrift, also der Nachrang gegenüber speziellen Regelungen. Wie bereits jedoch eingehend dargestellt, kann eine Heranziehung von § 1697 a zur Bestimmung dessen, welche Entscheidung im Zusammenhang mit § 1687 zum Wohle des Kindes bezeichnet werden kann, nicht so ohne weiteres erfolgen.[9] Auch eine Bestimmung der Belange des Kindes über Vorschriften wie etwa §§ 1628, 1688 BGB würde voraussetzen, daß Regelungsabsicht und Motivation bei Schaffung der jeweiligen Vorschriften mit der des § 1687 als vergleichbar gelten kann. Im Unterschied zu §§ 1628, 1688 kann § 1687 jedoch erst dann zur Anwendung kommen, wenn es sich bereits um eine auseinanderdividierte Familie bzw. das gemeinsame Kind handelt.[10] Aber auch der weitere Gedanke, die möglichen Belange des Kindes in jedem Einzelfall über Beratung und Hilfe des Jugendamtes (§ 17 Abs. 2, 3 KJHG) oder des Gerichtes zu bestimmen (§ 613 Abs. 1 Satz 2 ZPO) muß im Ergebnis abgelehnt werden: Eine derartige Vorgehensweise kann nämlich nur dann zu positiven Ergebnissen führen, wenn es sich um ein bereits anhängiges Scheidungsverfahren und um grundsätzlich nur gutwillige Eltern handelt.[11] Leben die Eltern also getrennt und ist auch kein ausreichendes Kooperationsniveau vorhanden, so ist ein derartiges Vorgehen bei Entscheidungsfindung nicht möglich. Ferner handelt es sich bei § 50 Abs. 3 SGB VIII um eine gesetzliche Ausformung des Verfassungsgebots nach Art. 6 Abs. 2 Satz 2 GG, wonach die staatliche Gemeinschaft – gleichlautend die Zielvorgabe der öffentlichen Jugendhilfe in § 1 Abs. 2 SGB VIII - über die Ausübung der elterlichen Erziehungspflichten zu wachen hat.[12] Es wird von Rechts wegen also lediglich zum Ausdruck gebracht, daß ein staatliches Wächteramt über die Ausübung der elterlichen Erziehungspflichten besteht.

---

6 Vgl. *Coester*, Das Kindeswohl als Rechtsbegriff, 1.
7 Vgl. Teil A, VIII. 2. (b) (2), oben.
8 *Staudinger/ Coester*, § 1697 a, Rdnr. 3.
9 Vgl. Teil A, VIII. 2. (b) (2), oben.
10 Vgl. Teil A, VIII. 2. (c) (1), (2), oben.
11 *Staudinger/ Coester*, § 1671, Rdnr. 14.
12 Vgl. *Wiesner/ Mörsberger/ Oberloskamp/ Struck*, § 50, Rdnr. 77.

Nicht aber, wie die Ausübung dieser nach Grundsätzen des Kindeswohls erfolgen kann. Mithin kann durch eine Heranziehung bestehender Konkretisierungen des unbestimmten Rechtsbegriffes Kindeswohl für die sich innerhalb des § 1687 ergebenden Abgrenzungsproblematik kein hinreichendes Ergebnis erzielt werden. Diese innerhalb deutscher Rechtsprechung bestehende Schwierigkeit bildet jedoch keine Ausnahme, sondern ist vielmehr in allen übrigen Rechtsordnungen, die das Kindeswohl ebenfalls zum hauptsächlichen Entscheidungsmaßstab erklärt haben, vorzufinden.[13]

Nicht zuletzt um dieser ausweglosen Situation ein Ende bereiten zu können, wurde durch die Vereinten Nationen daher der Ansatz geliefert, in Kindesangelegenheiten eine elternzentrierte Beurteilung, die sich maßgeblich am Kindeswohl orientiert, aufzugeben und mehr nach den Bedürfnissen bzw. den Interessen des Kindes zu urteilen. Nur so könne es gelingen, einen konkreteren Ausgangspunkt zu erlangen und aus der Perspektive der hauptsächlich Betroffenen, der Kinder, eine Lösung der sich ergebenden Probleme zu suchen. Zwar käme bei einer kindzentrierten Betrachtungsweise ebenfalls der Wille des Kindes als Abgrenzungsmaßstab in Betracht, im Vergleich sei das Interesse dem Willen des jeweiligen Kindes jedoch deshalb vorzuziehen, weil es unabhängig von Alter und Reife bzw. Entwicklungsstand des betroffenen Kindes Anwendung finden kann.[14] Eine Bestimmung dessen, was als im Interesse des Kindes bezeichnet werden kann, hat jedoch nicht notwendigerweise durch das jeweilige Kind selbst, sondern im Einzelfall auch durch andere, etwa Eltern, Jugendämter oder Gerichte, zu erfolgen. Trotz einer Bestimmung des Kindesinteresses durch Dritte kann bei vorhandenen Abgrenzungskriterien innerhalb des Gesetzes eine kindzentrierte Betrachtung der anstehenden Problematik ermöglicht werden. Der dritten Personen zugestandene Entscheidungsspielraum wäre übersichtlich gestaltet und Ergebnisse wären kalkulierbar.

Derartige Überlegungen bewogen den australischen Gesetzgeber schließlich dazu genau zu bestimmen, wie der Erlaß von Entscheidungen zu erfolgen hat, damit sie als im Interesse des Kindes stehend bezeichnet werden können, Section 68 F (2): Darin wurden die Wunschvorstellungen, Bindungen, Status Quo des Kindes, die Trennung von Geschwistern, das Verhältnis des Kindes zu anderen mit der Erziehung und Betreuung des Kindes beauftragten Personen, sowie das Verhalten der Eltern und deren Religionszugehörigkeit als wesentliche Merkmale aufgeführt. Durch Aufnahme derartiger Kriterien in den Gesetzestext ist es also nicht mehr notwendig, eine Bestimmung des Begriffes durch Heranziehung fremder, außerhalb kindschaftsrechtlicher Vorschriften bestehender, Quellen anzustreben. Es können eindeutige Direktiven dafür

---

13 Vgl. beispielhaft Länderübersichten in: *Coester*, Das Kindeswohl als Rechtsbegriff, 9.
14 Vgl. Teil A, VIII. 2. (b), oben.

aufgestellt werden, wie in Krisensituationen und Zweifelsfällen durch Eltern, Jugendämter, Gerichte oder andere entscheidungsbefugte Personen/ Instanzen zu verfahren ist. Eine Lösung von Problemen nach derartig auf das Kind ausgerichteten Kriterien würde letztendlich aber nicht nur denen durch die Vereinten Nationen in der Kinderrechtskonvention gemachten Vorgaben entsprechen, sondern auch dem Zeichen der Zeit, Kinder als vollwertige und mündige Mitglieder der Gesellschaft anzuerkennen, entsprechen. Auf eine solche Art und Weise könnte zukünftig also gewährleistet werden, daß auf individuelle Bedürfnisse der Kinder eingegangen und eine Entwicklung weg von Elternrechten hin zu Kindesrechten vorgenommen wird.
Dieser zwischen australischem und deutschem bzw. englischem Kindschaftsrecht grundsätzlich bestehende Unterschied hinsichtlich Geltung und Ausgestaltung des vorherrschenden Entscheidungsmaßstabes führt letztendlich aber auch dazu, daß auch hinsichtlich anderer Bereiche, wie Ausgestaltung einer gemeinsamen Sorge nach Trennung und Scheidung der Eltern, verschiedene Wege und Möglichkeiten eröffnet werden können. Das Bürgerliche Gesetzbuch kennt bezüglich einer Sorgerechtsgestaltung das gesetzliche Regelungsmodell der §§ 1687, 1671, 1628, wobei innerhalb des § 1687 ein System abgestufter Befugnisse zur Geltung kommt, in dem eine notwendige Unterscheidung zwischen Angelegenheiten des täglichen Lebens und solchen von erheblicher Bedeutung getroffen werden muß. Die sich bei einer derartigen Einteilung aller in einem Leben des Kindes vorkommenden Angelegenheiten ergebenden Probleme sollen hier nicht noch einmal wiederholt werden. Zu bemerken bleibt lediglich, daß im Unterschied zum FLRA 1995 eben weiterhin eine Unterscheidung in Angelegenheiten des täglichen Lebens und der von erheblicher Bedeutung erfolgt, statt sie unter einem einheitlichen Begriff zusammenzufassen. Die Suche nach geeigneten Abgrenzungsmaßstäben innerhalb einer derartigen Regelung wird notwendigerweise eröffnet. Um derartiges zukünftig vermeiden zu können und Ausübung einer elterlichen Sorge nach Trennung so nicht unnötig zu hemmen, wurde innerhalb des FLRA 1995 eine Änderung der Terminologie dahingehend vorgenommen, alle sich in einem Leben des Kindes ergebenden Angelegenheiten unter einem einheitlichen Begriff, nämlich dem einer parental responsibility, zu vereinen.[15] Eine Unterscheidung wie bisher, in day – to – day – und long – term – decisions, wurde aufgehoben. Es soll also nicht mehr maßgeblich sein, um welche Art von Angelegenheiten es sich für das Kind handelt und welchem elterlichen Kompetenzbereich sie gerade *in concreto* zuzurechnen ist. Vielmehr soll allein von Bedeutung sein, welche Entscheidung innerhalb des durch die Section 60B, 65E, 68F aufgestellten Gefüges als im Interesse des Kindes bezeichnet werden kann. Hätte man nämlich auch bei Anwendung des Kindesinteresses als

[15] Vgl. Teil B, VI. 1., oben.

Entscheidungsmaßstab eine Unterscheidung in alltägliche und erhebliche bzw. day – to – day – und long – term – decisions weiter beibehalten, so hätte man im Ergebnis wiederum eine auf elterliche Entscheidungskompetenzen ausgerichtete Problemlösung verfolgt. Allein durch Aufhebung einer derartigen begrifflichen Unterscheidung kann also gewährleistet werden, daß dem Prinzip stets nach Interessen des Kindes zu handeln, voll entsprochen werden kann. Eine Formulierung elterlicher Entscheidungskompetenzen und eine notwendige Bestimmung geeigneter Abgrenzungskriterien entfällt.
Durch fehlende gesetzliche Festlegung elterlicher Entscheidungskompetenzen kann diesen neben der gesetzlichen Regelung der Ausübung einer gemeinsamen elterlichen Sorge nach Trennung daher auch die Möglichkeit eröffnet werden, eine solche im Rahmen von selbständig verfaßten Sorgerechtsvereinbarungen (parenting plans) zu treffen.[16] In solchen parenting plans können Eltern also selbst bestimmen, auf welche Art und Weise eine Kompetenzverteilung zur Regelung von Kindesangelegenheiten zu erfolgen hat.
Eine derartige instrumentale Ausgestaltung von Elternrechten ist jedoch in Deutschland durch den Gesetzgeber im Rahmen der Kindschaftsrechtsreform nicht erfolgt. Zwar wären Sorgerechtsvereinbarungen prinzipiell aus Art. 6 Abs. 2 GG ableitbar und innerhalb des Gefüges der §§ 1628, 1671, 1687 grundsätzlich zulässig, es kann ihnen jedoch innerhalb dieses Systems keine rechtliche Bindungswirkung zugestanden werden.[17] Ständig wechselnde Lebenssituationen können bei Ausübung einer gemeinsamen Sorgeberechtigung nach Elterntrennung daher nur schwer Berücksichtigung finden. Es besteht für Eltern keine Möglichkeit, im Einzelfall eine rechtlich verbindlich eine Regelung der Ausübung der ihnen gemeinsam zustehenden Sorgeberechtigung zu erlangen.
Hingegen kann innerhalb des FLRA 1995 durch ein Handeln nach dem Kindesinteresse eine jederzeitige Gleichwertigkeit zwischen einem durch Eltern eigenständig verfaßten parenting plan und einer gerichtlich ergangenen parenting order garantiert werden. Durch die fehlende Notwendigkeit der Formulierung elterlicher Entscheidungskompetenzen besteht kein Unterschied hinsichtlich einer rechtlichen Bindungswirkung für Eltern bei Ausübung der gemeinsamen Sorge. Lediglich die Einhaltung gewisser Formvorschriften bei Verfassen eines parenting plans wird deshalb als notwendig angesehen, um dem Primat des Kindesinteresses im Einzelfall auf ein und dieselbe Weise gerecht werden zu können. Kommt es jedoch aufgrund vorhandener Uneinigkeit zwischen den Eltern trotzdem zum Erlaß gerichtlicher parenting order, so können selbst diese im Vergleich zu denen im Bürgerlichen Gesetzbuch enthaltenen Regelungsmöglichkeiten deshalb als flexibler und die kindlichen

---

16 Vgl. Teil B, VI. 3., oben.
17 Vgl. Teil A, VI. 3., oben.

Interessen berücksichtigend bezeichnet werden, weil sie sich in ihrer Gestaltung kaum von einer solchen eines parenting plan unterscheiden. Es wird ebenfalls eine Einteilung in residence –, contact – und specific – issue – order vorgenommen, wodurch also Wünschen und Interessen des Kindes im Einzelfall entsprochen werden kann. Insbesondere der Erlaß einer specific – issue – order läßt zu, individuelle Wünsche und Interessen des Kindes zu berücksichtigen. Es erfolgt also keine starre und schematische Regelung der Ausübung einer gemeinsamen Sorge der Eltern, wie sie nun einmal durch die Regelungen des BGB bewirkt wird. Innerhalb des BGB besteht für Eltern, die nicht gerade eine völlige Änderung der sorgerechtlichen Situation erreichen möchten, lediglich nach § 1628 die Möglichkeit offen, die Regelung einer einzelnen Angelegenheit durch das Gericht vornehmen zu lassen. Es ist also immer die Inanspruchnahme eines Gerichtes notwendig, eine flexible Regelung durch Eltern nach Wünschen und Interessen des Kindes im Konfliktfall selbständig nicht möglich. Eine Berücksichtigung von Wünschen und Interessen des Kindes wurde durch den Gesetzgeber innerhalb des Bürgerlichen Gesetzbuches weder in § 1628 noch in § 1671 als notwendig erachtet.

Kritisch könnte man zu diesen Ausführungen bemerken, daß aufgrund des erst kurzen Bestehens des FLRA 1995 Folgen von derartigen Änderungen und einer Vorgehensweise nach den Interessen des Kindes noch nicht absehbar sind und daher keine grenzenlose Befürwortung einer solchen Ausgestaltung des Gesetzes - beispielsweise bei Ausübung einer gemeinsamen Sorgeberechtigung der Eltern nach Trennung und Scheidung - erfolgen kann. Unabhängig von der Art und Weise bestehender Regelungen werden Kinder nämlich letztendlich immer von Gunst und Verhalten der Eltern abhängig sein. Auch bei Ausrichtung der Entscheidung auf das Interesse des Kindes werden Ansichten und Einstellungen der Eltern einen stets zu berücksichtigenden Faktor darstellen.

Als hilfreich und interessant könnte sich in diesem Zusammenhang die Betrachtung eines durch Rhoades, Graycar und Harrison verfaßten Erfahrungsberichtes erweisen.[18] Dieser wurde im Dezember 2000 durch die University of Sydney und durch den Family Court of Australia publiziert. In mit sachkundigen Personen durchgeführten Gesprächen wurde zwar vereinzelt zur Vorsicht bei Auswertung des darin verzeichneten Standpunktes deshalb gemahnt, weil er eine zu einseitige, feministische, Sichtweise darstelle. Unabhängig einer derartigen Wertung des Berichtes lassen sich jedoch meiner Ansicht nach die darin aufgeführten Daten und Fakten hervorragend verwerten, zumal sie durch Statistiken und verschiedentliche andere Nachweise

18 *Rhoades/ Graycar/ Harrison*, Family Law Reform Act, The: The first three years, (2000).

wissenschaftlich belegt wurden.[19] Es wurde eine Befragung von Richtern, Rechtsanwälten, Beratern, Mediatoren und Eltern durchgeführt. Neben bestehenden residence – arrangements wurden die bestehenden persönlichen Ansichten der genannten Personen grundsätzlich zu Ausübung einer gemeinsamen Elternschaft, wie auch die entstehenden Folgen für die jeweilige Praxis, dargestellt. Rechtsanwälte und Berater wurden zusätzlich noch darum gebeten, daß ihrer Ansicht nach in der Mandantschaft vorherrschende Verständnis vom FLRA 1995 wiederzugeben. Insbesondere erfolgte eine Darstellung hinsichtlich Einschätzungen zu shared parenting, shared residence, shared parental responsibility, contact und private agreements (parenting plans).
So wurde hinsichtlich Ausübung eines **shared parenting** nach Auseinanderfallen der ursprünglichen Familie durch alle befragten Parteien gleichermaßen zwar bemängelt, daß auch innerhalb des neuen Part VII keine Konkretisierung dahingehend vorgenommen wurde, wie eine Ausübung diesbezüglich in der Praxis konkret erfolgen soll. Trotz dieser Unsicherheiten wird eine fortbestehende geteilte Elternschaft auch nach Elterntrennung für die kindliche Entwicklung einstimmig als von Vorteil anerkannt.[20]
Hingegen sind bezüglich eines möglichen **shared residence arrangements**, also eines gleichberechtigten Aufenthalts des Kindes bei beiden Elternteilen, sehr unterschiedliche Auffassungen festzustellen, wobei bei Eltern zwischen Vätern und Müttern noch weiter zu unterscheiden wäre. Der überwiegende Teil der befragten Väter (85%) gab an, daß ihre Erwartungen bezüglich Aufenthaltsregelungen bei weitem übertroffen wurden. Analog konnte jedoch gleichzeitig ein Rückgang bezüglich Hoffnungen und Erwartungen vom FLRA 1995 seitens der Mütter beobachtet werden. Sie fühlten sich in ihrer persönlichen Situation angegriffen und geschwächt. Viele der befragten Anwälte und Berater gaben an, daß mit Inkrafttreten des FLRA 1995 zunächst eine plötzliche Nachfrage nach equal time residence arrangements unter Vätern beobachtet werden konnte. Folgende Aussage verdeutlicht etwaige Beobachtungen:

> „A lot of men think the reforms mean they have more rights eg. the right to have the children half the time. A lot of woman think the changes mean they can never move, or they have to let the fathers have shared (50/50) residence."[21]

---

19 Vgl. unter anderem auch Darstellungen in Teil D, Anhang, unten.

20 *Rhoades/ Graycar/ Harrison*, Family Law Reform Act, The: The first three years, Rdnr. 4.3.

21 *Rhoades/ Graycar/ Harrison*, Family Law Reform Act, The: The first three years, Rdnr. 4.10.

Nach Inhalten des Berichts kann die allgemein unter Vätern vorherrschende Situation nach Inkrafttreten des FLRA 1995 als eindeutig und allein durch drei Merkmale zutreffend bezeichnet werden, nämlich dem Gefühl gegenüber der Mutter, anders als bisher, Gleichheit, Gerechtigkeit und Recht zu erlangen (equality, fairness, justice):

> „As an individual growing up I believed all people were equal in the eyes of the law. It was a huge shock to me to find that because I am a male my rights with regard to children are not the same as the mother´s. My solicitor and barrister made it clear to me that I was disadvantaged due to being the father. In an egalitarian society both sides should have an equal say and the arguments weighed up according to their merits. The whole system needs to be overhauled. Evidence of the frustration felt by the fathers is on the news constantly. Added to this is the manipulation of the system by the mothers – no doubt precipitated by solicitors.“[22]

Die Antworten betroffener Mütter auf die Fragen der Anwälte und Berater lassen abweichende Einschätzungen hinsichtlich des Gelingens eines shared residence nach Trennung erkennen. Als ausschlaggebend erscheint dabei die Tatsache, daß es trotz eines shared residence arrangements immer noch die Mütter sind, die sich hauptsächlich um das alltägliche Auskommen des Kindes kümmern, es also betreuen. Auch wenn Vätern auf eine solche Art und Weise ein vermehrtes Zusammenleben und Umgang mit dem Kinde möglich ist, so führt dies nach Ansicht der Mütter jedoch nur zu unnötiger Einmischung in das bisherige Leben des Kindes, wenn nicht gar zum Zerstören des bisherigen stabilen Verhältnisses des Kindes zur betreuenden Mutter. Ein shared residence arrangement ist daher nach Ansicht der Mütter als nicht unbedingt die kindlichen Interessen wahrend oder fördernd auszulegen:

> „.....It shouldn't be a responsibility given equally, because the non – custodial parent may make decisions which impact negatively on his ex – partner and children. For example, when I moved house, my ex – partner sought court – orders that the children were not to be moved from their school. As a consequence I now drive the children each morning on a round trip of 40 km before I go to work. We leave 45 mins earlier than necessary and the children are tired in the mornings. This long term decision by my ex – partner has impacted negatively on my and the children's lives on a daily basis. It has not affected him.“[23]

---

22 *Rhoades/ Graycar/ Harrison*, Family Law Reform Act, The: The first three years, Rdnr. 4.12.

23 *Rhoades/ Graycar/ Harrison*, Family Law Reform Act, The: The first three years, Rdnr. 4.13.

Bei Betrachtung beider Standpunkte ist jedoch zu erkennen, daß Abwägung von Praktikabilität und Durchführbarkeit eines shared residence arrangements stark von Interessen und Frustration des jeweiligen Elternteils geprägt ist und auf die Bedürfnisse der Kinder *in concreto* selten eingegangen wird. Die Tatsache, daß es Kindern so möglich sein kann, zukünftig einen vermehrten Kontakt bzw. Umgang mit beiden Elternteilen zu erhalten, wird nicht berücksichtigt. Die meisten Eltern sind nicht bereit, sich mit den bei Ausübung eines shared residence arrangements ergebenden praktischen Schwierigkeiten auseinanderzusetzen. In Zahlen ausgedrückt bedeutet dieses, daß von 82 befragten Eltern lediglich 4 Angaben, daß sie ein shared residence arrangement praktizieren. In weiteren 4 Fällen lebten die Kinder allein mit dem Vater, jedoch in den restlichen Fällen allein mit der Mutter zusammen. In den zuletzt genannten Fällen bestand zugunsten der Väter lediglich eine Umgangsregelung.[24]

Die bei Anwälten vorhandenen Einschätzungen bezüglich Praktikabilität und Durchführbarkeit von shared residence arrangements zwischen Elternteilen sind unterschiedlich. Einige erwarten durch den FLRA 1995 tatsächlich auch einen Wechsel hinsichtlich der Kräfteverteilung zwischen Elternteilen. Die Mehrheit bezeichnet den FLRA 1995 jedoch lediglich als alten Wein in neuen Schläuchen (hier: „old wine in new bottles“). Sie glauben nicht, daß die durch den Gesetzgeber verfolgten Ziele auf diesem Wege erreicht werden können, zumal bei den die Gesetze umsetzenden Personen und Institutionen langsam eine regelrechte Reformverdrossenheit bzw. – müdigkeit („reform weariness“) verzeichnet werden kann. Man ist nicht unbedingt bereit, sich erneut mit der neuen materiellen Lage auseinanderzusetzen, was zuletzt auch dazu führt, daß lediglich ein Wechsel in der anzuwendenen Terminologie, jedoch nicht hinsichtlich Inhalte des anzuwendenden Rechts, erfolgt. Das System des FLRA 1995 wird derart unterlaufen, daß unter dem Term residence in Wahrheit die bisherige Bedeutung custody verstanden wird. Die folgende Aussage eines Anwaltes beschreibt die Lage zutreffend:

> „Anyone who knows about residence is probably a voracious litigator.“[25]

Trotzdem konnte gegen Ende 1999 eine Entwicklung dahingehend beobachtet werden, daß Anwälte ihre Mandanten dahingehend berieten, zumindest eine residence – residence order vor Gericht zu erstreiten und alles andere im Rahmen einer specific – issue – order regeln zu lassen. In Fällen, in denen ein

---

24 *Rhoades/ Graycar/ Harrison*, Family Law Reform Act, The: The first three years, Rdnr. 4.15.

25 *Rhoades/ Graycar/ Harrison*, Family Law Reform Act, The: The first three years, Rdnr. 4.22.

solcher Ratschlag nicht befolgt wurde, kam es zum Erlaß einer residence/ contact – order.
In Kreisen der Familienberater konnte hingegen eine weitaus größere Euphorie hinsichtlich des FLRA 1995 festgestellt werden. Durch die Familienberater werden die vollzogenen Reformen im Großen und Ganzen als ein Schritt in die richtige Richtung und als einmalige Chance zur Änderung der gesellschaftlichen Auffassungen bezeichnet. Eine solche Entwicklung hätte dadurch noch wirksamer gestaltet werden können, indem es in der Öffentlichkeit zu einer verstärkten Belehrung über das nunmehr geltende Recht gekommen wäre:

> „On the whole I believe these changes should give children a better deal and allow them contact with both parents.....
> On the whole the reforms are a step in the right direction & I feel positive about their trust & hopeful that they will prove beneficial to children.
> It is an opportunity for attitudinal change and to remind the community of children's needs & rights. But there was an inadequate level of public education about the new Act."[26]

Nach Ansicht der Counsellors kann ein Funktionieren eines shared residence arrangements jedoch nur solange gewährleistet sein, wie ein dazu notwendiges Kooperationsniveau zwischen den Eltern auch gegeben ist. Trotz dieser weitgehend positiven Umschreibung des FLRA 1995 gab die überwiegende Zahl der Counsellors daher gleichzeitig auch zu, daß vehemente Unterschiede zwischen Theorie und Praxis der Grundsätze des FLRA 1995 bestehen. Als Gründe für das mögliche Mißlingen eines shared residence arrangements wurden aufgeführt:

> „The failure is not necessarily a reflection on people's genuineness. Most people would – and do – agree with the theory of shared parental responsibility but find the practical reality difficult, often as a result of personal pain of separation.
> Mostly women end up carrying lots of responsibility and male partners still have children for limited time and do not consistently make themselves available to the children.
> Few separated couples are adult enough to work together as a parenting team.
> The non – resident parent often does not accept any or limited parental responsibility.

[26] *Rhoades/ Graycar/ Harrison*, Family Law Reform Act, The: The first three years, Rdnr. 4.30.

> There are benefits in highlighting parents′ need to agree on specific parenting issues, but in circumstances where power and control are motivating forces, every time re – negotiation takes place on an order, power is given to the objecting parent. This has become a new tool of control and an endless cycle of court orders."[27]

Schließlich hat auch hinsichtlich der bei den Richtern vorherrschenden Auffassung von einem shared residence arrangement nicht viel anderes zu gelten. Auch nach ihrer Ansicht kann ein solches nur dann als sinnvoll erscheinen, falls zwischen Eltern ein hinreichendes Kooperationsniveau verzeichnet werden kann. Ist ein solches nicht vorhanden, so hat der Erlaß einer residence / residence – order wenig Sinn. Im Gegensatz zur Anwaltschaft sind Richter jedoch bemüht, auch innerhalb der Rechtsprechung nicht nur den Wechsel hinsichtlich der Terminologie, sondern auch hinsichtlich der materiellen Ausgestaltung eines shared parenting zur Kenntnis zu nehmen. Man versucht nicht, custody und residence gleichzusetzen bzw. die Begriffe gegeneinander nur auszutauschen. Die zutreffenden Worte eines Richters:

> „We'll get used to it, but it probably take 10 years to sink in."

Ferner sind dem Erfahrungsbericht von Rhoades, Graycar und Harrison auch Einschätzungen der Eltern, Anwälte, Berater und Richter hinsichtlich der Folgen der Aufhebung des zweigeteilten Systems von guardianship und custody zu entnehmen. Zwar wurde dabei einstimmig begrüßt, daß zukünftig beiden Eltern eine gemeinsame elterliche Verantwortung (**shared parental responsibility**) in gleicher Weise zuzurechnen ist, so daß Entscheidungen in Zusammenhang mit Erziehung und Betreuung des Kindes nicht mehr in day – to – day – und long – term – decisions unterschieden werden müssen. Kritisiert wurde jedoch, daß vom Gesetzgeber innerhalb des Section 61 C keine Aussage darüber getroffen wurde, wie eine parental responsibility zukünftig durch Eltern ausgeübt werden sollte.[28] Diese Unsicherheit hinsichtlich Ausübung einer gemeinsamen elterlichen Verantwortung führte seitens Praktiker vereinzelt zu der Einschätzung, daß der FLRA 1995 zwangsweise zu vermehrten Erlaß von specific – issue – orders durch die Gerichte führen wird.[29] Nur so könne Klarheit für Eltern bezüglich Ausübung ihrer gemeinsam zustehenden elterlichen Verantwortung erreicht werden. Hon. Dr. Peter Nygh bemerkte dazu:

---

27 *Rhoades/ Graycar/ Harrison*, Family Law Reform Act, The: The first three years, Rdnr. 4.30.

28 Vgl. Teil B, VI. 1., 2., oben.

29 Vgl. Teil D, Anhang, Darstellung 2, Darstellung 3, unten.

„...practitioners might routinely draft and seek specific – issue – orders specifying the range of authority for the residence provider to avoid the interventionist non – residential parent from making unilateral decisions about the children's care."[30]

Die innerhalb des Erfahrungsberichtes durchgeführten Untersuchungen haben jedoch ergeben, daß trotz dieser Unsicherheiten und trotz skeptischer Stimmen aus der Rechtswissenschaft 61 % der Männer an ein Gelingen der Ausübung einer gemeinsamen elterlichen Verantwortung glauben. Hingegen sind nur 25 % der Frauen davon überzeugt, daß getrennt lebende Eltern erfolgreich eine Verantwortung für das Kind gemeinsam wahrnehmen können. Für die verbleibenden 75 % der Frauen bildete die Angst davor, daß der Ex – Partner die ihm ebenfalls zustehende Verantwortung für das Kind dazu benutzen könnte, mehr und mehr Kontrolle nicht nur über das Leben des jeweiligen Kindes, sondern auch der Ex – Partnerin zu erlangen, Grund für eine negative Einstellung. Diese Frauen fühlen sich persönlich in ihren Freiheiten eingeschränkt.[31] Das Ziel des Systems einer gemeinsamen Elternverantwortung wird von jenen Frauen daher vielmehr als Schikane gegenüber dem betreuenden Elternteil, nicht jedoch als die kindliche Entwicklung fördernd, bezeichnet.[32] Hinsichtlich umgangsrechtlicher Regelungen, **contact agreements/– orders**, konnte im Rahmen des Erfahrungsberichtes festgestellt werden, daß aufgrund der Formulierung eines eigenständigen Anspruches des Kindes auf Umgang mit beiden Elternteilen, Section 60 B (2) (b), insbesondere seitens der Väter eine verstärkte Inanspruchnahme von contact – agreements beobachtet werden kann.[33] Zwar mögen die Gründe nicht immer allein die Förderung der kindlichen Entwicklung und somit die Wahrung von Kindesinteressen sein. Vielfach bilden nämlich allein finanzielle Aspekte, wie die Reduzierung der child support payments bei Nichtwahrung des Umgangs mit dem Kinde zum Nachteil des jeweiligen Elternteils, Hintergrund des Verfassens von contact agreements. Grundsätzlich kann jedoch festgehalten werden, daß Väter nach dem FLRA 1995 mehr Mut zur Wahrnehmung des Umgang mit dem Kinde zeigen:[34]

„Fathers are now coming in saying they know they have the `right´ to see their children more than just on the weekends."[35]

---

30 *Nygh* (1996) 10 AJFL 4 (16); ebenso *Ingleby* (1996) 10 AJFL 48 (51).

31 *Rhoades/ Graycar/ Harrison*, Family Law Reform Act, The: The first three years, Rdnr. 4.65.

32 *Rhoades/ Graycar/ Harrison*, Family Law Reform Act, The: The first three years, Rdnr. 4.67.

33 Vgl. Teil D, Anhang, Darstellung 1, unten.

34 Vgl. Teil D, Anhang, Darstellung 4, unten.

35 *Rhoades/ Graycar/ Harrison*, Family Law Reform Act, The: The first three years, Rdnr.

Schließlich konnte bezüglich selbständigen Verfassens eines **parenting plans** durch Eltern gegenüber den vormals bestehenden child agreements nach dem FLRA 1995 eine rückläufige Tendenz verzeichnet werden. Begründet wurde dies mit dem durch Eltern erhöht zu treibenden Aufwand insbesondere hinsichtlich einer notwendigen Registrierung.[36] Statt dessen bevorzugen es Eltern eigenständig irgendwelche Absprachen untereinander zu treffen, sie also nicht registrieren zu lassen. Im Streitfall kommt es daher direkt zum Erlaß gerichtlicher parenting order. Die Zukunft des parenting plan muß daher aufgrund des damit verbundenen Aufwandes als eher ungewiß bezeichnet werden.

Der durch Rhoades, Graycar und Harrison verfaßte Erfahrungsbericht läßt also erkennen, daß die innerhalb des FLRA 1995 erstellten Grundsätze durch Anwälte, Richter, Berater und Eltern zwar zur Kenntnis genommen wurden, jedoch nicht immer auf eine angemessene Art und Weise angewandt werden können. Grund dafür bildet meist Unkenntnis bezüglich Bestehens und Inhalte einzelner Regelungen, nicht aber Zweifel an einem Handeln nach den Interessen des Kindes. Ein solches wird klar als von Vorteil für die kindliche Entwicklung anerkannt. Es erfolgt eine Entwicklung weg von Elternrechten hin zu Kindesrechten. Signifikant dafür ist insbesondere die seitens der Väter festzustellende Tendenz, vermehrt ein Umgangsrecht wahrzunehmen, kindliche Bedürfnisse und Ansprüche also in den Vordergrund zu stellen. Auch das Anraten der Anwälte, Berater, Mediatoren und Richter zum Praktizieren eines shared parenting nach Elterntrennung zeigt, daß es zu einem grundsätzlichen Wandel der Auffassungen und erneuten Definition der geltenden Werte in der Gesellschaft gekommen ist, auch wenn sich deren völlige Akzeptanz noch über Jahre hinwegziehen wird. Das Kindesinteresses als Entscheidungsmaxime in Kindesangelegenheiten läßt das Kind zu einem vollwertigen Mitglied in der Gesellschaft werden. Die Verwendung des Kindesinteresses als Entscheidungsmaßstab erlaubt es also, kindzentriert Problemlösungen vorzunehmen und eine Entwicklung weg von Elternrechten hin zu Kindesrechten voranzutreiben. Innerhalb des FLRA 1995 führte dies letztendlich auch dazu, daß dem Kind gegenüber seinen Eltern ein eigenständiges Recht auf Umgang eingeräumt werden konnte, Section 60 B (2) (b). Auch wenn die Umsetzung der im FLRA 1995 enthaltenen Grundsätzen den Praktikern gegenwärtig noch erhebliche Schwierigkeiten bereitet, so ist man sich jedoch einig, daß nur nach Belangen des Kindes, seinen Interessen, zu urteilen ist. Meiner Ansicht nach ist es daher nur eine Frage der Zeit, bis sich ein

---

5.8.

[36] *Rhoades/ Graycar/ Harrison*, Family Law Reform Act, The: The first three years, Rdnr. 6.18; Vgl. auch Teil B, VI. 3. (h), oben; Teil D, Anhang, Darstellung 5, unten.

Richtungswechsel auch in Köpfen der Praktiker vollzogen hat. Letztendlich stellt das Erfordernis des Umdenkens auch Spiegelbild des innerhalb einer westlich geprägten Gesellschaft ständig stattfindenden Erneuerungsprozesses dar, der nicht von heut auf morgen vollzogen werden kann. Eine ähnliche Entwicklung konnte auch nach Inkrafttreten des Children Act 1989 in England beobachtet werden. Auch dort hatte eine gewisse Zeit zu vergehen, bis sich in den Köpfen der Eltern und Praktiker ein systematischer und begrifflicher Wechsel vollziehen konnte.

Festzuhalten bleibt daher, daß nur ein einheitlicher Entscheidungsmaßstab eine gleichbleibende Rechtsanwendung in jedem Fall garantieren kann. Eine Festlegung von Entscheidungskompetenzen im Einzelfall, durch die von allgemein gültigen Grundsätzen abgewichen werden muß, würde letztendlich nur die Bildung dynamischer und flexibler Entscheidungsmechanismen hemmen oder verhindern. Auch würde das dabei immer entstehende Problem, eine Regelung abschließend zu gestalten, eine adäquate Entscheidungsfindung nach Interessen des Kindes nicht zulassen. Gerade dieses sollte jedoch immer wieder auch Ziel eines Gesetzgebers sein, so auch des deutschen.[37] Trotz aller Anfangsschwierigkeiten hat das australische Modell jedoch bislang schon zeigen können, daß ein Umdenken der Entscheidungsträger innerhalb einer Gesellschaft möglich ist. Eine Akzeptanz des Kindesinteresses als Entscheidungsmaßstab und ein darauf ausgerichtetes Handeln läßt es nicht mehr als notwendig erachten, elterliche Entscheidungskompetenzen zu formulieren. Ein ähnliches Dilemma, wie in § 1687 BGB durch den deutschen Gesetzgeber geschaffen, also der Formulierung elterlicher Entscheidungskompetenzen ohne Fähigkeit zur Bestimmung eines eindeutigen Abgrenzungsmaßstabes, könnte so vermieden werden.

---

[37] BT – Drucksache 13/ 4899, 63.

Teil D
Anhang

Darstellung 1: Parenting Orders 1999 - 2000

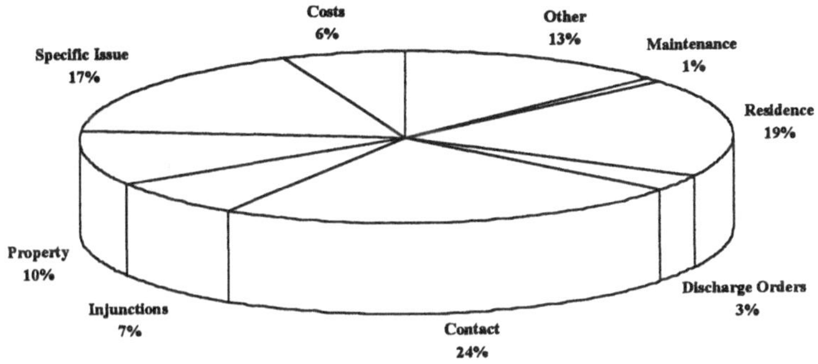

Quelle: *Family Law Council,* Annual Report 1999 – 2000, 25.

Darstellung 2: Custody/ Guardianship vor dem FLRA 1995

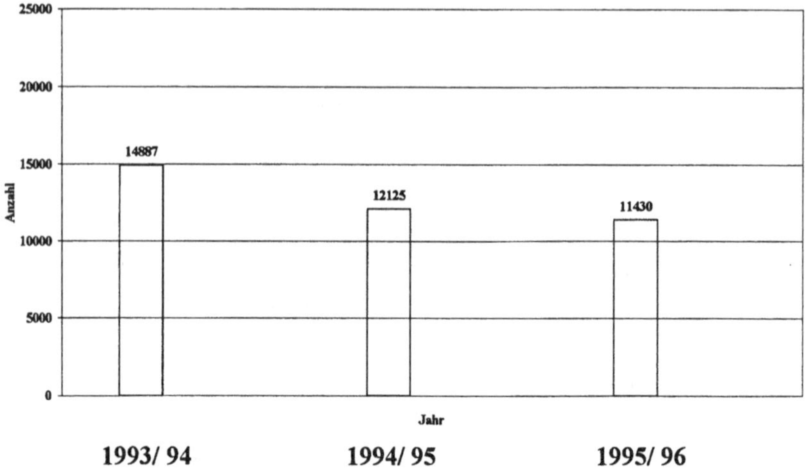

Quelle: Helen *Rhoades*, Reg *Graycar*, Margaret *Harrison*, Family Law Reform Act, The: The first three years, University of Sydney & Family Court of Australia, Sydney 2000.

Darstellung 3: Residence/ Specific Issue Orders nach FLRA 1995

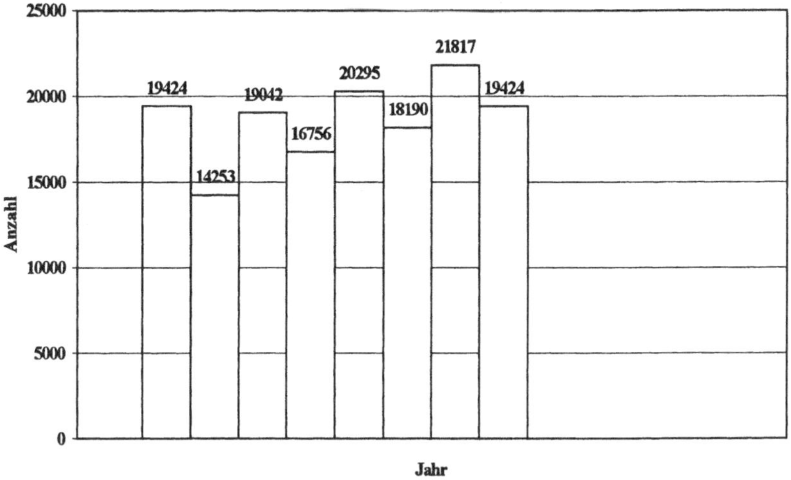

1996/ 97; -97/ 98; -98/ 99; -99/ 2000

Residence Order: jeweils erster Balken.
Specific Issue Order: jeweils zweiter Balken.

Quelle: Helen *Rhoades*, Reg *Graycar*, Margaret *Harrison*, Family Law Reform Act, The: The first three years, University of Sydney & Family Court of Australia, Sydney 2000.

Darstellung 4: Contact Orders nach dem FLRA 1995

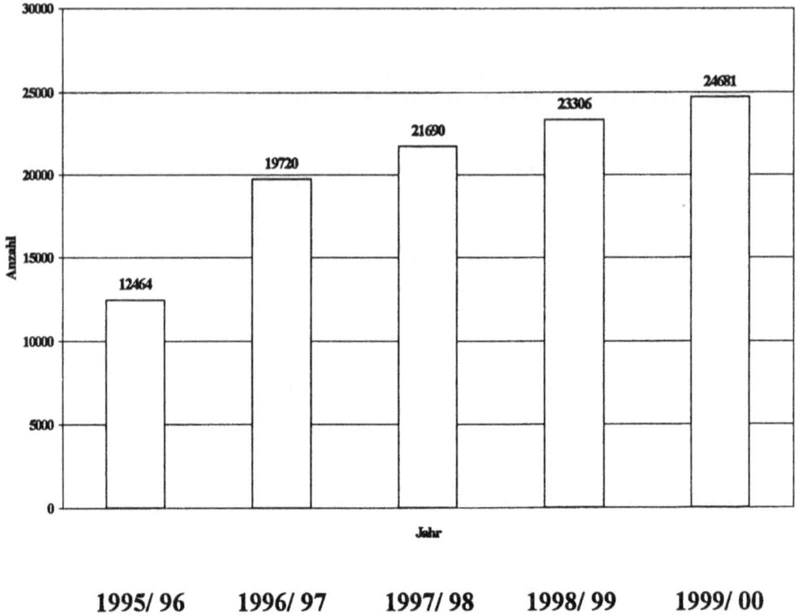

Quelle: Helen *Rhoades*, Reg *Graycar*, Margaret *Harrison*, Family Law Reform Act, The: The first three years, University of Sydney & Family Court of Australia, Sydney 2000.

Darstellung 5: Child Agreements/ Parenting Plans registered, Family Court of Australia, 1994/ 95 – 1999/ 00

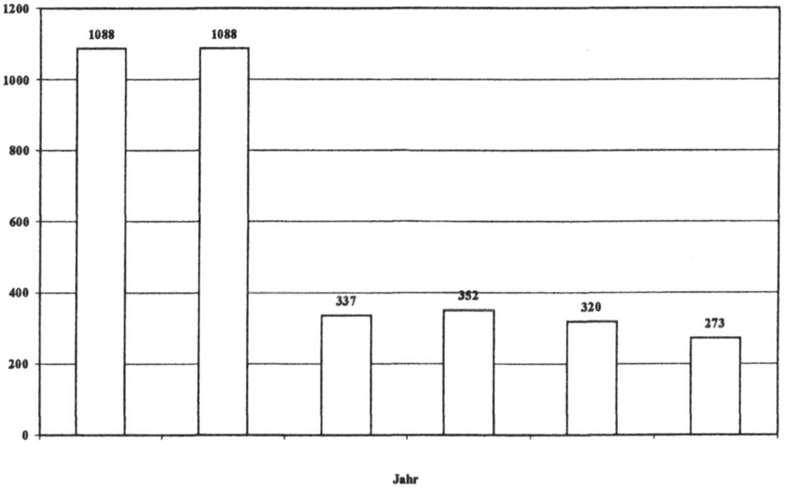

1994/95 1995/ 96 1996/ 97 1997/ 98 1998/ 99 1999/ 00

Quelle: Helen *Rhoades*, Reg *Graycar*, Margaret *Harrison*, Family Law Reform Act, The: The first three years, University of Sydney & Family Court of Australia, Sydney 2000.

Darstellung 6: Muster eines Parenting Plan

FORM 26A

Order 26A, rule 7

[name of court]

Fill in box A if details known

A	File Number	
B	Filed at	
	Filed on	

Application – Parenting Plan

Form 26A – Family Law Rules Order 26A rule 7

• Type or print clearly • Cross boxes where applicable

A Details of parties

	Applicant 1	Applicant 2
1 Full name, date of birth and relationship to child of applicant(s) *give details for each applicant – attach an extra page if you need more space*	family name (surname) given names day month year / / mother ☐ father ☐ other ☐ specify	family name (surname) given names day month year / / mother ☐ father ☐ other ☐ specify ....

	Respondent 1	Respondent 2
2 Full name, date of birth, address and relationship to child of respondent(s) *give details for each respondent – attach an extra page if you need more space*	family name (surname) given names day month year / / postcode mother ☐ father ☐ other ☐ specify	family name (surname) given names day month year / / postcode mother ☐ father ☐ other ☐ specify ....

3 Did the parents live together?

attach an extra page if you need more space

no ☐ go to 4

yes ☐ give period(s):

From (day/month/year) / /	to (day/month/year) / /
From (day/month/year) / /	to (day/month/year) / /

4 Postal address for service of documents on applicant(s)

send to solicitor in 5 ☐ other ☐ give details:

postcode

tel ( ) fax ( )

5 Solicitor for applicant(s)
- name
- firm name
- address
- phone/fax/DX

code

postcode

tel ( ) fax ( ) DX & suburb/town

Sch 1 Form 26A

CCH Australia Limited

B Order sought

6 Order sought *cross each box that applies*	That the Parenting Plan attached and signed on each page by the applicant(s) be registered in this court under section 63E of the Family Law Act ☐ That in accordance with section 63D of the Family Law Act the attached agreement to revoke a registered Parenting Plan be registered under section 63E of the Act ☐
7 Details of any existing registered Parenting Plan (if applicable)	day month year / / | name of court | file number (if known)

C Other court proceedings, orders and convictions

8 Are there any family law, domestic violence or child welfare ***orders, undertakings, or registered agreements or parenting plans*** between any of the parties or concerning any of the children? *attach an extra page if you need more space*	no ☐ go to 9 yes ☐ go to (a) (a) copies attached ☐ go to 9 details below ☐ *(give details – including parties, name of court, orders, undertakings, agreements, parenting plans and date made)* ....
9 Are there any current family law, domestic violence or child welfare ***proceedings pending*** between any of the parties or concerning any of the children? *attach an extra page if you need more space*	no ☐ go to 10 yes ☐ give details *(including parties, name of court, orders sought, date proceedings next listed, and stage proceedings have reached)* ....
10 Has any person with whom the child will reside or have contact been convicted of an offence under a child welfare law or the Family Law Act, or a criminal offence relevant to the child's welfare? *attach an extra page if you need more space*	no ☐ go to Part D yes ☐ give details *(including the name of person(s), the approximate date of conviction, name of court and offence)* ....

D The children

If there is more than one child write 'same as child 1' where the same details apply

11 Details of each child included in the Parenting Plan	**child 1**	**child 2**
- family name	family name (surname)	family name (surname)
- given names	given names	given names
- present residential address	postcode	postcode
- date of birth	day / month / year	day / month / year
- country of birth	country	country
- sex	male ☐ female ☐	male ☐ female ☐
12 Who else will live in the child's home?	mother ☐ father ☐ other ☐ give details:	mother ☐ father ☐ other ☐ give details:
(a) name	(a)	(a)
age/sex	..... yrs male ☐ female ☐	..... yrs male ☐ female ☐
relationship to child		
(b) name	(b)	(b)
age/sex	..... yrs male ☐ female ☐	..... yrs male ☐ female ☐
relationship to child		
(c) name	(c)	(c)
age/sex	..... yrs male ☐ female ☐	..... yrs male ☐ female ☐
relationship to child		
attach an extra page if you need more space		

If there are no other children go to E.
Additional space for any other children named in the Parenting Plan is provided over leaf.

Do not complete if there are no other children

D The children

Write 'same as child 1' where the same details apply

11 Details of each child included in the Parenting Plan	child 3	child 4
- family name	family name (surname)	family name (surname)
- given names	given names	given names
- present residential address	postcode	postcode
- date of birth	day month year / /	day month year / /
- country of birth	country	country
- sex	male ☐ female ☐	male ☐ female ☐
12 Who else will live in the child's home?	mother ☐ father ☐ other ☐ give details:	mother ☐ father ☐ other ☐ give details:
(a) name	(a)	(a)
age/sex	..... yrs male ☐ female ☐	..... yrs male ☐ female ☐
relationship to child		
(b) name	(b)	(b)
age/sex	..... yrs male ☐ female ☐	..... yrs male ☐ female ☐
relationship to child		
(c) name	(c)	(c)
age/sex	..... yrs male ☐ female ☐	..... yrs male ☐ female ☐
relationship to child		
attach an extra page if you need more space		

If there are no other children go to E.
Attach further pages for any other children named in the Parenting Plan.

E Proposed arrangements for the children

- If there is more than one child write 'same as child 1' where the same details apply.
- When the details are the same you may also print across both columns.

13 What are the proposed arrangements for each child?

	child 1	child 2
(a) housing		
(b) supervision		
(c) financial support		
(d) health (indicate any health problems or disabilities and care/treatment proposals)		
(e) education		
(f) any other matter under subsection 68F(2) of the Family Law Act		

attach an extra page if you need more space for any item

If there are no other children go to F.
Additional space for any other children named in the Parenting Plan is provided over leaf.

Do not complete if there are no other children

E Proposed arrangements for the children

Write 'same as child 1' where the same details apply.

13 What are the proposed arrangements for each child?	**child 3**	**child 4**
(a) housing		
(b) supervision		
(c) financial support		
(d) health (indicate any health problems or disabilities and care/treatment proposals)		
(e) education		
(f) any other matter under subsection 68F(2) of the Family Law Act		
attach an extra page if you need more space for any item		

If there are no other children go to F.
Attach further pages for any other child named in the Parenting Plan.

F Affidavit of applicant — each applicant must sign

- **Each applicant who signs this affidavit must also sign each page of the attached Parenting Plan or agreement to revoke a Parenting Plan.**
- **Each applicant must swear/affirm this affidavit – attach a further Part F if you need more space.**

I swear/affirm

1 I am the applicant.
2 I have read this application and the attached document(s).
3 The facts set out in this application and the attached document(s) of which I have personal knowledge are true.
4 All other facts set out are true to the best of my knowledge, information and belief.
5 Before signing this affidavit I have read subsection 68F(2) of the Family Law Act and on the basis of that subsection I say the provisions of the attached document(s) are in the best interests of each child.

signature of applicant 1

Signature

	Place: Date: / /

Before me (signature of witness)	Full name of witness (please print)

Justice of the Peace ☐ Other authorised person ☐ specify ....

signature of applicant 2

Signature

	Place: Date: / /

Before me (signature of witness)	Full name of witness (please print)

Justice of the Peace ☐ Other authorised person ☐ specify ....

signature of applicant 3

Signature

	Place: Date: / /

Before me (signature of witness)	Full name of witness (please print)

Justice of the Peace ☐ Other authorised person ☐ specify ....

G Solicitor's declaration (complete only if solicitor is filing application)

I gave the applicant(s) a copy of the Family Court brochure ***Marriage, Families and Separation*** ☐

I gave the applicant(s) a copy of the Family Court's mediation services brochure ***Pathway to Agreement*** ☐

Signature of solicitor	Print full name	Date
		/ /

H Statement of independent legal advice (if applicable)

- **This statement is not required if there is a statement in accordance with Part J.**
- **If there is no Part J statement there should be a statement of independent legal advice for each party. The solicitor for each applicant should use Part H. Each respondent should use Form 26B (Consent of Respondent – Parenting Plan)**

solicitor for applicant 1

1 I am a solicitor entitled to practise in this Court.

2 I have given independent legal advice as to the meaning and effect of the attached plan or agreement to the following person:

family name (surname)	given names

Signature of solicitor	Date day / month / year
	/ /
print name	code

solicitor for applicant 2

1 I am a solicitor entitled to practise in this Court.

2 I have given independent legal advice as to the meaning and effect of the attached plan or agreement to the following person:

family name (surname)	given names

Signature of solicitor	Date day / month / year
	/ /
print name	code

solicitor for applicant 3

1 I am a solicitor entitled to practise in this Court.

2 I have given independent legal advice as to the meaning and effect of the attached plan or agreement to the following person:

family name (surname)	given names

Signature of solicitor	Date day / month / year
	/ /
print name	code

J Statement by family and child counsellor (if applicable)

This statement is not required when there is:

- **a Part H statement of independent legal advice for every applicant, and**
- **a Form 26B Consent of respondent – Parenting Plan (including a statement of independent legal advice) for every respondent.**

1 What is the attached agreement?	Parenting Plan ☐ agreement to revoke a Parenting Plan ☐
2 Who consulted with the counsellor?	family name (surname) given names ....
3 What is the date of the plan/agreement?	day month year / /

4 I am a family and child counsellor within the meaning of the Family Law Act.

5 The attached Parenting Plan/agreement to revoke a Parenting Plan of the above date was developed after consultation with me by the person(s) in 2 above.

Signature of counsellor

Print full name

There is no obligation on a family and child counsellor to sign the statement

History

Form 26A substituted by SR 1997 No 155, r 47.1 and Sch 1.

LITERATURVERZEICHNIS

Alm – Merk, Heidrun
Kinderrechte stärken,
in: Recht der Jugend und des Bildungswesens,
1996, Heft 4, Seite 400 – 407,

Arbeitsgemeinschaft für Jugendhilfe e.V.
Stellungnahme der Arbeitsgemeinschaft für Jugendhilfe zum Referentenentwurf des Bundesministeriums der Justiz zum Kindschaftsrecht – Juli 1995,
in: Zentralblatt für Jugendrecht, 1996, Heft 3, Seite 94 – 98,

Attorney General's Department
Views of the Attorney's General Department – FLRA 1995,
Canberra 1995,

Bäumel, Dieter
Familienrechtsreformkommentar - FamRefK -,
Bielefeld 1998,

Bailey – Harris, Rebecca
The Family Law Reform Act 1995 – A New Approach to the Parent/ Child Relationship,
in: Adelaide Law Review,
1996, Volume 18, Seite 83 – 101,

Bailey – Harris, Rebecca/ **Barron,** Jacqueline/ **Pearce,** Julia
Settlement culture and the use of the 'no order' principle under the Children Act 1989,
in: Child and Family Law Quarterly,
1999, Volume 11, Seite 53 – 62,

Bailey – Harris, Rebecca/ **Dewar,** John
Variations on a theme – Child law reform in Australia,
in: Child and Family Law Quarterly,
1997, Volume 9, Seite 149 – 164,

Bainham, Andrew
The Balance of Power in Family Decisions,
in: The Cambridge Law Journal,
1986, Volume 45, Seite 262 – 284,

Baker, Eric/ **McCray,** Watts — Relocation of Children – Have we turned full circle ?, in: 4th Annual Family Law Intensive, Leo Cussen Institute – Legal Professional Development and Family Law Section, Law Council of Australia, Sydney, Brisbane, Melbourne 2000,

Balloff, Rainer — Trennung, Scheidung, Regelung der elterlichen Sorge aus psychologischer Sicht, in: Zentralblatt für Jugendrecht, 1996, Heft 7/ 8, Seite 266 – 270,

Balloff, Rainer/ **Walter,** Eginhard — Gemeinsame elterliche Sorge als Regelfall ?, in: Zeitschrift für das gesamte Familienrecht, 1990, Heft 5, Seite 445 – 460,

Bechthold, Uwe — Das australische Familiengericht: eine Darstellung mit Bezügen zur Familiengerichtsbarkeit zur Bundesrepublik Deutschland, Frankfurt am Main 1986,

Beck, Volker — Bürgerrechtspolitik von Bündnis 90/ Die Grünen in der 13. Legislaturperiode, in: Zeitschrift für Rechtspolitik, (ZRP) 1995, Heft 8, Seite 281 – 320,

Behrens, Juliet — Shared Parenting: Possibilities ...and Realities, in: Alternative Law Journal, 1996, Volume 21, Seite 213 – 216,

Bernhardt/ Haase/ Kloster – Harz/ Tauche — Wir bleiben Eltern trotz Scheidung: Das gemeinsame Sorgerecht als Chance, München 1995,

Böhmer, Christof/ **Siehr,** Kurt
Das gesamte Familienrecht: Sammlung familienrechtlicher Vorschriften mit Erläuterungen und Hinweisen,
Kommentar,
Loseblattsammlung,
Band 1: Kommentar für die familienrechtliche Praxis,
Band 2: Das internationale Recht,
Frankfurt am Main,

Bordow, Sophy
Defended Custody Cases in the Family Court of Australia: Factors Influencing the Outcome,
in: Australian Journal of Family Law,
1994, Volume 8, Seite 252 – 263,

Bowlby, John
Child Care and the Growth of Love,
2nd Edition,
Baltimore 1965

Bromley, P. M./ **Lowe,** N. V.
Family Law,
Eighth Edition,
London, Dublin, Edinburgh 1992,

Büdenbender, Ulrich
Elterliche Entscheidungsautonomie für die elterliche Sorge nach geltendem Recht und nach dem Entwurf eines Kindschaftsrechtsreformgesetzes,
in: Archiv für civilistische Praxis, Band 197,
1997, Heft 3, Seite 196 – 225,

Bundeskonferenz für Erziehungsberatung e.V.
Stellungnahme zur Neuregelung des Kindschaftsrechts,
in: Zentralblatt für Jugendrecht,
1996, Heft 12, Seite 509 – 510,

Bundesnotarkammer
Stellungnahme zum Referentenentwurf eines Gesetzes zur Reform des Kindschaftsrechtes,
unveröffentlichtes Manuskript,

Bundesrechts-anwaltskammer — Stellungnahme zum Entwurf eines Gesetzes zur Reform des Kindschaftsrechts (Kindschaftsrechtsreformgesetz - KindRG) – BT – Drucksache 13/ 4899, in: Familie, Partnerschaft, Recht (Service), 1997, Heft 4, Seite I – IX,

Burrett, Jill F. — Child Access and Modern Family Law: A Guide for Family Law Practioners and Counsellors, Sydney 1988,

Carter, Heather — Children´s Issues – The paramountcy principle, in: Family Law Conference materials, Law Institute Victoria, Melbourne, 11. September 1998,

CCH Australia Limited — Australian Family Law Guide, North Ryde 1996,

Chisholm, Richard — Access: Principles, Presumptions and Practice, in: Australian Journal of Family Law, 1992, Volume 6, Seite 176 – 184,

derselbe — Assessing the Impact of the Family Law Reform Act 1995, in: Australian Journal of Family Law, 1996, Volume 10, Seite 177 – 197,

Coester, Michael — Das Kindeswohl als Rechtsbegriff: die richterliche Entscheidung über die elterliche Sorge beim Zerfall der Familiengemeinschaft, Frankfurt am Main 1983,

derselbe — Die Reform des Kindschaftsrechts - ein privatrechtlicher Überblick, in: Recht der Jugend und des Bildungswesens, 1996, Heft 4, Seite 430 – 441,

Coester – Waltjen, Dagmar — Die Rolle der Geschlechter im deutschen Familienrecht seit 1900, in: Zeitschrift für das Standesamtswesen, 1992, Heft 2, Seite 34 – 41,

Collier, Richard — Masculinity, Law and the Family, London, New York 1995,

Deinert, Horst — Die Entwicklung des Kindschaftsrechtes, in: Der Amtsvormund, 1998, Seite 198 – 214, 257 – 276, 338 – 352,

Demo, David H./ **Acock,** Alan C. — The Impact of Divorce on Children, in: Journal of Marriage and the Family, 1988, Volume 50, Seite 619 – 648,

Deutscher Familiengerichtstag e.V. — Thesen zur Reform des Kindschaftsrechtes, Sorgerechtskommission, in: Zeitschrift für das gesamte Familienrecht, 1993, Heft 10, Seite 1164 – 1166,

derselbe — Empfehlungen des 11. Deutschen Familiengerichtstages, in: Brühler Schriften zum Familienrecht, Band 9, Seite 115 – 126,

derselbe — Empfehlungen des 12. Deutschen Familiengerichtstages, in: Brühler Schriften zum Familienrecht, Band 10, Seite 120 – 130,

derselbe — Empfehlungen des 13. Deutschen Familiengerichtstages, in: Brühler Schriften zum Familienrecht, Band 11, Seite 129 – 140,

derselbe — Empfehlungen des 13. Deutschen Familiengerichtstages, in: Zeitschrift für das gesamte Familienrecht, 2000, Heft 5, Seite 274 – 276,

derselbe — Empfehlungen des 13. Deutschen Familiengerichtstages (Auszüge), in: Kindschaftsrechtliche Praxis, 2000, Heft 2, Seite 54 – 55,

derselbe
Stellungnahme des Deutschen Familiengerichtstages e.V. zu dem Entwurf eines Gesetzes zur Reform des Kindschaftsrechts (Kindschaftsrechtsreformgesetz – KindRG),
in: Zeitschrift für das gesamte Familienrecht,
1997, Heft 6, Seite 337 – 343,

Deutscher Juristinnenbund
Ergebnisse des Seminars des Deutschen Juristinnenbundes zu Gesetzesentwürfen im Familienrecht,
in: Zeitschrift für das gesamte Familienrecht,
1996, Heft 10, Seite 597 – 598,

derselbe
Stellungnahme zum Entwurf eines Gesetzes zur Reform des Kindschaftsrechts (BT-Drucksache 13/ 4899) und zum Entwurf eines Gesetzes zur Abschaffung der gesetzlichen Amtspflegschaft und Neuordnung des Rechts der Beistandschaft (BT-Drucksache 13/ 892),
in: Familie, Partnerschaft, Recht (Service),
1997, Heft 4, Seite VIII – XII,

derselbe
Thesen des Deutschen Juristinnenbundes zur Neuregelung des Kindschaftsrechtes,
in: Zeitschrift für das gesamte Familienrecht,
1992, Heft 8, Seite 912 – 913,

Deutsche Liga für das Kind in Familie und Gesellschaft e.V.
Die Position des Kindes stärken: Stellungnahme der Liga zur geplanten Reform des Kindschaftsrechts,
in: Der Amtsvormund,
1996, Seite 321 – 324,

Deutscher Verein für öffentliche und private Fürsorge e.V.
Stellungnahme des Deutschen Vereins zum Referentenentwurf eines Gesetzes zur Reform des Kindschaftsrechtes,
in: Nachrichtendienst des Deutschen Vereins für Öffentliche und Private Fürsorge,
1995, Heft 12, Seite 477 – 480,

derselbe
Stellungnahme des Deutschen Vereins zum Gesetzentwurf
der Bundesregierung und zur Stellungnahme des

Bundesrates,
in: Nachrichtendienst des Deutschen Vereins für Öffentliche und Private Fürsorge,
1996, Heft 8, Seite 241 – 245,

Dewar, John — The Family Law Reform Act 1995 (Cth) and the Children Act 1989 (UK) Compared – Twins or Distant Cousins ?,
in: Australian Journal of Family Law,
1996, Volume 10, Seite 18 – 34,

Dickey, Anthony — Access and the Welfare Principle,
in: Australian Law Journal,
1988, Volume 62, Seite 230 – 239,

derselbe — Family law,
Second Edition,
Sydney 1990,

Diederichsen, Uwe — Der Weg der gemeinsamen elterlichen Sorge in die Eindimensonialität,
in: Festschrift für Walter Rolland zum 70. Geburtstag,
Köln 1999,

Dölle, Hans — Familienrecht,
Band 2,
Karlsruhe 1965,

Dorsch, Gabriele — Die Konvention der Vereinten Nationen über die Rechte des Kindes,
Berlin 1994,

Douglas, Gillian/ **Perry,** Alison — Supporting children when parents separate – a neglected family justice or mental health issue ?,
in: Child and Family Law Quarterly,
1996, Volume 8, Seite 121 – 135,

Eekelaar, John — The Interests of the Child and the Child's Wishes: the role of dynamic self - determinism,
in: International Journal of the Law and the Family,
1994, Volume 8, Seite 42 – 61,

Elster, John
Solomonic Judgments: studies in the limitations of rationality,
Cambridge, New York, Paris 1989,

Erman, Walter
Handkommentar zum Bürgerlichen Gesetzbuch,
Band 1,
§§ 1 – 853, HausTWG, ProdHAftG, SchuldRAnpG, VerbrKrG,
10. Auflage,
Köln, Münster 2000,

derselbe
Handkommentar zum Bürgerlichen Gesetzbuch,
Band 2,
§§ 854 – 2385, AGBG, EGBGB, ErbbauVO, HausratsVO, SachenRBerG,
10. Auflage,
Köln, Münster 2000,

Enderby, Richard
The Family Law Act 1975,
in: Australian Law Journal,
1975, Volume 49, Seite 477 – 487,

Eylmann, Horst
Rechtspolitische Zielsetzung der CDU / CSU in der 13. Legislaturperiode,
in: Zeitschrift für Rechtspolitik,
1995, Heft 5, Seite 161 – 165,

Family Law Council
Access – Some Options for Reform,
Report of the Family Law Council and ist Access Sub – Committee,
Canberra 1987,

dasselbe
Letter of Advice to the Attorney – General on the Operation of the UK Children Act 1989,
Canberra 1994,

Fegert, Jörg M.
Kinder im Scheidungsverfahren nach der Kindschaftsrechtsreform: Kooperation im Interesse des Kindes,
Neuwied, Kriftel 1999,

Fehmel, Hans - Werner — Ist das Verbot des gemeinsamen elterlichen Sorgerechtes nach der Scheidung (§ 1671 Abs. 4 Satz 1 BGB) verfassungswidrig ?,
in: Zeitschrift für das gesamte Familienrecht,
1980, Heft 8, Seite 758 – 761,

derselbe — Die Anhörung des Kindes im Sorgerechtsverfahren,
in: Der Amtsvormund,
1981, Heft 3, Seite 169 – 182,

Finlay, Henry A./ **Bailey – Harris,** Rebecca J./ **Otlowski,** Margaret F. A. — Family Law in Australia,
Fifth Edition,
Sydney, Adelaide, Brisbane, Canberra, Melbourne, Perth 1997,

Fisher, Linda — Parenting Plan,
Booklet,
Sydney 1994,

dieselbe — Parenting Plan,
Plan,
Sydney 1994,

Fleetwood, Gary — An Overview of the Amendments Framing Orders – Specific Issue Orders,
Leo Cussen Institute – Legal Professional Development and Family Law Section, Law Council of Australia,
Sydney, Brisbane, Melbourne 1998,

Freeman, Robert — England: The Trumping of Parental Rights,
in: Journal of Family Law,
1986 – 1987, Volume 25, Seite 91 – 98,

Furstenberg, Frank F./ **Cherlin,** Andrew J. — Geteilte Familien,
Stuttgart 1993,

Giesen, Dieter — Familienrecht,
2. Auflage,
Tübingen 1997,

Goldstein, Joseph/ **Freud,** Anna/ **Solnit,** Albert J. — Diesseits des Kindeswohls, Einheitssachtitel: Before the best interests of the child, Frankfurt am Main 1982,

dieselben — Jenseits des Kindeswohls, Einheitssachtitel: Beyond the best interests of the child, 2. Auflage, Frankfurt am Main 1979,

Government of Australia — Family Law Act 1975 – Direction for Amendment: Government Response to the Report by the Joint Select Committee on Certain Aspects of the Operation and Interpretation of the Family Law Act 1975, Canberra 1994,

Greßmann, Michael — Neues Kindschaftsrecht, Bielefeld 1998,

Grießhaber, Rita — Statement der Gruppe Bündnis '90/ DIE GRÜNEN im Deutschen Bundestag, in: Familie, Partnerschaft, Recht, 1996, Heft 5, Seite 211 – 212,

Gründel, Matthias — Gemeinsames Sorgerecht – Erfahrungen geschiedener Eltern, Freiburg im Breisgau 1995,

Harrison, Margaret/ **Graycar,** Regina — The Family Law Reform Act: Metamorphosis or more of the same ?, in: Australian Journal of Family Law, 1997, Volume 11, Seite 327 – 342,

Hasche, Anette — Sex Discrimination in Child Custody Determinations, in: Australian Journal of Family Law, 1989, Volume 3, Seite 218 – 235,

Hegnauer, Cyril — Grundriss des Kindesrechts und des übrigen Verwandtschaftsrechts,
5. Auflage,
Bern 1999,

Heilmann, Stefan — Kindliches Zeitempfinden und Verfahrensrecht: eine Untersuchung unter Berücksichtigung des Gesetzes über die Angelegenheiten der freiwilligen Gerichtsbarkeit (FGG),
Neuwied 1998,

Heuer, Uwe - Jens — Statement der Gruppe der PDS im Deutschen Bundestag,
in: Familie, Partnerschaft, Recht,
1996, Heft 5, Seite 212,

House of Representatives — Family Law Reform (Consequential Amendments) Bill 1995,
Canberra 1995,

Hülsmann, Bernhard/ **Klattenhof,** Roland/ **Runge,** Annegret — Leitsatzkommentar zum Familienrecht - Eine systematische Darstellung der Rechtsprechung für die familienrechtliche Praxis,
Band 3,
Verwandtschaft (Namensrecht, elterliche Sorge), Adoption, Internationales Familienrecht, Verfahrensvorschriften,
Loseblattsammlung,
29. Ergänzungslieferung, März 2001,
Kissing,

Ingleby, Richard — The Family Law Reform Act – a Practioner´s Perspective,
in: Australian Journal of Family Law,
1996, Volume 10, Seite 48 – 52,

Jans, Karl-Wilhelm/ **Happe,** Günter — Gesetz zur Neuregelung des Rechts der elterlichen Sorge,
Kommentar mit Gesetzesmaterialien,
Köln 1980,

Jauernig, Othmar — Bürgerliches Gesetzbuch, Kommentar, 9. Auflage, München 1999,

Johannsen, Kurt H./ **Henrich**, Dieter/ — Eherecht: Scheidung, Trennung, Folgen, Kommentar, München 1998,

Jopt, Uwe-Jörg — Im Namen des Kindes. Plädoyer für die Abschaffung des alleinigen Sorgerechtes, Hamburg 1992,

derselbe — Nacheheliche Elternschaft und Kindeswohl – Plädoyer für das Gemeinsame Sorgerecht als anzustrebender Regelfall, in: Zeitschrift für das gesamte Familienrecht, 1987, Heft 9, Seite 875 – 885,

Kaplan, Leo — Issues of Split Custody: Siblings Separated by Divorce, in: Journal of Divorce and Remarriage, 1991, Volume 16, Seite 254 – 264,

Kaspiew, Rae — Equal Parenting or the Effacement of Mothers?: B and B and the Family Law Reform Act 1995 (Cth), in: Australian Journal of Family Law, 1996, Volume 12, Seite 69 – 83,

Keidel, Theodor/ **Kuntze**, Joachim/ **Winkler**, Karl — Freiwillige Gerichtsbarkeit, Teil A, Kommentar, 13. Auflage, München 1992,

Keller, Tanja — Das gemeinsame Sorgerecht nach der Kindschaftsrechtsreform: ein Leitfaden für die Praxis, Köln 1999,

dieselbe — Das Kindschaftsrechtsreformgesetz, in: Neue Justiz, 1998, Heft 5, Seite 234 – 239,

Klußmann, Rudolf — Der verfassungsmäßige Ausschluß des gemeinsamen Sorgerechts geschiedener Eltern (§ 1671 IV S. 1), in: Zeitschrift für das gesamte Familienrecht, 1982, Heft 2, Seite 118 – 122,

Knittel, Bernhard — Reform des Kindschaftsrechtes vor dem Ziel, in: Der Amtsvormund, 1997, Seite 649 – 660,

Knox, Brian — Enforcement of Contact Orders, The 8th National Family Law Conference, Session: Children on the Move – Relocation and Dislocation, National Legal Convention, Hobart 1998,

Köster, Thomas — Sorgerecht und Kindeswohl, Ein Vorschlag zur Neuregelung des Sorgerechts, Frankfurt am Main 1997,

Lackner, Karl/ **Kuehl**, Kristian — Strafgesetzbuch, Kommentar, 23. Auflage, München 1999,

Lanteri, Annemaree — The Effect of the 1995 Family Law Reform Act in the Context of Relocation Cases, Leo Cussen Institute – Legal Professional Development and Family Law Section, Law Council of Australia, Sydney, Brisbane, Melbourne 1997,

Laurence, Glenda — Review of Parenting Plans, in: Children – Custody and other Aspects, Seminar Papers, Continuing Legal Education Programme of the Leo Cussen Institute, Melbourne 1992,

Law Reform Commission — Multiculturalism and the Law, Report No 57, Sydney 1992,

dieselbe Review of Child Law, Guardianship and Custody Law,
Report No 172,
Sydney 1988,

Lederle v. Eckardstein, Osterhold/ **Niesel,** Renate/ **Salzgeber,** Joseph/ **Schönfeld,** Christoph
Eltern bleiben Eltern. Hilfen für Kinder bei Trennung und Scheidung,
Deutsche Arbeitsgemeinschaft für Jugend- und Elternberatung e.V.,
7. Auflage,
München 1998,

Lempp, Reinhart
Die Bindungen des Kindes und ihre Bedeutung für das Wohl des Kindes gemäß § 1671 BGB,
in: Zeitschrift für das gemeinsame Familienrecht,
1984, Heft 8, Seite 741 – 744,

derselbe Die Ehescheidung und das Kind,
4. Auflage,
München 1989,

derselbe Familie im Umbruch,
München 1986,

Leutheusser – Schnarrenberger, Sabine
Liberale Rechtspolitik in der 13. Legislaturperiode,
in: Zeitschrift für Rechtspolitik,
1995, Heft 3, Seite 81 – 85,

Lidle – Haas, Kerstin
Das Kind im Sorgerechtsverfahren bei der Scheidung,
Berlin 1989,

Limbach, Jutta
Die gemeinsame Sorge geschiedener Eltern in der Rechtspraxis,
Eine Rechtstatsachenstudie,
Bundesanzeiger,
Köln 1989,

Lipp, Martin/ **Wagenitz,** Thomas
Das neue Kindschaftsrecht,
Kommentar,
Stuttgart, Berlin, Köln 1999,

Lossen, Helga | Kindeswohl und Verbundverfahren im Kindschaftsrechtsreformgesetz (KindRG) - Stand 13. 6. 1996, in: Familie und Recht, 1997, Heft 4, Seite 100 – 103,

Luepnitz, Deborah Anna | Child Custody: a Study of Families after Divorce, Lexington, Massachusetts 1982,

Lüderitz, Alexander | Familienrecht, 27. Auflage, München 1999,

Luthin, Horst | Aus der Praxis zum Sorgerechtsgesetz, in: Zeitschrift für das gesamte Familienrecht, 1981, Heft 2, Seite 111 – 116,

derselbe | Gemeinsames Sorgerecht nach der Scheidung, Bielefeld 1987,

derselbe | Zu den durch das Sorgerecht normierten Anhörungspflichten, in: Zeitschrift für das gesamte Familienrecht, 1981, Heft 12, Seite 1149 – 1150,

derselbe | Zur Neuregelung des elterlichen Sorgerechts – Anmerkungen aus der Sicht eines Praktikers, in: Zeitschrift für das gesamte Familienrecht, 1979, Heft 12, Seite 986 – 989,

Maccoby, Eleanor E./ **Mnookin,** Robert H. | Die Schwierigkeiten der Sorgerechtsregelung, in: Zeitschrift für das gesamte Familienrecht, 1995, Heft 1, Seite 1 – 6,

Michalski, Lutz | Gemeinsames Sorgerecht geschiedener Eltern, in: Zeitschrift für das gesamte Familienrecht, 1992, Heft 2, Seite 128 – 137,

Mnookin, Robert H. | Was stimmt nicht mit der Formel „Kindeswohl“ ?, in: Zeitschrift für das gesamte Familienrecht, 1975, Heft 1, Seite 1 – 6,

Moloney, Lawrie/ **Marshall,** Andrey/ **Waters,** Peter — Suspension of Access Attitudes which have influenced the Courts, in: Australian Journal of Family Law, 1986 – 1987, Volume 1, Seite 50 – 66,

Moloney, Laurie/ **Harrison,** Margaret — Parenting after separation: Can the law do better ?, in: Australian Journal of Family Law, 1990, Volume 4, Seite 79 – 88,

Motzer, Stefan — Die gerichtliche Praxis der Sorgerechtsentscheidung seit der Neufassung des § 1671 BGB, in: Zeitschrift für das gesamte Familienrecht, 1999, Heft 17, Seite 1101 - 1106,

Mühlens, Elisabeth — Einführung in das neue Kindschaftsrecht, Teil 1, in: Kindschaftsrechtliche Praxis, 1998, Heft 1, Seite 3 – 7,

dieselbe — Kindschaftsrecht: kommentierende Darstellung der Familienrechtsreform, 2. Auflage, Köln 1998,

Münchener Kommentar — Bürgerliches Gesetzbuch, Kommentar, Band 7, Einführungsgesetz zum Bürgerlichen Gesetzbuch, Internationales Privatrecht, 2. Auflage, München 1990,

derselbe — Bürgerliches Gesetzbuch, Kommentar, Band 8, Familienrecht II, §§ 1589 - 1921, KJHG, 3. Auflage, München 1992,

Münder, Johannes — Das neue Kindschaftsrecht, München 1998,

derselbe Frankfurter Lehr- und Praxiskommentar zum KJHG/ SGB VIII,
3. Auflage,
Münster 1998,

Napp – Peters, Anneke Familien nach der Scheidung,
München 1995,

dieselbe Scheidungsfamilien: Interaktionsmuster und kindliche Entwicklung,
Frankfurt am Main 1988,

Nygh, Peter B and B: Family Law Reform Act 1995,
in: Australian Journal of Family Law,
1997, Volume 11, Seite 242 – 244,

derselbe The New Hague Convention on Child Protection,
in: Australian Journal of Family Law,
1997, Volume 11, Seite 5 – 10,

derselbe The New Part VII – an Overview,
in: Australian Journal of Family Law,
1996, Volume 10, Seite 4 – 17,

Oberloskamp, Helga Reformüberlegungen zum Haager Minderjährigenschutzabkommen von 1961,
in: Zeitschrift für das gesamte Familienrecht,
1996, Heft 15, Seite 918 – 920,

Oelkers, Harald Das neue Sorgerecht in der familienrechtlichen Praxis,
Teil 1, in: Familie und Recht, 1999, Heft 9, Seite 349 – 355,
Teil 2, in: Familie und Recht, 1999, Heft 10, Seite 413 – 420,

derselbe Das neue Sorge- und Umgangsrecht – Grundzüge und erste Erfahrungen,
in: Zentralblatt für Jugendrecht,
1999, Heft 7/8, Seite 263 – 275,

derselbe Gründe für die Sorgerechtsübertragung auf einen Elternteil,
in: Familie, Partnerschaft, Recht,
1999, Heft 3, Seite 132 – 137,

Otlowski, Margaret/
Tsamenyi, Martin
Parental Authority and the United Nations Convention on the Rights of the Child: Are the Fears Justified ?,
in: Australian Journal of Family Law,
1997, Volume 11, Seite 137 – 160,

Pagani, Marjorie
B and B – The Aftershock : 1.5 on the Richter Scale ?,
in: The 8th National Family Law Conference,
Family Law Society, Law Council of Australia,
Handbook,
Hobart 1998,

Palandt, Otto
Bürgerliches Gesetzbuch,
Kommentar,
60. Auflage,
München 2001,

Parker, Stephen
The Best Interests of the Child – Principles and Problems,
in: International Journal of the Law and the Family,
1994, Volume 8, Seite 26 – 41,

Parker, Stephen/
Parkinson, Patrick/
Behrens, Juliet
Australian Family Law in Context,
Commentary and Materials,
Second Edition,
Sydney 1999,

Parliament of the Commonwealth of Australia
The Family Law Reform Bill 1994 and the Family Law Reform Bill (No 2) 1994,
Report by the Senate Legal and Constitutional Legislation Committee,
Canberra 1995,

dasselbe The Family Law Reform Bill 1994 and the Family Law
Reform Bill (No 2) 1994,
Report by the Senate Legal and Constitutional Legislation Committee,
Second Report,
Canberra 1995,

Proksch, Roland Scheidungsfolgenvermittlung (Divorce Mediation) – ein Instrument integrierter familiengerichtlicher Hilfe,
in: Zeitschrift für das gesamte Familienrecht,
1989, Heft 9, Seite 916 – 924,

Redman, Julie/ **Redman,** Alderman Family Law – Children,
Drafting Application for Residence, Contact and Applications for Child Representative,
in: Continuing Legal Education,
The Law Society of South Australia,
14. April 1999,

Renesse von, Margot Die Kindschaftsrechtsreform - Neue Erkenntnisse, neues Recht,
in: Familie, Partnerschaft, Recht,
1998, Heft 2, Seite 59 – 62,

dieselbe Rechtliche Folgen für den die gemeinsame elterliche Sorge boykottierenden Elternteil,
in: Familie, Partnerschaft, Recht,
1999, Heft 3, Seite 142 – 145,

Rhoades, Helen/ **Graycar,** Reg/ **Harrison,** Margret Family Law Reform Act 1995, The: The first three years,
University of Sydney & Family Court of Australia,
Sydney 2000,

Rutter, Michael Maternal deprivation reassessed,
2nd Edition,
Harmondsworth, Middlesex; New York, 1972,

Salgo, Ludwig | Die Pflegekindschaft in der Kindschaftsrechtsreform vor dem Hintergrund verfassungs- und jugendhilferechtlicher Entwicklungen, in: Zeitschrift für das gesamte Familienrecht, 1999, Heft 6, Seite 337 – 347,

derselbe | Die Regelung der Familienpflege im KJHG, in: Wiesner, Reinhard/ Zarbock, Walter H., Das neue Kinder- und Jugendhilfegesetz (KJHG) und seine Umsetzung in der Praxis, Köln, Berlin, Bonn, München 1991,

derselbe | Familienpflege zwischen Privatheit und Öffentlichkeit – Familien – und jugendhilferechtliche Entwicklungstendenzen, in: Zeitschrift für das gesamte Familienrecht, 1990, Heft 4, Seite 343 – 347,

derselbe | Ist das Pflegekind nicht mehr das Stiefkind der Rechtsordnung ?, in: Zeitschrift für das Standesamtwesen, 1983, Heft 4, Seite 89 – 101,

derselbe | Pflegekindschaft und Staatsintervention, Darmstadt 1987,

derselbe | Zur gemeinsamen elterlichen Sorge nach Scheidung als Regelfall - ein Zwischenruf, in: Zeitschrift für das gesamte Familienrecht, 1996, Heft 8, Seite 449 – 454,

derselbe | 10 Jahre UN – Übereinkommen über die Rechte des Kindes – Auswirkungen am Beispiel von Art. 12, in: Kindschaftsrechtliche Praxis, 1999, Heft 6, Seite 179 – 183,

Sanders, Rainer | Unsern Kindern zuliebe: Die gemeinsame elterliche Sorge und Verantwortung, Hamm 1991,

Sansom, Paul — The Family Law Reform Act and its Impact on Applications involving Children – an Overview, Continuing Legal Education Department of the College of Law, Sydney 1996,

Schlicht, Götz — Das Familien- und Familienverfahrensrecht der DDR, Tübingen 1970,

Schlüter, Wilfried — BGB - Familienrecht, 8. Auflage, Heidelberg 1999,

Schmidt – Jortzig, Edzard — Zum Entwurf eines Gesetzes zur Reform des Kindschaftsrechtes, in: Familie, Partnerschaft, Recht, 1996, Heft 5, Seite 207,

Schofield, Gillian — Making sense of the ascertainable wishes and feelings of insecurely attached children, in: Child and Family Law Quarterly, 1998, Volume 10, Seite 363 – 375,

Schubert, Karin — Zur Reform des Kindschaftsrechts, in: Neue Justiz, 1997, Heft 5, Seite 232 – 235,

Schwab, Dieter — Das neue Familienrecht: systematische Darstellung zum Kindschaftsrechtsreformgesetz, Kindesunterhaltsgesetz, Eheschließungsrechtsgesetz und Erbrechtsgleichstellungsgesetz, Bielefeld 1998,

derselbe — Die Rechtssprache und das tägliche Leben, in: Festschrift für Walter Rolland zum 70. Geburtstag, Köln 1999,

derselbe	Elterliche Sorge bei Trennung und Scheidung der Eltern, - Die Neuregelung des Kindschaftsrechtsreformgesetzes -, in: Zeitschrift für das gesamte Familienrecht, 1998, Heft 8, Seite 457 – 472,
derselbe	Familienrecht, 10. Auflage, München 1999,
derselbe	Handbuch des Scheidungsrechts, 4. Auflage, München 2000,
derselbe	Kindschaftsrechtsreform und notarielle Vertragsgestaltung, in: Deutsche Notar – Zeitschrift, 1998, Seite 437 – 456,
derselbe	Wandlungen der „gemeinsamen elterlichen Sorge“, in: Festschrift für Hans Friedhelm Gaul zum 70. Geburtstag, 19. November 1997, Bielefeld 1997,
Schwab, Dieter/ **Wagenitz,** Thomas	Einführung in das neue Kindschaftsrecht, in: Zeitschrift für das gesamte Familienrecht, 1997, Heft 22, Seite 1377 – 1383,
dieselben	Kommentar zur Reform des Kindschaftsrechtes, 2. Auflage, München 1998,
Schwab, Dieter/ **Zenz,** Gisela	Soll die Rechtsstellung der Pflegekinder unter besonderer Berücksichtigung des Familien-, Sozial- und Jugendrechts neu geregelt werden ?, Gutachten A zum 54. Deutschen Juristentag, A 9 – A 134, München 1982,

Schwenzer, Ingeborg — Empfiehlt es sich da Kindschaftsrecht neu zu regeln, Gutachten A für den 59. DJT, München 1992,

Simitis, Spiros — Kindeswohl: eine interdisziplinäre Untersuchung über seine Verwirklichung in der vormundschaftsgerichtlichen Praxis, Frankfurt am Main 1979,

Sluka, Jasna — Das gemeinsame Sorgerecht – Ein Modell für die Zukunft ?, Frankfurt am Main 1996,

Soergel, Thomas — Bürgerliches Gesetzbuch Kommentar, Band 8, Familienrecht II, §§ 1589 – 1921, EheG, HausratsVO, 12. Auflage, Stuttgart, Berlin, Köln 1987,

derselbe — Bürgerliches Gesetzbuch, Kommentar, Band 10, Einführungsgesetz, 2. Auflage, Stuttgart, Berlin, Köln 1996,

Stadler, Michael/ **Salzgeber,** Joseph — Parental Alienation Syndrom (PAS) - alter Wein in neuen Schläuchen ?, in: Familie, Partnerschaft, Recht, 1999, Heft 4, Seite 231 – 235,

Staudinger, Julius v. — Bürgerliches Gesetzbuch, Kommentar, Viertes Buch, Familienrecht, §§ 1626 – 1631; §§ 1 – 11 RKEG; §§ 1631 a – 1665, 12. Auflage, Berlin 1997,

derselbe Bürgerliches Gesetzbuch,
Kommentar,
Viertes Buch, Familienrecht,
§§ 1638 – 1683,
13. Auflage,
Berlin 2000,

derselbe Bürgerliches Gesetzbuch,
Kommentar,
Viertes Buch, Familienrecht
§§ 1684 – 1717; Anhang zu § 1717: Artikel 223 EGBGB,
13. Auflage,
Berlin 2000,

derselbe Bürgerliches Gesetzbuch,
Kommentar,
Einführungsgesetz zum Bürgerlichen Gesetzbuch/ IPR; Kindschaftsrechtliche Übereinkommen; Art. 19 EGBGB; Minderjährigenschutzabkommen 1961; Sorgerechtsübereinkommen 1980,
13. Auflage,
Berlin 1994,

Steinmann, Steven The Experience of Children in a Joint Custody Arrangement: A Report of a Study,
in: American Journal of Orthopsychiatry,
1981, Volume 51, Seite 403 – 407,

Troup, Marjorie The Family Law Reform Bill No 2 and it`s Ramifications for Woman and Children,
in: Australian Feminist Law Journal,
1995, Volume 5, Seite 111 – 115,

US Commission on Child and Family Welfare Parenting our Children: In the best Interests of the Nation,
Washington D.C. 1996,

Wallerstein, Judith S./ **Blakeslee,** Sandra Gewinner und Verlierer. Frauen, Männer, Kinder nach der Scheidung,
München 1989,

Wallerstein, Judith S./ **Lewis,** Julia M./ **Blakeslee,** Sandra — Scheidungsfolgen – Die Kinder tragen die Last, Eine Langzeitstudie über 25 Jahre, Münster 2002,

Wallerstein, Judith/ **Lewis,** Julia M. — Langzeitwirkungen der elterlichen Ehescheidung auf Kinder - eine Längsschnittuntersuchung über 25 Jahre -, in: Zeitschrift für das gesamte Familienrecht, 2001, Heft 2, Seite 65 – 72,

Wend, Tilo — Gemeinsames Sorgerecht ohne elterliche Kooperation ?, in: Familie, Partnerschaft, Recht, 1999, Heft 3, Seite 137 – 142,

Wichmann, Klaus — Die Reform des Kindschaftsrechtes in der Diskussion, in: Familie und Recht, 1996, Heft 3, Seite 161 – 171,

Wiesner, Reinhard/ **Kaufmann,** Ferdinand/ **Mörsberger,** Thomas/ **Oberloskamp,** Helga/ **Struck,** Jutta — SGB VIII - Kinder- und Jugendhilfe, Kommentar, 1. Auflage, München 1995,

dieselben — SGB VIII - Kinder- und Jugendhilfe, Kommentar, 2. Auflage, München 2000,

Wiesner, Reinhard/ **Zarbock,** Walter H. — Die Regelung der Familienpflege im KJHG Das neue Kinder – und Jugendhilfegesetz (KJHG) und seine Umsetzung in der Praxis, Köln, Berlin, Bonn, München 1991,

Wilde, Barbara — Eine Familie bleiben. Das gemeinsame Sorgerecht – Ein neuer Weg bei Ehescheidungen, München 1989,

Willutzki, Siegfried — Kindschaftsrechtsreform - Versuch einer wertenden Betrachtung, Teil 1,
in: Kindschaftsrechtliche Praxis,
1998, Heft 1, Seite 8 – 11,

derselbe — Umsetzung der Kindschaftsrechtsreform in der Praxis,
in: Kindschaftsrechtliche Praxis,
2000, Heft 2, Seite 45 – 48,

Windel, Peter A. — Zur elterlichen Sorge bei Familienpflege,
in: Zeitschrift für das gesamte Familienrecht,
1997, Heft 12, Seite 713 – 724,

Zimmermann, Stefan — Das neue Kindschaftsrecht,
in: Deutsche Notarzeitung,
1998, Seite 404 – 437.

FSC
www.fsc.org
MIX
Papier | Fördert
gute Waldnutzung
FSC® C083411

Kolibri 360 GmbH
Ferdinand-Jühlke-Straße 7
99095 Erfurt, Deutschland
produktsicherheit@kolibri360.de

Druck:
CPI Druckdienstleistungen GmbH
im Auftrag der
Kolibri 360 GmbH
Ferdinand-Jühlke-Str. 7
99095 Erfurt